KB060003

The Dictionary of Counseling Psychology Terminology

상담심리
용어사전

상담심리 용어사전
상담심리 영한사전
상담심리 한영사전

The Dictionary of Counseling Psychology Terminology
.

상담심리
용어사전

초판 인쇄 2000년 2월 10일
12쇄 인쇄 2023년 6월 20일

엮은이 김 상 인
펴낸곳 만남과 치유 (Meeting & Healing)

주 소 서울시 송파구 방이동 163-9 201호
        E-mail : counseling@naver.com
        Tel : 070-7132-1080

정가 : 12,000원
파본과 낙장본은 교환해 드립니다.
ISBN 978-89-967463-3-1-91180

The Dictionary of Counseling Psychology Terminology

상담심리
용어사전

상담심리 용어사전
상담심리 영한사전
상담심리 한영사전

추천서

우리 대학교의 졸업생이며 동역자인 김상인박사가 『상담심리용어사전』이라는 전문서적을 펴내게 된 것을 기쁘게 생각합니다. 우리 대학을 졸업하고 대학원에서 상담심리를 전공하면서 여러 해 동안 모은 자료를 모아 책을 내게 된 것입니다. 상담 현장에서 여러 계층의 사람들을 상담하며 그들을 바로 이끌기 위해 노력하는 전문상담사가 많은 책을 참고하고 박사과정의 공부를 하면서 아쉬웠던 점을 보완하여 내는 사전입니다.

전문상담사, 기독교 상담자와 현재 상담 공부를 하고 있는 훈련생들이 필수적인 상담을 위해 참고할 수 있는 좋은 책이 되리라 생각합니다. 상담이나 상담심리를 전공하지 않은 사람이라 하더라도 이 책을 통해 상담심리에 대한 중요한 부분들을 이해할 수 있게 될 것입니다.

그간 상담이나 심리 그리고 정신분석 등에 대한 사전이 편저 또는 번역서로 출간되었지만, 상담심리를 연구한 학자에 의해 출간되기는 국내에서 이 책이 처음인 것으로 알고 있습니다. 용어 사용의 정확을 기하게 하고, 그 뜻을 밝히며, 상담을 위한 전문 서적을 읽는 데 많은 도움을 줄 책입니다. 우리말로 된 책뿐만 아니라 영어로 된 책을 읽는 이들을 위하여 전문용어를 우리말로 어떻게 번역하는지를 친절하게 안내하고 있습니다. 종종 원서를 읽다가 이 말을 어떻게 번역하거나 이해해야 할까를 고심한 적이 있습니다. 『상담심리용어사전』

은 이런 문제를 쉽게 해결해 줄 수 있는 친절한 안내자가 될 것입니다. 한편 우리말로 된 책을 읽으면서 이 말을 전문적인 용어로는 특히 영어로는 무엇이라 하는가를 손쉽게 찾아볼 수 있게 편집했습니다.

이 책을 읽고 더 깊은 연구함으로 상담을 전공하고 있는 전문상담사, 학교 상담의 상담교사와 전문상담사가 되기 위해 수련받고 있는 학도들이 상담을 위한 준비를 위해 필요한 지침서가 되리라 생각합니다. 21세기에는 인간소외가 심화 되고 인명 경시의 풍조가 심해질 텐데 내담자 한 사람 한 사람을 사랑으로 대하면서 그들을 이해하고 건강한 삶으로 인도하는 상담은 우리 사회의 필수적인 과제가 될 것입니다. 김상인박사의 『상담심리용어사전』이 전문상담사의 현장 상담에 큰 도움을 줄 수 있으리라 믿고 일 독뿐 아니라 늘 곁에 두고 성공적 전문 상담과 다양한 상담에 이용할 수 있기 바랍니다.

(전) 성결대학교 총장 성기호박사

"도략이 없으면 백성이 망하여도 모사가 많으면 평안을 누리느니라." [잠11:14]
"Where no counsel is, the people fall: but in the multitude of counsellors there is safety." [KJV: 잠11:14]

21세기는 인공지능(AI)과 Chat(GPT) 시대로 급변하고 있다. 이 첨단 과학 시스템은 인간의 건강 문제 진단과 치료에 활용되고 있다. 그러나 여전히 인간의 존엄성 상실, 외로운, 고독, 우울증과 스트레스와 같은 정신·심리 문제는 인간이 해결해야 할 과제이다. 120세 시대를 바라보는 현시점에서 수명의 연장으로 인해 계속되는 인간의 정신 위기는 그 폭이 매우 다양하고 심각하다 할 수 있다. 종합대학 병원의 정신과 관련 진료과가 늘어나고 있는 것 또한 주목해야 할 부분이다. 인간의 마음과 정리 병리 현상이 치유되지 않고 방치되는 순간 개인과 공동체의 안전과 행복을 보장할 수 없게 된다. 상담 현장에서 30동안 상담과 사례 지도 감독(case study, supervision)를 하면서 부모의 양육 태도와 인성교육에 중요성을 실감하게 된다. 인간은 만남으로 상처받고, 만남으로 치유를 받는다. 그러한 측면에서 상담은 인생 즉 "삶의 학문"이다.

미국을 중심으로 상담의 다양한 접근이 활발히 연구되어 왔다. 한국 역시 상담의 관심과 열기가 점점 높아지면서 대학교와 대학원에서는 상담과 관련된 전공과 강의가 개설되었고, 평생교육기관, 교회를 비롯한 종교기관에서도 상담에 대한 관심도가 높아지고 있다. 최근에는 「심리상담사」 관련 법안이

연이어 발의되면서 상담의 수요와 전문성 확보의 중요성이 강조되고 있다. 상담 전공한 자로서 매우 고무적이라고 생각하면서 상담사들이 전문성을 더 확보해야 한다고 생각한다.

1990년에 상담 공부를 시작하면서 어려웠던 것 중 하나가 상담용어에 대한 이해였다. 그때부터 상담에 관련된 용어를 국내외 서적들을 보면서 정리하기 시작하여 결실한 것이 본서이다. 지금까지 상담관련사전으로 출판된 책은 1987년 10월에 인간 발달 과정측면에서의 『상담심리학사전』, 1995년 2월 번역서로 가족치료를 위한 것으로 『가족치료 용어사전』, 1998년 7월에 정신분석을 위한 것으로 번역서인 『라깡 정신분석사전』과 1999년 3월에 번역서인 『심리학용어사전』 등이 있다.

앞서 출간된 책들은 상담에 있어서 어느 특정한 것에 중점을 두었다면 본서는 개인상담, 가정상담, 심리, 정신분석, 사회심리, 그리고 기독교 상담 등에서 자주 사용하는 용어들을 정리했다. 또한 상담을 전공하는 자들이 상담에 관련된 원서를 읽는데 도움을 주고자 영한사전과 한영사전을 수록했다.

책의 구성은 1부에 상담심리에 필요한 핵심 용어 해설, 2부는 상담심리에서 자주 쓰이는 용어에 대한 영한사전, 3부는 한영사전으로 각각 편집했다. 필자는 이 책이 상담의 관심이 있거나 상담을 공부하는 분과 가르치시는 분들에게 평생 도움이 되는 서적이 되었으면 하는 마음 간절하다.

본서 2000년에 초판을 시작으로 12쇄가 되기까지 약 23년간 약 3만 부가 출간된 것에 감사드리며....

2023년 6월
김상인

The Dictionary of Counseling Psychology Terminology

상담심리
용어사전

ㄱ

가계도(kinship system) 한 가족이 삼 세대에 걸쳐 부모가 자녀에게 물려주는 유전적인 정서와 무의식, 의식적으로 영향력을 행사 하는 것 등의 관계체계를 구조적으로 도형화 한 것이다. 가계도는 1970 년 미국의 머레이 보웬(Murray Bowen)이 국립정신보건 (National Institute of Mental Health)에서 일하면서 만든 가족도표 (family diagram)가 그 근원된다. 그 후 맥골드릭(M. McGoldrick)과 거슨 (R. Gerson)이 1985년에 출판한 책『가계도 평가와 조정』을 통해 정립되어 널리 알려져 유전학, 의학, 심리학, 교육학 등에서 폭 넓게 사용 되고 있다.

가르시아 효과(garcla effect) 대인관계에서 서로 음식을 함께 먹는 행동을 통해서 일정한 인간관계가 성립되어 유지되어 가는 효과.

가변성(changeability) 개인의 성격은 일생동안 끊임없이 변화한다는 기본가정을 의미한다.

가상적 목표(fictional goal) 인간행동은 현실 속에서 검증 될 수도 확증될 수도 없는 상상 또는 가공의 목표에 의해 인도 된다는 의미로 아들러가 제시한 개념이다. 즉, 인간 각 개인은 현재와 미래에 대한 희망적 목표(fictional goal)에 의해서 행동을 조절하고 그 목표에 따라 행동을 한다는 개념이다. "fictional goal" 을 이훈구교수는 "가상적 목표" 로 이지영과 이관용과 홍승식교수는 "가공적 목표" 로 번역하였다. 그러나 필자는 아들러의 심리학의 개념을 연구한결과 긍정적인 미래를 설명하는 것으로 "**희망적 목표**" 로 번역 하는 것이 적합하다고 본다.

가스라이팅(gaslighting) 뛰어난 설득을 통해 타인 마음에 스스로 의심을 불러일으키고 현실감과 판단력을 잃게 만듦으로써 상대방을 지배하는 것으로 정신적 학대의 일종이다. 이는 가정, 학교, 군대, 직장, 친구, 교수, 강사, 이웃, 친척 등 일상생활 공간에서 주로 발생하는 확률이 높다. 가해자는 상황 조작을 통해 상대방의 자아를 흔들어서 자신의 뜻대로 상대방을 자유자재로 다루어서 스스로 신뢰감을 잃어가게 하여 자존감을 잃게 만드는 심리적 범죄이다.

가역적 전경 배경(reversible figure-ground) 전경과 배경, 즉, 형과 바탕으로 구별되는 패턴이 반대되는 것으로 형이 바탕이 되고 바탕이 형으로 보이는 것과 같이 지각적 역전이가 가능한 패턴을 말한다. 자신의 현재 상황에서 한 부분만 바라보고 다른 곳을 보지 못하는 내담자에게 그 문제 상황에서 벗어 날 수 있도록 도울 수 있는 기법이다.

가정배경(family background) 가족은 개인의 유전(heredity)과 환경을 조성한다. 한 개인의 가정 배경은 개인의 성격형성에 지대한 영향을 주는 환경이 된다. 가정적인 배경을 앎으로써 이 사람이 왜 이렇게 되어 있는가? 하는 문제에 대해서 정확한 이해가 가능해진다. 특별히 정신치료자들은 가정의 배경과 역사를 철저히 파악하고 난 후에 처방을 내린다. 따라서 한 개인의 가정배경은 그 사람을 상담치료 하는데 매우 중요한 자원이 된다.

가정폭력(family violence) 가정폭력은 가족 구성원들 사이에서 일어나는 폭력으로 그 형태는 부부관계에서 일어나는 폭력, 부모가 자녀에게 행사하는 폭력, 자녀가 부모에게 행사하는 폭력, 형제자매간에 이루어지는 폭력으로 구분 할 수 있다. 폭력이란 용어는 구타, 학대로도 표현되는 것으로 신체적인 폭력(성폭력 포함한 물리적인 폭력) 과 심리적 폭력(시선폭력, 무시폭력, 언어폭력), 경제적 폭력(돈을 가지고 상대를 조정하는 것)으로 구분하여 이해 할 수 있다. 그 실태로는 1970년대 구미사회에서부터 가족폭력에 대한 관심과 논의가 활발하게 진행되었다. 최근 우리나라에서도 심각한 위기를 맞고 있는 것이 사실이다. 가정폭력의 원인으로는 1. 개인

내적 이론(intra-individual theories) 이 이론은 개인의 생물학적 특
성과 유전자 또는 염색체의 이상, 개인내적 병리현상 즉, 성격이
상(공격적 성격, 성격장애) 과 정신이상(정신질환, 분열)에 의한 폭
력을 말한다. 2. 사회 심리학적 이론(social-psychological theories)
이 이론은 좌절-공격 이론과 사회학습 이론, 갈등이론 등을 포함하
여 이해되는 이론으로써 가정과 사회 조직에서의 인간관계 속에
서 영향을 받아 일어나는 것을 말한다. 즉 한 인간이 성장하면서
폭력을 직간접적으로 경험했을 때에 폭력을 행사할 확률이 매우
높다는 것이다. 3. 사회문화적 이론(social-cultural theories) 이 이
론은 사회의 구조적인 면과 규범, 가치관, 체계 등의 잘못된 원인
으로 행해지는 폭력 즉, 가부장적인 사회제도, 남녀 불평 등의 사
회 구조, 남녀 차별의 문화적 가치관 등이 가정 폭력을 부추긴다는
이론이다. 4. 대중매체 이론(math media theories) 이 이론은 인간
의 환경 뿐 만 아니라 환경에 대한 인간의 인식방법과 태도에도
중요한 영향을 미치는 것으로 신문, 잡지, 만화, 소설, TV., 영화,
비디오, 음악 등은 시청각적으로 폭력의 충동과 행위를 낳게 한다
는 이론이다. 현재 우리나라는 1997년 12월 31일 가정폭력특별법이
제정되어 1998년 7월 1일부터 시행되고 있다.

가족구도(family composition) 가족의 수, 출생순서 특성 등 가족 구
도는 한 개인의 생활양식과 성격형성에 결정적인 역할을 한다.

가족도(family map) 가족 구조를 부호로 도식화한 것으로 세대 관계
도와는 다르다. 가족의 관심사를 둘러싼 가족 성원의 배치를 말한
다. 미누친(Minuchin)은 가족치료에서 가족성원의 상호 교류의 방
식과 치료자와의 관계방식을 관찰하고, 기능장애의 형식에 직면하
고 있는 문제를 분석하여 가설을 세우는 중요성을 언급하였다. 즉,
가족도는 가족 내의 힘 관계나 의사소통의 방식과 정서적 상태에
가설로써 조직적으로 도식화함으로써 가족의 동적이고 복잡한 문
제를 단순화 하고 자료를 조직화할 수 있게 하는데 사용 된다.

가족시스템 이론(family systems theory) 머레이 보웬(M. Bowen)의 이론을 독특하게 지칭하는 용어로, 문제 증상을 갖고 있는 개인에게만 초점을 맞추는 과거의 접근을 벗어나 그 개인이 속해있는 가족 시스템을 보는 것이다. 더 나아가서는 더 큰 시스템 속에서 움직이는 상호역동적인 힘과 관계성 그리고 역할에 초점을 맞추어 접근하려는 이론이다.

가족치료(family therapy) 심리적 문제를 가진 개인의 초점을 맞추기 보다는 그가 속한 가족관계에 초점을 맞추는 치료 양식이다. 즉, 가족치료는 가족 내의 상호 의사소통 형태(mutual communication pattern)와 역학적 구조(dynamic structure) 및 관계를 전환시킴으로써 가족 구성원 안에서 개인의 문제행동을 전환시키려고 노력하는 치료기법이다.

가지성(knowability) 인간행동을 지배하는 원리가 과학적인 연구를 통해 결국에는 밝혀질 것이라는 기본가정을 의미한다.

가학성 변태성욕(sadism:加虐性變態性慾) 신체적으로나 심리적으로 타인에게 고통을 가함으로 쾌감을 얻는 것. 즉, 타인에게 고통을 가함으로 성적 만족을 얻는 변태 성욕이다. 이는 masochism (피학대 음란증)의 반대로 가학성 변태성욕은 성정신병(性精神病) 질환자들에게 중요한 역할을 한다.

가현운동(apparent movement) 고정되어 있는 두 광원을 연속적으로 켰다 껐다를 함으로써 나타나는 운동현상을 의미한다. 가현운동은 실제로 움직이는 자극이 아님에도 불구하고 움직이는 것으로 지각되는 현상을 말한다.

각인(imprinting) 어린 동물이 최초로 본 비교적 큰 움직이는 대상을 따라가는 학습의 한 형태이다. 예를 들면, 어린 오리 새끼가 출생 후 11~18 시간 내에 성숙한 암컷 (대개는 어미)을 따라 다니는 것을 학습한다. 그러나 그 때 그 오리 새끼들이 보는 대상은 어미가 아니라 다른 움직이는 물체라도 그들은 그 후 계속해서 그 대상을 따라 다닌다. 이는 각인의 효과이다.

간질(epilepsy) 전신의 경련작용(convulsion action)과 의식 상실을 일으키는 만성질환(慢性疾患)을 말하는데 중증(grand mal:重症)과 경증(petit mal:輕症)이 있다. 중증은 의식을 상실하고 심하게 발작하며 때로는 혀를 깨무는 경우도 있다. 경증은 심하지 않은 경련이 일어나고 잠시 동안 의식을 상실한다. 의식상실을 하는 시간은 매우 짧아서 몇 초 동안 생각에 잠긴 것처럼 보이기도 한다. 그러나 그 순간에 일어났던 일은 전혀 기억하지 못한다. 간질의 원인은 근본적으로 유기적이나 약물치료로써 효과를 볼 수 있다. 간질은 약물치료로 호전될 수 있으나 부작용으로 간의 손상이 우려된다.

간헐적(間歇的) 강화(intermittent reinforcement) 어떤 반응에 강화인자가 때때로 또는 간헐적으로 적용되는 강화스케줄이다. 이는 지속적인 강화는 아니며, 간헐적으로 느리게 강화를 하지만 매우 강력한 조건화를 형성한다. 부분강화(partial reinforcement) 라고도 한다.

갈등(conflict) 상반되는 두 개의 욕구 혹은 동기가 있을 때 경험하게 되는 심리적 상태로 스트레스의 중요한 근원이 된다. 갈등이 지닌 힘의 방향에 따라 접근-접근 갈등, 회피-회피 갈등, 접근-회피 갈등, 그리고 이중 접근-회피 갈등으로 구분된다. 갈등(conflict)은 모순되는 욕망, 욕구 혹은 환경조건에 의해 생기는 심리적긴장(psychological tension), 또는 그 이상의 상호대항적(相互對抗的)인 충동이나 동기 또는 욕구가 동시에 발생하는 것을 말한다. 이것은 통상적으로 정서적 긴장이 수반된다.

감각기억(sensory memory) 인간이 정보를 매우 짧은 시간 동안 저장 하는 기억이다. 감각 정보가 인지 체계에 처음 등록되는 곳이라는 의미에서 감각등록기 라고도 한다. 감각 양상에 따라 상이한 감각 기억들이 존재한다. 시 감각 기억의 경우, 정보가 1초 이내, 청 감각 기억의 경우 정보가 2초 정도까지 유지된다. 시각, 청각,

후각, 미각, 촉각의 다섯 개 감각 기관에 따라 각각의 감각 기억을 갖는 것으로 알려져 있다.

감각뉴런(sensory neuron) 감각 수용기로부터 뇌나 척수로 정보를 전달하는 뉴런으로 구심성 뉴런이라고도 한다.

감각화(sensitization) 감각경험에 따라 환경에 더욱 반응하려는 경향성을 의미한다.

감각사전조건 형성(sensory preconditioning) 두개의 중성 자극이 먼저 짝 지어진 다음, 그 중 하나가 무조건 자극과 반복적으로 짝 지어지는 절차로 무조건 자극과 짝 지어지지 않았던 다른 자극이 단독으로 제시되면 이 자극도 조건 반응을 일으킬 수 있다. 예를 들어, Brogden(1939)은 개를 실험동물로 사용한 연구에서 불빛과 종소리를 하루에 20회씩 2초 동안 짝 지어 주는 절차를 10일간 반복하였다. 그런 다음, 어떤 개들에게는 종소리를 앞다리에 가해지는 약한 전기 충격과 짝지어서 반사운동이 일어나도록 조건 형성을 시켰다. 그다음에 Brogden은 불빛을 제시하고 어떤 일이 일어나는지를 보았다. 그러자 불빛은 한 번도 무조건 자극과 짝 지어진 적이 없지만 종종 조건 반응을 일으킨다는 것을 발견하였다. 이 현상을 Brogden은 감각사전조건형성 이라고 불렀다.

감각의 전도(alliesthesia) 자극에 대한 감각 반응이 유기체 내부의 상태에 따라 쾌감으로 혹은 불쾌로 경험될 수 있음을 말한다. 감각의 전도는 변화된 감각으로 표현된다.

감수성(sensitivity) 자극의 수용에 포함되는 조건이나 능력과 자극의 강도 및 변화에 대한 개인의 반응성과 타인의 감정에 민감하게 반응하도록 만드는 특성이다.

감수성 훈련(sensitivity training) 내담자 및 자신의 내면세계에 대한 감수성을 개발하기 위한 상담자 훈련과정이다. 특별히, 산업심리(industrial psychology) 분야에서는 바람직한 대인관계 및 의사소통을 향상시키는 성인교육의 일종으로 활용되고 있다. 훈련기간 동안에는 참가자 자신들의 자유로운 정서 표출이 가장 중요하다.

감정이입(empathy) 타인이 느끼는 것을 직접 경험하지 않더라도 그 사람의 감정을 이해할 수 있는 능력으로 정서적인 경험이라기보다는 지적경험으로 상담에서는 이해한다. * 공감에서 자세히 설명함

감정적 단절(emotional cutoff) 머레이 보웬의 가족시스템 이론의 한 개념으로서 가족 구성원끼리의 밀착된 관계로부터 오는 고통을 회피하기 위하여 사용하는 극단적인 자기 보호 과정이다. 예를 들면 집으로부터 멀리 떨어진 곳에 살거나 또는 한 지붕 밑에 살지만 감정적인 의사교류를 전혀 하지 않는 경우를 의미한다.

감정전이(transference) 정신분석의 치료적 상황 중의 하나로 환자가 무의식적으로 치료자를 정서적 반응의 대상으로 삼는다. 치료자를 마치 자신의 과거에 의미 있는 인물, 흔히 부모인 것처럼 대하는 내담자의 감정이다. 가족 치료에서 전이는 치료자 혹은 다른 가족 구성원에 대한 왜곡(distortion) 및 가족시스템 전체의 집합적 전이를 포함한다.

강박관념(obsession) 부조리하다는 것을 인정하면서도 지워버릴 수 없는 영속적인 관념이나 사상이다. 즉, 개인의 의식 속에 계속적으로 작용하고 방해하는 것으로 원하지 않는 생각으로 무의식적, 정서적 욕구에 의해 유발되는 경우가 많다. 이 기능(function)은 수용할 수 없는 무의식적인 사고를 비교적 수용할 수 있는 사고로 대치하는 것이다. 또한 충동강박(compulsion)은 사고 대신 행동을 대치 함으로써 같은 일을 한다. 강박관념이나 충동강박은 둘 다 무의식적 갈등과 그 결과로 생기는 불안을 막아보려는 노력이다. 다시 말해서 침해적이고 지속적으로 떠오르는 의미 없는 생각이나 충동 및 심상 등을 말한다.

강박신경증(obsessive-compulsive neurosis) 비합리적이며 상동적(常同的)이고 의식적(儀式的)인 행위를 수행하려는 집요함으로 흔히

원하지 않는 관념에 의해 특징 지워지는 신경증을 말한다. 강박증
(compulsion), 강박행동(compulsion action)이라고도 표현하는 것으
로 강박관념에 대한 반응으로 나타나는 반복적이고 의도적인 행동
이 일정하거나 상동화된 형태로 나타난다. 의도하지 않으나 반복적
으로 되풀이되는 비합리적인 행동이나 자기의 의지나 의식적 경향
(意識的 傾向)과 반대되는 행동을 말한다. 예를 들면 계단을 오르
내릴 때 계단 수를 헤아린다든지, 포장도로를 지나면서 갈라진 틈
을 일일이 세거나 틈 하나하나를 꼭 밟고 지나가야 된다고 생각
하는 것 등이다. 사소한 강박증은 일상생활에 누구에게나 나타나는
데 편지를 우체통에 넣고 나서 자꾸 재차 확인해 보는 강박행동은
불안의 결과로 인한 행동이기도 하다. 너무나 엄격한 표준을 설정
해 놓고 행동하는 사람을 강박인격자라고 하는데 보다 심각한 강
박증은 정신질환병과 관련이 있다. 비합리적인 행동을 하는 것을
강박감(impulsion)이라고 하며 도벽(kleptomania), 방화(pyromania:
放火)등이 있다.

강화(reinforcement) 어떤 주어진 행동을 보상함으로써 그 행동이 일
어 날 수 있는 가능성을 증가시키는 것으로 모든 조건화의 기초이
다. 여기에는 긍정적 강화(positive reinforcement)와 부정적 강화
(negative reinforcement)와 간헐적 강화(intermittent reinforcement)
가 있다.

강화 스케줄(schedule of reinforcement) 강화가 제시되는 조건을 나
타내는 규칙(rule)이다.

개논 바드(Cannon-Bard) 이론 Cannon과 Bard가 제안한 정서 이론
으로 정서 유발자극은 신체변화와 정서경험을 동시에 일으킨다는
이론이다.

개별 기술적 견해(idiographic view) 개인의 독특성을 연구의 기본
목표로 삼는 성격연구 방법이다.

개성화 과정(individualization) G. Carl Jung의 개념으로 인간이 자

기 자신의 고유한 자신이 되는 과정으로 "Self" 즉 진정한 자기를 찾아가는 과정으로 융은 보았다. 다른 표현으로는 자기실현 (self-actualization)이다. 이는 인간의 성숙과정, 발전과정으로써 육체적인 성장과 비교되는 정신성장 과정이다. 개성화과정은 고유한 자기 자신이 되는 것이다. 개성화 과정은 잠재된 가능성으로서의 개성을 실현하는 것이기도 하다.

개인적 구성개념(personal construct) 개인이 그의 경험세계를 해석하고 구성하는 사고의 범주이다 . 구성개념의 형성을 위해서는 최소한 세 요소가 필요하다. 두 개의 요소는 서로 같은 것으로 지각되어야만 하고, 반면 세 번째 요소는 그 둘과 전혀 다른 것으로 지각 되어야 한다.

개인적 무의식(personal unconscious) 무의식의 표층으로 주로 개인의 어린 시절(0-5세) 지각과 억압된 경험으로 이루어지는 정신세계로 프로이드의 개념이다. 집단 무의식과 대비되는 것으로 개인적 무의식은 개인의 삶의 환경 속에서 경험된 것으로 남에게 이야기하고 싶지 않은 한과 응어리를 말한다. 이는 무의식 속에 존재하는 감정과 사고, 그리고 지식, 기억이 조직된 무리로 열등감이다. 또한 자아와 인접된 영역으로 한번 의식된 것으로서 억압, 억제, 망각, 무시되는 경험들이다.

개인적 특질(individual trait) 개인만이 갖는 고유한 특질로 개인적 소질이라고도 한다.

개인주의 심리학(individual psychology) 알프레드 아들러가 자신의 성격이론에 붙인 이름이다. 이 이론은 각 개인의 독특성과 자신의 한계를 극복하고 인생목표에 도달하려고 노력하는 투쟁과정을 강조하는 심리학이다.

개인차(individual difference) 사람이나 같은 종에서 구조나 행동의 차이점을 의미한다.

개정된 학습된 무력감(revised learned helpless-ness) 개인이 학습된 무력감을 외적, 내적 차원, 총체적-특정적 연속성 차원, 및 안정, 불안정 차원 중 어디에 귀인 하느냐에 따라 우울의 정도와 내용이 달라진다는 가정이다.

개체성 추론(individuality corollary) 사람 간의 차이는 그들의 사상을 구성하는 관점이 다른데 기인한다는 주장이다.

객관성(objectivity) 대부분의 인간행동이 사람에게 가해지는 규정 가능한 외부적 변인에 의해 야기되어진다는 기본가정이다.

거부(rejection) 주로 어린아이에게 순수한 애정을 쏟는 것을 거절 하는 것으로 무의식적으로 그렇게 하는 수도 있다. 서자(庶子)거나 원하지 않았는데 태어난 아이들은 거부의 희생물이 되는 경우가 많다. 부모들은 그 아이를 잘 돌보려고 여러모로 노력 하겠지만, 무의식 층에서는 이 조그마한 방해꾼에 대해 분노를 품고 있을 수 있다. 부모는 장난감을 사주고 선물을 주고 함으로써 사랑의 결핍을 채우려고 한다. 또한 어린이를 과도하게 보호하려고 하기도 한다. 그러나 그들의 거부는 어린이에게 전달되는 것이다. ***반동형성(reaction formation) 을 참고.**

거부압력(press rejection) 클럽이나 조직 내에서 가입을 거부당하는 것을 의미한다.

거세 콤플렉스(castration complex) 프로이드는 남성의 경우 자신의 남근 손실에 대한 불안 때문에, 그리고 여성의 경우 한때 가지고 있었던 남근을 손실 당했다는 환상 때문에 생기는 콤플렉스로 설명했다. 이 콤플렉스는 성적 욕구의 충족에 대한 처벌로 거세당할 것이라는 유아기의 불안에 기원을 둔다. ***남근 선망을 참조하라**

거식증(anorexia) 비만해지지 않으려는 집착과 매우 비현실적인 자아 이미지 때문에 음식 섭취를 강박적으로 피하는 식욕 결여 증세 이다. 이것은 중상층의 십대 소녀들에게서 가장 많이 나타난 것으로 조사되었으며 극한 경우에는 굶어 죽는 경우도 있다.

거절증(negativism) 다른 사람의 지시나 명령을 거절(혹은 반항) 하는 것으로 두 살 혹은 세 살 때 최고 증세를 보인다. 거절증은 점점 약해져서 사춘기가 되면 다른 형태로 나타난다. "당하고 있다" 고 느끼는 사람들이 취하는 방어 태도이며 독립성을 주장하는 일종의 방법이기도 하다(특별히, 사춘기에는 매우 중요하다). 또한 때때로 권위의식에 의한 심한 갈등으로 인해 나타나기도 하는데, 이러한 거절증은 범죄의 요소가 되기도 한다. 유아는 거절상태를 거쳐 성장하기 마련이다.

거짓 상호성(pseudo mutuality) 가족의 있어서 일종의 표면적인 제휴로 잠재된 갈라진 틈이나 차이, 보다 깊은 애정을 애매하게 하거나 덮어 숨기거나 하는 것을 의미한다. 즉, 한 가족을 조사하거나 이해하며 음미할 수 없는 상태이다. 이는 개인이 가정에 협조하는 것으로 인하여 가족 속에서 자신의 정체성을 분화하는 것이 희생되게 된다.

거짓자기(pseudo-self) "참 자기"에 대조되는 개념으로 유아의 "자기" 발달에 있어서 일차 대상이 품어주는 환경을 제공해 주지 못할 때 유아가 그 환경에 순응하여 일차 대상으로부터 관심과 인정을 받고자 할 때 생겨나는 자기로 공적 자기(public self) 또는 동반 의존적 자기(dependent self)라고도 한다. 거짓자기는 부모의 자녀 양육태도 관련이 있다. 자녀가 부모의 요구하는 것 부응하기 위해 자기 자신의 참 자기를 숨기고 적응 해 나아가는 것을 반복함으로써 형성되게 된다.

건강 정의(WHO) 육체적, 정신적, 영적 및 사회적으로 완전히 행복한 역동적 상태이지 단순히 질병이나 병약함이 없음을 뜻하는 것이 아니다." ("Health is a dynamic state of complete physical, mental, spiritual and social well-being and not merely the absence of disease or infirmity." 1998sus 1월 101차 세계보건기구

집행이사회에서 결의하고, 이듬해 5월에 열린 세계보건기구 본회의에서 승인됨)

검증성(verifiability) 한 이론의 가치를 평가하는 기준으로 이론의 개념이 분명하게 정의되어 있고 서로 다른 개념과 논리적으로 관련지어져 있으며 그 개념의 타당성이 경험적으로 검증될 수 있어야만 훌륭한 이론이라 할 수 있다.

게스탈트 치료(Gestalt therapy) 게스탈트는 전체(whole) 혹은 형태(pattern)를 의미하는 독일어 단어로 경험이 어떤 의미 있는 전체를 형성하고 있는 요소들의 형태를 의미한다. 게스탈트는 "지금 여기서"(here and now)에 초점을 둔 "전체로서의 유기체" 를 다루는 치료방법이다. 유기체, 환경간의 통일에 대한 내담자의 자각이 문제가 되며, 상담자의 역할은 내담자로 하여금 성격기능(character function)의 조직화된 전체를 회복하도록 돕는 것이다. 게스탈트 치료는 Fritz Perls에 의해 개발된 현상학적-실전적 치료 양식으로 지금-여기의 경험을 중요시 하며, 자각의 확장, 책임감의 수용 및 개인의 통일을 강조한다.

격리(isolation) 격리는 감정과 생각을 분리시키는 것이다. 예를 들어 실연을 당하면 처음에는 실연의 사건과 그에 대한 감정이 같이 있어서 그 사건이 생각나거나 떠오르면 괴롭지만, 시간이 지나 사건에 대한 기억과 감정이 분리되면 사건이 생각나도 괴롭지 않을 수 있고 또 그 사건을 망각할 수도 있다.

결과욕구(effect need) 개인으로 하여금 직접적인 또는 파악할 수 있는 목표로 이끄는 욕구이다.

결정론(determinism) 모든 행동은 어떤 사건의 작용에 의해 야기 되는 것이지 결코 스스로 자유롭게 야기되어지는 것은 아니라는 기본 가정이다.

결정적 시기(critical period) 유기체의 발달과정에서 어떤 환경의 영향에 특별하게 민감한 영향을 받는 시기, 이 시기가 지나면 그 환경 요인은 별로 영향을 미치지 못한다.

결핍동기(D 동기: deficiency motive) 유기체의 긴장 특히 생리적인 그리고 안전 욕구로부터 발생하는 요구를 제거하는 것을 목표로 하는 기본욕구이다. Maslow는 결핍 동기는 그것이 만족되어야만 개인이 자아실현으로 이동해 갈 수 있다고 보았다.

결핍압력(press lack) 가난 속에 사는 것이나 가난을 의미한다.

경청(listening) 경청은 상담자가 내담자의 이야기를 잘 들어 주는 상담의 핵심기법이다. 경청하는 것은 라포(rapport)형성은 물론 상담의 결과에도 깊은 관계가 있다. 경청의 기술은 집중적인 경청(concentration), 용납적인(acceptance) 경청, 반영적인(reflective) 경청, 공감적인(empathic) 경청, 지지 하고 지원하는(supportive) 경청, 방향제시적인(directive) 경청, 면과 도전적인 경청(confrontation and challenge in listening), 그리고 비언어적 메시지에 대한 경청(Non-Verbal Messages) 등으로 구분하여 설명할 수 있다. 집중적인 경청은 상담자가 내담자를 집중적으로 배려하고 몸을 내담자 쪽으로 기울이는 것이다. 또한 몸의 자세로 얼굴표정으로 관심을 가지고 눈의 접촉을 유지하는 것이다. 용납적인 경청은 상담자가 내담자의 어떤 말이든지 일단 수용하고 용납 하는 경청을 의미한다. 이것은 초기 상담에서 내담자의 말을 가로막거나 바꾸지 말고 용납하고 수용하는 것이다. 이때에 내담자의 마음은 카타르시스(catharsis)를 경험하게 되고 상담자와 신뢰 관계를 형성하게 된다. 반영적인 경청은 내담자가 표현하는 이야기의 요점에 대해서 거울로 자신을 비추어주듯이 반영하는 기법이다. 상담자의 반영적 경청은 내담자가 상담자로부터 깊은 이해와 관심을 받고 있다는 생각으로 위로를 받게 된다. 반영적 경청은 감정의 반영, 행동 및 태도의 반영, 이야기 내용의 반영이다. 공감적인 경청은 상담자가 내담자의 말을 들을 때 내담자의 생각과 감정, 그리고 경험의 세계에 몰입하는 것이다. 상담자가 내담자의 입장에 서서 역지사지(易

地思之)의 입장에서 깊은 공감을 하고 그것을 내담자에게 다시 전달 해 주는 경청기법이다. 공감적인 경청은 상담자가 자신의 정체성을 일시적으로 잃을 정도로 내담자에게 몰입하는 인격의 깊은 동일화 상태이다. 지지하고 지원하는 경청은 상담자가 내담자의 말을 들을 때 위기상황으로 인하여 내담자가 희망과 용기, 그리고 삶의 의욕을 상실하지 않도록 붙들어주고 위로하며 지원해 주는 경청이다. 이 경청은 상담자가 항상 내담자의 편에 서서 지원하고 있다는 사실을 언어나 혹은 비언어로 표시하는 경청이다. 방향적인 경청은 상담자가 내담자로 하여금 어떤 주제에 대하여 좀 더 분명하게 생각하고 표현할 수 있도록 이끌어 주고 자극을 주는 창조적인 경청기법이다. 이 경청은 내담자가 이끌어 가는 대로 막연히 따라가는 피동적인 경청(passive listening)이 아니라 내담자가 상담 목표를 향해서 함께 생각하고 말하며 실천할 수 있도록 자극하고 이끌어가는 능동적인 경청이다. 직면과 도전적인 경청은 상담자가 내담자의 말을 들을 때에 왜곡된 사고, 비합리적 생각들, 그리고 자기 패배적인 사고들을 고정시켜주기 위해서 직면하는 경청이다. 이 경청은 내담자가 직면하게 될 때 위험성이 있을 수 있는 경청이며 상담자에게는 용기가 필요하다. 준비되지 않은 내담자에게는 당황하거나 반항을 할 수 있기 때문에 조심스럽게 직면시켜야 하는 경청이다. 효율적인 직면의 경청을 위해서 상담자는 주의해야 할 것이 있다. 즉, 억압과 권위도전을 피할 것, 내담자의 한계 안에서 도전할 것, 점진적으로 도전할 것, 구체적으로 도전할 것, 약점보다 장점에 도전할 것, 내담자의 가치관에 맞게 도전할 것, 긍정적으로 도전할 것, 내담자의 불일치에 도전할 것, 내담자의 왜곡에 도전할 것, 내담자의 자기 패배적인 신념과 태도에 도전해야 한다. 경청은 내담자의 언어적 표현(verbal expressions)과 비언어적 표현(nonverbal expressions)을 지혜롭게 듣고 파악 하는 기술이다. 상담과정에서 내담자의 비언어적 메시지는 언어적 메시지보다는 더 정확하고 빠르며 강하게 전달된다. 즉 내담자의 얼굴 표정, 몸의 동작과 자세, 목소리의 고저, 침묵, 몸의 단장(옷차림, 얼굴화장) 등을 통한 메시지는 언어적 표현보다 더 중요한 것을 전달하게 된다. 따라서 상담자는 비언어적 메시지를 경청해야한다. Kemp는 내담자의 비언어적 표현을 이해하는 진단의 기준을 언급하였다. 내담자의 촉촉한 손과 마른 입술은 불안한 심정을 말해준다. 빈번한 몸 움직임과 서성거림은 초조와 안정감 결핍이다. 느린 말과 동작은 우울증이다. 화려한 옷차림과 짙은 화장은 낮은 자아상(low self-image)이다. 매혹적인 옷차림과 표정, 행동은 불안정과 성적 부적응이다. 어색한 웃음은 긴장과 부적응이다. 불편 하게 앉아있는 모습은 불안과 초조, 갈등이다. 늦거나 결석하는 것은 저항과 무성의이다. 음성의 변화와 빨라짐은 감정악화이다. 침묵은 저항과 의미심장한 표현이다. 무표정과 굳은 표정은 지루함과 저항이다. 상담도중에 내담자의 양쪽 손이 의자 손잡이에 와있고, 상반신이 약간 앞으로 기울어져 있을 때는 어서 끝나기를 바라는 신호이다. 경청은 내담자의 이야기에 대해서 정확한 이해와 공감을 위해서 잘 듣는 능력이다. 상담자는 내담자의 모든 언어를 잘 경청해야 한다. 내담자의 언어에 대해 경청하는 정도의 따라서 상담의 성공과 실패가 결정 될 수 있다. 상담에 있어 경청은 hearing이 아니라 listening 이다. 즉 들려오는 소리를 어쩔 수 없이 들어주는 것이 아니라 무엇인가 듣기 위해서 적극적인 자세를 가지고 경청하는 것을 의미한다. 모든 언어의 의미는 내담자에게서 나오는 말과 눈빛, 몸짓, 표정, 그리고 침묵에 이르기까지의 표현을 경청하는 것을 뜻한다. 즉 내담자의 모든 입장을 공감하려는 의도를 가지고 듣는 것이다. 경청에는 적당한 심리적 거리와 문화적인 거리가 있다. 심리적 거리는 약 120cm-150cm이다. 따라서 상담에 있어서 상담자와 내담자 간의 이 거리를 유지하는 것이 효과적이다. 이 거리는 보통의 원 탁자를 두고 마주 앉으면 자연스럽게 거리가 유지된다. 문화적 거리는 미국의 경우는 동성끼리 함께 있는 것이 문제가 되지만 한국의 상황은 이성끼리 함께 앉아 있는 것이 문제가 된다. 즉 상담자는 그 문화적 거리를 고려하여 상담을 진행하는 것이 매우 중요하다.

경험에의 개방(openness to experience) 위협을 받지 않고 자기 내부에서 일어나고 있는 것을 느낄 수 있는 능력을 의미한다.

경험적 자유(experiential freedom) 인간은 그가 자유롭게 선택한 인생을 자유롭게 살 권리가 있다고 주관적으로 느끼는 것이다. 예컨대 "나는 나의 행동과 그에 따른 결말에 유일하게 책임을 갖는다."

경험추론(experience corollary) 개인의 구성개념 체계는 일련의 밝혀지지 않은 사상을 정확하게 예측하지 못함에 따라 변한다는 주장이다. 쓸모가 있다고 밝혀진 구성개념은 보유되고 그렇지 않은 것은 수정되거나 폐기된다.

계속적 접근(successive approximation) 목표에 다가갈 때마다 강화를 주어 특정한 행동을 조형시킬 때 사용하는 방법이다.

계열위치효과(serial position effect) 관련 없는 항목들로 구성된 목록을 제시한 후 자유 회상시켰을 때 나타나는 현상으로 초두효과와 최신효과를 보인다.

계열주제(serial theme) 외형적 행동을 일으키는 욕구-압력 상호작용의 조합을 말한다.

고립(isolation) 친밀을 성취하지 못한 데에서 오는 사회적 공허감과 허망감을 뜻한다.

고립 효과(isolalted effect) 좁은 공간에서 함께 생활할 때 심리와 행동이 격해지는 현상

고백 효과(confession effect) 다른 사람에게 피해를 입혔다는 죄의식을 보상받기 위해 다른 사람을 도와주려는 행동(봉사)하는 것. (그러나 순수하게 봉사활동을 하는 사람도 있음)

고슴도치 딜레마(hedgehog dilemma) 자기의 삶과 일에만 몰두하고

다른 사람과 거리를 두어 깊은 인간관계를 맺지 않아 서로 간섭할
일도 없어 피해를 주지 않으려는 심리.

고유자아적 추구(properiate striving) 중요하고 장기적인 목표의 추
구를 통해서 자신을 향상시키려는 개인의 동기이다.

고유자아(properium) 개인을 독특하게 만드는 그의 여러 가지 면을
나타내는 것으로 이것은 또한 개인의 적극적, 창조적, 점진적 자질
의 특성을 나타낸다.

고전적 조건형성(classical conditioning) 애초에 중립적 자극이었던
것이 자연적으로 반응을 일으키는 한 자극(무조건 자극)과 연합되
면 그 중립적 자극은 같은 반응을 일으킴으로써 학습이 이루어진
다는 학습의 기본 형태이다. 예컨대 유아가 야단을 맞으면서 엉덩
이를 얻어맞으면 그 다음에는 야단하는 소리만 듣고도 무서워한다.

고정비율 스케줄(fixed-ratio schedule) 어떤 일정 횟수의 반응이 있
은 후 첫 반응이 강화되는 강화스케줄을 말한다.

고차적 조건 형성(higher order conditioning) 고전적 조건화가 일어
난 다음 두 번째 조건 자극을 첫 번째 조건 자극과 짝지으면 두
번째 조건 자극도 역시 조건 반응을 인출한다. 이것을 이차적 조건
형성이라고 한다. 같은 방식으로 삼차적 조건 형성도 가능하다.

고착(fixation) 정신분석에서 성 심리(sexual psychology)적 발달의 초
기 단계를 원만하게 거치지 못하거나 애착 대상을 바꾸지 못함으
로써 특정한 발달 단계나 대상에 얽매이어서 머물러 있는 것을 말
한다. 프로이드(S. Freud)는 종교현상(religious phenomenon)을 일
컬어 유아기적 고착(infantile fixation)이라고 말한 바 있다. 즉, 고
착은 과도한 욕구불만이나 방종으로 인하여 개인의 발달이 초기
심리 성욕 단계의 어느 한 단계에 정지된다.

공감(empathy) 감정이입(感情移入)이라고도 한다. 상대방의 경험, 감
정, 사고, 신념을 상대의 준거체제(準據體制)에서 자신이 상대인 것

처럼 듣고 이해하는 능력이다. 상담 장면에서는 치료와 상담의 효과를 배가시키기 위하여 상담자가 이해한 것을 내담자에게 전달해야 한다. 공감의 소통(communication of empathy)은 내담자를 판단하거나 설교하지 않고 돕겠다는 상담자의 의욕 및 감수성과 관계된다. 공감을 받는 상담관계에서 자유롭게 자신을 드러내고 싶은 감정이 된다. 롤 메이(R. May)는 그의 책"The Art of Counseling"에서 "공감은 카운슬링에 있어서 열쇠와 같은 것" 이라고 천명한 바 있다. 공감은 동정(sympathy)과는 정반대되는 정서적 경험이다. 공감은 기초공감과 발전공감으로 나눌 수 있다. 기초공감(primary -level accurate empathy) 내담자가 현재 느끼고 생각하는 것을 내담자가 느끼고 생각하는 대로 이해하고 내담자에게 전달하는 것이다. 발전공감(advanced accurate empathy)은 내담자가 지금 어떤 예감이나 느낌이나 생각은 가지고 있으나 분명하게 보지 못하고 희미하게 느끼고 생각하는 그것을 내담자가 분명히 볼 수 있게 도와주는 기술이다. 예를 들면 물에 빠진 사람을 구하는 상황에서 그 사람을 구하기 위해 물에 뛰어드는 것은 동정이고, 밖에서 줄이나 막대기를 가지고 건져주는 것은 공감이다. 따라서 동정과 공감의 공통점은 구해주어야 한다는 간절한 마음은 같으나 구하는 방법에서는 다르다. 공감은 자신의 인생관, 가치관, 종교관 등을 비워내는 만큼 공감능력이 생기게 된다(S. Freud).

공감적 이해(empathy understand) 내담자의 세계를 이해하는 것으로 내담자의 입장이 되어서 그가 느끼고 생각하는 것을 있는 그대로 인식할 수 있는 능력을 말한다. 치료적 변화에 필수적인 조건 중 하나이다. 공감적 이해의 수준이란 내담자의 생각과 감정을 내담자의 입장에서 이해하고, 존중심을 가지고 내담자에게 상담자의 이해를 전달하는 것이다. ① 동문서답의 수준: 상담자는 내담자의 생각이나 감정을 전혀 헤아리지 않고 자기가 생각하는 것을 이야기한다. ② 관습적 응답: 상담자는 내담자가 이야기하고자 하는 의도는 인식하나 자기 생각을 가지고 응답한다. 이것이 지시적이요,

권위적이요, 교훈적인 응답이다. ③ 표면적 이해: 상담자는 내담자가 명시적으로 표현하는 생각과 감정들을 이해하고 응답한다. ④ 내면적 이해: 상담자는 내담자가 표현하지 아니한 내면의 생각이나 감정까지 이해하고 응답한다. ⑤ 긍정적 공감: 상담자는 내담자의 생각과 감정 속에 들어 있는 긍정적이요 창조적인 동기까지 이해하고 응답한다.

공격(aggression) 분노나 적개심을 나타낼 때 사용되는 용어로 이것은 아래와 같이 6가지로 구별할 수 있다. 1. 사물이나 사람에 대한 적대적 행동 2. 죽음의 본능(thanatos) 또는 이에 관련된 의식적 표상(意識的 表象, 프로이드) 3. 타인을 지배하려는 의지의 표현(아들러) 4. 좌절에 대한 반응(frustration-aggression hypothesis) 5. 자신의 목적을 공격적으로 추구함. 6. 타인을 공격 가해(加害) 무시하거나 의식적으로 심한 벌을 주거나 가학적인 행동을 하려는 욕구 – 머레이- 공포반응(phobic reaction) 강렬하고 비합리적인 공포에 의해 특징 지워지는 정신 신경증적 반응을 말한다.

공격불안(aggression anxiety) 공격행동을 하게 될 상황에 직면했을 때 공격행동에 대해 갖게 되는 죄책감이나 불안감으로 사회화 과정을 통하여 형성된다.

공격성(hostility) 분명히 반대되는 결과를 보면서 타당치 않은 구성 개념을 간직 하려고 시도하려는 것 뿐 아니라 공격적인 사람은 자기의 비현실적인 기대에 맞게 다른 사람이 행동하도록 만들려 한다.

공격압력(press aggression) 자기를 공격하고 비판하고 얕보는 타인을 뜻한다.

공통적 추론(commonality corollary) 사람은 그들이 경험을 같은 방식으로 해석하는 정도에 따라 서로 비슷하다는 주장을 하게 된다.

공통특질(common trait) 한 문화 속에 있는 모든 사람이 타당하게 비교될 수 있는 일반화 된 소질들을 의미하며, 공통특질은 규범적 특질이라고도 불리 운다.

공포증(phobia) 실제적인 위험이 없는 상황에서 비합리적으로 나타나는 심한 불안이다. 예를 들면, 폐소공포(閉所恐怖)증이 있는데 장소가 폐쇄되어 있다고 두려워하는 것이다. 공포증은 실제적(무의식적) 대상으로부터 대치물로 옮기는 불안의 치환(置換)에 의해 발생한다. 사람이 공포를 일으키게 하는 대상을 회피할 경우 그는 동시에 자기 불안의 실제적 무의식적 대상도 회피하는 것이다.

공학 심리학(engineering psychology) 인간공학(human engineering)이라고도 불리 우는 공학 심리학은 인간이 산업 현장에서 또는 생활 현장에서 쓰는 기계나 도구의 설계에 관한 것을 연구한다.

과시욕구(need exhibition) 인간은 남에게 좋은 인상을 주고자 한다. 인간은 남이 자기를 보고, 듣게 하려한다. 타인을 흥분, 매혹, 즐겁게 해주고 충격을 주고 웃긴다. 매너리즘, 동작, 준엄한 연설로써 주목을 끌며 대화를 독점한다. 이와 같은 심리행동의 욕구를 말한다.

과잉보상(over compensation) 개인이 부적절감에서 벗어나는 정도 이상으로 보상하는 보상형태로서 우월 또는 탁월한 업적을 초래한다. 과잉보상 하는 사람은 마치 자신이 남보다 우월하다고 느끼는 식으로 행동한다. 이는 병적 우월감의 증거이다.

과잉식욕(prodigious Appetites) 음식의 과잉섭취 결과 너무 뚱뚱해지는 것으로 심리적 원인은 의존적이며 불안정한 사람, 특히 사춘기에 있는 사람들은 방어와 근심으로 인해 너무 많이 먹어 뚱뚱해 지는 수가 있다. 이는 내분비선의 구조로 인하여 생기기도 하는데 특히 사춘기의 성장률이 빠른 시기에 잘 나타난다.

과포괄적 사고(over inclusion) 사소한 단서가 전체를 대표하는 것으로 확대 해석하는 사고장애를 말한다.

관계중독(relationship addiction) 중독현상의 다양한 국면 중의 하나로서 "동반의존" 의 역동성 속에서 건강하지 못한 관계임을 인식하면서도 헤어 나오지 못하고 매여 있는 관계, 외도, 병리적인 연인 관계, 건강치 못한 상담 관계, 스토킹(stocking) 등을 예로 들수 있다(동반의존 참조).

관찰학습(observation learning) 모방이나 모델링을 통하여 타인의 행동을 학습하는 인지학습의 한 유형으로 관찰자의 행동이 모델의 행동에 노출됨에 따라 변화하는 과정으로 모방적 학습이라고도 한다.

교육상담(educational counseling) 주로 학업상의 곤란, 진학문제, 학과 선택의 문제들을 다루는 상담활동을 의미한다.

구성개념적 대안주의(constructive alternativism) 인간은 그의 사상에 대한 해석을 수정 또는 변화할 수 있다는 켈리의 기본가정이다. 객관적 현실과 절대적 진리는 개인의 상상에 따른 가공이라는 뜻이다.

구성의 모순(fallacy of composition) 구성의 모순이란 케인즈가 주장한 이론으로 개별적으로는 아무런 문제가 없으나 그 것들이 모일 경우 문제가 발생하는 것을 의미함. (예 영화 티켓을 예매할 때나 혼자 먼저 사겠다고 새치기 하는 경우, 보다 원활한 야구 경기 관람을 위해서 일어서는 경우, 영화 관람시 전화를 받는 경우, 불법 복제로 그 산업을 못 크게 하는 경우, 날씨가 농작물에 우호적여서 풍작이 들었으나 수요 초과로 수입이 적어진 경우)

구성주의 심리학(structural psychology) 의식을 감각이나 감정 등 심적 요소로 환원해서 그 구성을 주로 내성법으로 연구한 심리학이다.

구조적 가족치료(structural family therapy) Salbador Minuchin과 관련된 가족치료의 한 접근법으로 핵가족의 중요성을 강조하며 가족 내의 병리적 제휴와 분열을 변화시키려고 하는 치료이다.

구조적 모형(structural model) 본능, 자아, 초자아로 구성된 프로이드가 창안한 성격구조의 세 가지 분류이다.

구조주의 심리학(structuralism psychology) 현대 심리학의 최초로 등장한 것인 빌헬름 분트(Wilhelm Wundt)와 티체너(Titchner: 1867 -1927)의 의한 구조주의 심리학파이다. 이 심리학은 내담자 자신이 의식적 경험(conscious experience)을 스스로 관찰하여 보고하는 내성법(introspection method)을 발전시킨 것이다. 이 내성법은 인간의 의식을 다양한 요소로 분석하고 이 요소들이 어떻게 인간 정신의 합성체를 구성하는가를 발견하여 인간의 의식을 연구하도록 유도하는 것이다. 또한 구조주의 심리학자들은 인간과 하나님 사이의 유사한 면을 연구하려는 시도를 해왔다. 그러나 인간의 의식구조와 인간의 화학구조(化學構造) 사이에는 너무나 큰 차이가 있는 것을 인정한 나머지 그 연구는 계속되지 않았고 구조심리학은 그 자취를 서서히 감추었다.

구호욕구(need succorance) 연관된 사람으로부터 동정을 받고자 하는 욕구, 원조를 받고, 승인 받고, 보호되고, 조언을 받고, 인도 받고, 떠받들리기를 바란다. 상처를 과장하고 헌신적 보호자와 가까이 있고자 한다. 구호욕구를 구하는 자는 언제나 원조자를 갖고자 한다.

굴욕회피욕구(need infavoidance) 굴욕을 피하려 하여 체면 깎기는 사태를 피하고, 실패의 공포 때문에 행동을 억제한다. 이러한 사람은 열등(劣等)한 사람만 사귀고 자신의 결점을 숨긴다.

권면적 상담(encouragement counseling) 이 상담은 제이 아담스(Jay Edward Adams)가 비기독교적 전제를 바탕으로 한 상담 이론을 배격하고 성서적 방법을 통한 상담이론을 개발한 것으로 권면적 상담이라고 부른다. 이 상담은 교회의 머리되신 그리스도께서 인간각 개인의 문제를 해결하기 위해서 성서를 통해 말씀하신다는 것을 토대로 훈계하고 경고하며, 가르치고 훈련시켜서 생활의 변화와 회복을 주는 상담이다.

권력에 대한 의지(will of power) 부적합감과 열등감을 극복하기 위하여 개인이 우월성과 지배성을 얻으려고 노력하는 것이다. Alfred Adler는 이 용어를 Friedrich Nietzsche에게서 빌려 왔으나 매우 다른 의미로 사용하였으며, 결국은 유능성을 추구하는 노력과 같은 의미로 쓰이게 되었다. 여기에서 Nietzsche는 초월성을 강조 했으나 Adler는 동등성을 강조했다.

귀납적 추리(inductive reasoning) 특수한 사례에서 일반적 규칙을 유도해내는 과정을 뜻한다.

귀속 지위(ascribed status) 어떤 사람이 피부색깔이나 가정환경 등과 같이 태어날 때부터 물려받은 것 때문에 한 사회에서 자동적으로 그 사람에게 주어지는 지위를 기술하기 위해 사용하는 사회학적 용어이다. 성취지위(achieved status)와는 대조를 이루는 개념.

귀신들림(demonization) 사단 마귀의 부림을 받는 타락한 천사들로 이루어진 귀신들이 취약한 인격을 전인격적인으로 일정한 기간 동안 통제하는 현상이다. 무디 성경학교 프레드 디카슨(Fred Dickason)은 귀신은 실제적으로 "소유" 할 수 없다고 주장하면서 "demon possession" 대신에 "demonization"을 사용했다. 정신의학은 초인격적인 영역과 초자연적인 영역을 학문의 대상으로 삼지 않기 때문에 귀신들림에 대해서 인정하지 않는다. 그러나 『거짓의 사람들: 악의 심리학』 저자 스코트 펙(Scott Peck)은 정신의학 영역에서 초자연적인 악의 실재에 대한 진단과정이 필요함을 역설하였다.

귀인(attribution) 타인 또는 자신의 행동의 원인(즉, 동기나 의도)을 추리하는 과정 또는 그 결과로 외부적인 행동에 기초해 인간의 상태를 해석하고 이해하고자 하는 과정이다. 우리는 사람들의 행동을 관찰하고 그 사람들에게 어떤 의도나 동기를 부여함으로써 귀인을 한다. 이것은 사회 심리학적 개념으로 심리학이 무엇인지를 잘 보여 주는 한 방식이다.

귀환반응(feedback) 자기 자신의 행동결과에 대한 자료를 제공해 주는 특수한 정보이다. 행동에 대한 보상(compensation)이나 처벌(punishment)도 귀환반응의 일종이다. 귀환반응은 반응자의 지각 내용에 따라서 바르거나 틀릴 수 있다.

규범적 견해(normothetic view) 인간기능(human functioning)의 일반 법칙을 찾으려는 과학적 성격연구 방법이다.

균형이론(balance theory) 이는 미국 심리학자 Fritz Heider의 이론으로 사람들은 자신의 신념들 간에 조화를 유지 하고자 하는 경향성이 있다는 것이다. 왜냐하면 부조화는 긴장을 야기시키기 때문이다. 만약 친절하다고 생각하는 사람에게 난폭한 행동을 한다면, 당신의 신념들은 불균형 상태에 놓이게 된다. 이때 "당신의 행동이 사실은 난폭한 것이 아니라든가, 당신이 생각하는 것만큼 그 사람이 친절하지 않았든가, 당신은 자신이 한 행동에 책임이 없다" 라는 식의 말을 함으로써 이 신념들 간의 균형을 되찾기 위해 노력한다. *인지 부조화(cognitive dissonance) 참조

그림자(shadow) 자아가 의식적인 관계적 접근방법을 가지고 있지 않은 무의식의 측면을 지칭하기 위하여 사용된 용어이다. 즉 자아의 기준에서 볼 때 용납될 수 없는 것이기 때문에 무의식 속으로 억압 되거나 무시된 정신 내용을 의미한다. 그림자는 우리가 충분히 관계를 맺지 못하는 우리 자신의 부분이다. 이는 페르조나(mask)에 의해서 겉으로 가려지나 개인적인 무의식 속에 억압된다. 즉 남에게 이야기하고 싶은 것, 여행이나 술좌석에서 나오는 억압된 이야기들, 이는 지식층 일수록 그림자에 많이 사로잡혀 있다. 이는 Carl Jung의 개념이다.

극단이행(extreme performance) 개인적인 결정보다 집단적인 결정에서 더 극단적인 방안을 택하는 현상이다.

근면(industry) 학령기에 해당하며 활동하고 새 기술을 배우고 스스로 어떤 과업을 끝내는 것에 관한 관심을 뜻한다.

금단증상(withdrawal symptom) 약물을 복용하다가 중지했을 때 나타나는 증상이다.

금지(inhibition) 반응을 약화시키거나, 억제, 규제, 또는 방해하는 과정을 의미한다. 금지가 과대할 경우에는 정서적 긴장을 계속 누르는 경우가 있으며 결과적으로 심각한 정신적 신체적 불안을 수반한다. 심한 경우는 정신질환을 일으키는 수도 있다.

긍정적 강화(positive reinforcement) 행동의 발생빈도를 높여주는 행동과 연관된 자극을 의미한다.

긍정적 대우의 욕구(need for positive regard) 학습된 또는 선천적 경향으로서 개인이 자기의 인생에서 중요한 타인으로부터 인정, 존경, 그리고 사랑을 구하고자 하는 것이다.

긍정적 자아 대우의 욕구(need for positive self-regard) 자기의 경험을 긍정적 대우 욕구의 만족 또는 불만족과 관련 지음으로써 발달하는 학습된 욕구이다. 이 욕구는 개인이 자신을 긍정할 때 만족하고 자신을 부정할 때 불만족 하는 것을 나타낸다.

긍정적 존중(positive respect) 내담자의 행동이 불쾌하거나 치료자의 기준에 맞지 않더라도 그를 하나의 인간으로서 비소유적으로 배려하고 수용하는 것으로 치료적 변화에 필수적인 조건 중의 하나이다.

기관적 열등감(organ inferiority) 선천적으로 약하거나 부족하게 기능하는 신체기관은 개인에게 열등감을 초래한다. Adler는 신체적 열등감이 때로 개인이 인생 에서 눈부신 업적을 쌓게 하는 것으로 주장했다.

기능적 분석(functional analysis) 유기체의 행동과 그 행동을 통제하는 환경조건 간의 구체적 관계를 설정하는 것이다.

기능적 자율(functional autonomy) 아동기에 경험한 긴장 완화 동기

가 성인기에는 긴장완화 동기로부터 독립적으로 기능한다는 의미
로 Allport의 개념이다.

기능적 자율성(functional autonomy) 어떤 형태의 행동이 처음에는
다른 이유 때문에 채택되었다 하더라도 그 자체가 목적이나 또는
수단이 되는 과정을 말한다. 즉, 과거 어떤 목적을 위한 수단이 되
었던 것이 그 자체가 목적이 되는 것을 의미한다.

기능적 중요성(functional significance) 한 이론의 가치를 평가하는
기준이다. 훌륭한 이론은 인간문제에 대한 새로운 해결 방안을 제
시할 수 있어야 한다는 의미이다.

기능주의 심리학(functional psychology) 의식 활동의 기능을 생활의
목적에 준거해서 이해하려는 목적론적 경향의 심리학이다. 기능주
의 심리학은 인간의 정신현상을 의식 분석하는 것으로만은 부족하
다는 주장에 대해 반발로 시카고 학파(Chicago School)의 윌리엄
제임스 (William James: 1842-1910)와 엔젤 (J. Angell: 1869-1949)을
중심으로 시작되었다. 기능주의 심리학에서는 환경에 적응하는데
작용하는 정신을 연구하는 것으로 정신이 무엇인가? 라는 문제보
다도 정신이 무엇을 위한 것인가? 에 관심을 갖는다. 그러므로 기
능주의 심리학자들은 찰스 다윈 (Charles Darwin: 1809-1882)의 영
향으로 정신이란 개인이 환경에 적응하도록 조력하는데 직접적으
로 관련 되는 과정으로 보고 있는 것이다. 따라서 이 학파에서 강
조되는 것은 정신의 구조가 아니라 기능(機能)이다. 즉 인간의 정
신 활동에 있어서 적응이 생존에 도움이 된다면 정신은 진화된다
는 가설을 가지고 인간의 정신을 신에 유사한 속성으로 연구하지
않고, 환경에 적응하는 모든 것과 동일한 것으로 취급하여 연구하
였다.

기본가정(basic assumption) 성격이론가를 포함한 각 개인이 인간 본
질에 관해 갖는 철학적 전제이다.

기본귀인 오류(basis attribution error) 귀인에서 사람들이 통상 외부

귀인보다는 내부귀인을 많이 하는 경향이 있다.

기본신뢰(basic trust) 개인의 사회적 세계가 안전하고 안정되어 있다고 내적으로 느끼는 것과 자기를 돌보아 주는 사람이 도움이 되고 신뢰가 간다고 느끼는 감정이다.

기본적 오류(fundamental error) 개인의 인생을 조직하고 조성하는 데 사용되는 신화, 예를 들면, 안전에 대한 극단적인 욕구, 생의 요구에 대한 잘못된 지각, 가치의 부인 및 잘못된 가치 등이 포함된다.

기억과정(retention process) 관찰학습의 한 요소로서 모델이 수행한 것을 하는 장기 기억 것과 관련된 것. Bandura는 개인이 기억할 수 없으면 관찰학습이 이루어지지 않는다고 주장한다.

기억상실증, 건망증(amnesia) 부분적으로 혹은 완전히 기억을 상실하는 병적 증세를 말하는데 심한 경우는 자기 이름과 신분조차도 잊어버린다. 원인으로는 중요한 두 가지 원인이 있다. 1. 신체적 원인: 두뇌의 손상이나 질병에 의해 생기는 기억력 상실증이다. 즉 자동차 사고로 인하여 두개골이 파손되면 사고 이전의 모든 기억은 완전히 잃어버린다. 이런 증상은 영구히 고칠 수 없다. 2. 심리적 원인: 총에 맞아 죽은 남편을 본 아내는 완전 건망증 증세를 일으킨다. 그녀의 이름을 기억 하지도 못하게 된다. 그러나 일정기간이 지나면 기억력을 되돌릴 수 있다. **(정신분열증(schizophrenia)과 해리 반응과 억제를 참조.)**

기억술(mnemonic device) 기억을 증진시키는 방법으로 장소법, 핵심 단어법 등이 있다.

기억폭(memory span) 한 번 제시된 후에 기억할 수 있는 항목 수를 말한다.

기억 혼란증(fugue) 분리의 일종, 제법 긴 기간 동안 실제로 한 일을 전혀 기억하지 못하고 보통 본래 있던 곳에서 사라져 버린다. 환자는 기억을 상실하고(기억상실증) 평소에 있던 환경으로부터 떠난다. 혼동된 모습으로 낯선 도시에서 방황하기도 하며 자기가 누구인지 잊어버린다. 이러한 상태가 수일 혹은 수개월 동안 계속되는 경우도 있다. 새로운 일을 맡아서 전혀 의심을 받지 않고 해내기도 하는데 다시 기억이 되돌아오면 기억 혼란증이 있는 사람은 전문적인 치료를 받아야 한다.

기질(temperament) 비교적 생득적으로 결정된 개개인의 독특한 성격 특성이다.

기질적 요인(dispositional factor) 비교적 지속적이고 외현 행동을 결정하는 것으로 간주된 인간 내부에 존재하는 어떤 요인으로 본능, 기질, 요구 등이 있다.

기질특성(temperament) 특질보다 개인이 타고난 생물학적 구조에 의해 더 영향을 많이 받는 행동유형이다.

깊이단서(depth cue) 이차원적인 망막에 투영된 정보로 삼차원의 세계를 이해하는데 필요한 단서로, 회화적인 단서를 비롯하여 운동단서, 안구운동단서, 양안부동의 단서 등이 있는데 깊이나 거리를 지각하게 만든다.

꿈의 분석(dream analysis) 개인의 정서적 문제의 근원에 대한 정보를 얻기 위해 꿈의 내용을 분석하는 것 정신분석가가 사용하는 방법으로 꿈속에 내재된 무의식적 원망(unconscious-wanting) 및 동기의 속성이 명백해질 때까지 내담자에게 꿈의 내용에 대한 자유연상을 시키며(did the free association) 또한 꿈의 상징 내용을 해석하기도 한다. 상징은 일반적인 것으로 곧 해석이 가능하기도 하고 그 밖의 많은 것은 각 개인에게 특수한 것으로 자유연상을 통해 해석되어야 한다. 이는 환자가 자기의 증상과 동기적 갈등의 원인을 이해하도록 꿈이 상징하는 것을 해석해 주는 정신분석학적 기술이다.

꿈꾸는 수면(dream sleep) 1950년대에 렘(REMS: 컴퓨터에서 사용 되는 것으로 빠른 눈동자의 움직임(rapid eye movement)이 꿈과 관련 있음이 발견되어, 꿈의 생물학적 기능을 실험적으로 연구할 수 있는 가능성을 제공했다. 이런 실험의 결과는 꿈이 심리적 기능의 중요한 부분이라는 Freud의 주장을 지지하는 것이다. 렘 시기(REM sleep)에 있는 사람을 깨워서 꿈을 못 꾸게 하면, 이들은 심리적 장애를 경험하는 듯했다. Freud는 꿈을 꾸는 사람이 계속 잠을 자는 것은 꿈이 불쾌한 소망을 좀 더 유쾌한 형태로 전환시켜 주기 때문이라고 주장한 반면, 몇몇 심리학자들은 반대로 잠이 꿈을 꾸도록 해준다고 주장한다. 일부 사람들은 상대적으로 잠을 조금만 자고도 살 수 있지만(고등 동물을 포함한) 거의 모든 인간은 잘 때 꿈을 꾸고자 하는 생물학적 욕구를 가지고 있는 것 같다고 주장한다.

ㄴ

나는 이라는 태도(I potion) 머레이 보웬(M. Bowen)의 개념으로 인간이 자신의 감정이 아니고 자신의 사고에 입각한 입장을 취하는 것이다. 개인 가족 체계의 기타 구성원으로부터 정서적 압력에 직면하여 그것을 유지하는 능력을 의미한다.

낙인 이론(labelling theory) 사회심리학에서 일탈 행위를 설명하는 한 방법으로 사람들이 일탈된 사람이라고 낙인한 사람에 대해 어떻게 행동하는가에 초점을 맞추는 이론이다. 자기 충족적 예언 (self-fulfilling prophecy)과 연합시켜 볼 때 낙인 이론은 또한 정신병적 행동을 설명하는 데 사용되어 왔다. 따라서 한 사람이 편집증으로 낙인되면 다른 사람들은 이 사람이 하는 모든 행동을 편집증 측면에서 해석하게 된다. 이러한 행동은 불가피하게 맨 처음 진단의 정확성을 보여 주는 증거가 된다.

낙하산(parachute) 3개월 전후의 아이를 수평으로 매단 위치에서 바닥을 향하여 앞쪽으로 떨어드리는 자극을 주었을 때 양상지를 보호적으로 신장을 시키는 자에 반응을 말한다. 아이를 수직으로 매단 상태에서 바닥 쪽으로 갑자기 움직일 때 하강 낙하산 반을 보이는 것으로 앉아 있다가 양하지를 신장시키는 반응을 보인다.

난체기(germinal period) 수정에서 2주까지에 걸친 수정란에서부터 착상에 이르기까지의 태내 발달단계를 의미한다.

남근기(phallic stage) 성기가 쾌락의 주 원천이 되는 심리성욕발달의 세 번째 단계로서 3-7살까지 나타나는 것으로 주로 자신의 성기와 그 기능으로부터 오는 쾌감에 관심을 가진다는 Freud의 이론이다.

남근선망(penisenvy) 정신분석학 이론에서 어린 소녀가 자신에게는 남근이 없는 것을 발견하고 이를 갖고 싶어 하는 것을 의미한다.

납굴증(waxy flexibility, flexibilitas cerea, 蠟屈症) 의지의 발동성이 감퇴해서 수동성이 높아진 결과이다. 납굴증은 외부 힘에 대해서도 수동적이 되어 외부에 응한 주어진 채로의 자세를 언제까지나 계속하는 유지하는 상태를 말한다. 납과 같은 근긴장 상태로 인해 외부로부터 취해진 부자연스러운 체위에도 저항 없이 따른다. 강직증이 고도가 된 상태라 고도 하나, 거의 동의어로 사용되는 경우도 있다. 긴장병에 나타나는 외에 뇌염이나 티푸스 등의 감염증에도 나타난다. 또한 최면에 의해서 일어날 수도 있다.

내담자 중심의 심리치료(person centered therapy) 환자에 대한 무조건적인 대우와 긍정을 토대로 개발한 심리치료의 한 형식이다. 심리 치료사와 환자 간의 관계는 성격변화의 수레바퀴 역할을 한다고 보아서 이 관계를 특히 강조하는 이론이다. 즉, 내담자 중심 치료(client-centered therapy)는 인간중심의 치료(person-centered therapy)라고도 하며 1940년대 로저스(Carl R. Rogers)에 의해 시작되었다. 내담자 중심의 상담은 상담자가 공감, 일치성, 긍정적 배려 그리고 비판적이 아닌 깊은 이해를 보임으로써 개인의 성장 잠재력을 유도해 낼 수 있다는 것이 주된 가정이다. 다시 말해서 인간은 자신의 심리적 부적응 상태의 요인을 지각하는 능력과 부적응 상태에서 벗어나서 심리적 적응의 상태로 향하는 능력 및 경향성(tendency)을 가지고 있다고 본다. 이 이론의 기초는 Alfred Adler의 개인심리학에 근거를 두고 있다.

내면화(internalization) 타인의 태도, 행위의 수준, 의견들을 자신의 가치체계 속에 병합하는 것으로 Freud는 초자아(superego) 또는 성격의 도덕적인 면은 부모의 태도를 내면화하는 데서 나온 것으로 믿었다.

내사(introjection:內射) 투사와 대칭을 이루는 정신과정 세계와 타자들의 부분들을 우리 자신 안에 받아들이는 것을 의미한다. 이는 인간 안에서 개념들이나 생명 없는 정보 또는 생생하지 않은 먼 기억으로서가 아니라 끊임없는 반응하는 살아있는 존재의 중심으로서 존재한다는 의미이다. 즉 1. 부모의 초자아(superego)를 흡수 하는 과정 2. 자신의 특징이나 정신적 과정을 생명이 없는 대상에 투사(projection)하는 것을 말한다.

내성(tolerance) 약물 사용 시 동일한 효과를 얻기 위해서 복용량을 증가시키는 것을 의미한다.

내성법(introspection) 훈련을 받아 자기를 관찰하는 방법으로 주관적인 사건이나 경험을 보고하는 방법이다.

내용 분석(content analysis) 심리학과 사회 과학에서 어떠한 범주와 주제가 나타나는지를 보기 위해 사용하는 자료 분석, 또는 가설 검증이나 진단을 위해 미리 정해진 주제나 범주에 따라 자료를 분석하는 것이다.

내재된 그림(embedded figure) 더 복잡한 도형 속에 숨겨진 도형으로 일단 탐지되면 무시하기 어려운 것이다. 즉, 인간의 심리 속에 큰 윤곽의 전체적인 도형이 일반 도형이라면, 그를 중심으로 복잡하게 구체적으로 서로 맞물려 있는 심리학적인 도형을 의미한다.

내재적 정의(immanent justice) 나쁜 행동에 대한 처벌은 절대적이고 피할 수 없다는 생각을 의미한다. 비록 아무도 모르게 한 나쁜 행동이라도 신과 같은 큰 힘을 가진 존재가 악한 사람들에게 사고나 불행과 같은 형태로 어떤 보복을 할 것이라는 생각을 말한다. Piaget는 이러한 사고는 여덟 살 이하의 자아 중심적 아동에게서 전형적으로 나타난다고 했다.

내적동기(intrinsic motive) 지시나 강제 또는 성취의 결과가 주는 보상을 기대하는 것과 같이 학습과제를 성취해야 할 이유가 유기체의 외부에 있는 것이 아니라 학습자 스스로 어떤 과제를 성취하고자 하는 동기이다. 가령 학습과제 그 자체를 해결하는 것이 긴장

해소에 도움을 줄 수 있는 것과 같이 학습행동 그 자체가 보수를 제공해 주는 것이다. 일반적으로 외적 동기는 내적 동기에 비해 강도가 약하며, 행동을 비정상적으로 유도할 수 있으므로 효과적인 동기의 유발방법으로는 외적 동기보다 내적 동기를 유발하는 것이 효과적이다.

내적 진행(internal proceeding) 개인이 스스로의 내적 감정, 심상, 사고에 흡수되어 있는 순간을 뜻한다.

내적 합리화(internal justification) 사회심리학에서 인지 부조화를 해소하는 한 방법으로 가장 강력한 태도 변화의 근간을 이루고 있다. 가령 당신이 생각하기에 자신의 직업이 하찮다고 느끼면, 당신은 "나는 지각 있는 사람이다"와 "나는 하찮은 직업을 가지고 일하기로 했다." 간의 부조화를 내부적으로나 외부적으로(심리적 차원에서) 해결하고자 한다. 하나의 외적 합리화는 "나는 돈을 위해서 이 일을 한다." 일 것이지만, 이러한 합리화가 직업에 대한 당신의 의견을 바꾸지는 않을 것이다. 그러나 그 직업을 다른 각도에서 볼 때 더 긍정적인 측면을 발견하면, 당신이 이러한 하찮은 직업을 가지고 일하는 것을 내적으로 합리화할 것이다. 자신을 설득할 것이라는 의미이다.

내적 합치도(internal consistency) 한 이론의 가치를 평가하기 위한 기준이다. 훌륭한 이론은 다양한 현상을 내적인 일관성으로 설명할 수 있어야 한다는 의미이다.

내향성(introversion) 관심을 내부로 돌리는 것으로 자신에게 몰두 하고 외부적인 것을 정시하는 것이다. 주관적으로 내향성을 나타내는 사람을 내향자(introverts)라고 한다. 내향성인 사람은 부끄럼을 쉽게 타고 엄격하고, 쉽게 동요하며, 염세적이고, 내성적(內省的)이다. 외향성(extroversion)과 반대이며 대부분의 사람들은 내향성과 외향성이 조화되어 있다.

내현 성격 욕구(implicit personality theory) 미국의 심리학자 프리츠

하이더(Fritz Heider)와 관련된 이론으로 일반적으로 한 개인이 다른 사람의 성격에 대해 생각할 때에 맹목적 가정을 하는 것이다. 즉, 어떤 사람의 성격을 파악할 때에 "따뜻한, 외향적, 사교적인" 인 사람은 마음씨 좋은 것과 병행하고, "차가운, 내향성, 비사교적인, 유머가 없는" 것과 병행하여 생각하는 것이다.

내현 욕구(covert need) 사회에서 그 표현을 용납하지 않는 욕구이다. 이 욕구는 전체나 그 일부가 무의식으로 남아 있고 꿈이나 환상 속에서 나타난다는 의미이다.

네겐트로피(negentropy) 엔트로피(entropy)를 부정하는 반대의 개념으로 가족시스템에 구조와 유연성이 있으며, 가족의 건강도를 나타내는 실마리가 된다고 시스템론에 입각한 임상 이론가 비버스(R. Beavers)가 주장한 것이다.

네트웍 치료(network therapy) 가족의 문제를 치료할 수 있다면 가족 구성원에 한정하지 않고 널리 불러서 면접에 출석하여 원조해 준다는 방식이다. 이 치료는 많을 경우 50명에서 100명도 참가하게 하여 가족 치료를 한다. 이 치료는 스펙(R. Speck)과 에트니브(C. Attneave)에 의해서 전개된 치료이다.

노둔(moron:魯鈍) 정신박약인 사람, IQ(지능지수)가 50~69인 사람을 말한다. 유전적 원인에 의해, 또는 질병 및 뇌장애로 인하여 청년기 전에 야기된 정신발달 저지 또는 지체 상태이다. 정신발달 저지라고도 한다. 과거에는 정신박약 또는 정신지체라는 용어가 쓰였으나, 2007년 10월 장애인복지법의 개정으로 지적 장애라는 명칭으로 바뀌었다. 과거에는 지적장애의 분류를 IQ의 점수에 따라 백치(白痴)·치우(痴愚)·경우(輕愚)·노둔(魯鈍) 등으로 불렀으나 지금은 지적장애인 중에서 경한자, 즉 IQ가 50~70을 경증이라고 하고, 35~49를 중등도, 20~34를 심도(深度)지적장애인이라고 분류한다. 전체 지적 장애인 중에서 경한 자가 약 80%이고, 중등도가 12%, 심한 경우가 7%, 극심한 경우가 1% 정도이며, 외국에서는 전체 지적장애인 중 약 4%가 특수시설에 수용되어 있다. 한국에서는 1972년 6~18세의 사람 중에서 IQ 60 이하의 발생 빈도가 0.55%라는 보고가 있다. 전 세계의 통계를 감안해 보면 일반인구 중 지적장애인은 적게 잡아서 약 1%라고 말한다. 사람의 정신능력을 IQ의 점수에만 치중하는 경향이 아직 많은데 이것은 큰 잘못이다. 사람의 정신능력은 IQ 외에 성장특성, 교육가능성, 사회 및 직업에 적응할 수 있는 능력 등을 총괄해서 판단을 내려야 하며, 특히 사회성숙도를 중시하고 있다. 그러므로 어릴 때에 IQ가 높다고 해서 다른 아이들과의 접촉을 차단하고 특수교육을 시킬 경우 사회 성숙도가 발달되지 못하여 성장한 후에 대성하기가 매우 어려워 진다. 또 하나 큰 문제는 학령기 이전의 어린이에 대한 IQ 측정 자체가 어려울 뿐더러 그때 얻은 수치가 평생 유지 될 것이라는 생각은 큰 잘못이다. 어릴 때 높은 IQ가 소년기에 들어서 정체되는 수도 많기 때문이며, 또 다른 문제는 어릴 때에 IQ가 낮다 해서 교육에 힘쓰지 않으면 성장 후에도 그 상태에 머물지만, 힘써서 훈련과 교육을 시키면 성장 후에 IQ도 상당히 높아질 뿐만 아니라 간단한 직업을 능히 감당할 수 있게 되는 예가 많기 때문이다. 지적장애의 원인은 매우 복잡하여 사람마다 다르므로 꼭 꼬집어서 무엇이 원인이라고 말하기는 힘들다. 어떤 학자는 자기가 지적할 수 있는 것만도 200가지나 된다고 보고하고 있다. 그러나 원인을 크게 나누면 유전적인 요소와 출생 후의 환경적인 요소로 나눌 수 있지만 경우에 따라서는 이 두 가지가 복합적으로 섞여 있는 경우도 많다. 유전적인 원인이라고 생각 되는 경우는 심한 지적장애 보다도 경도지체가 많다. 그 이유는 지능이 열등한 부모는 열등한 유전자를 아이에게 전해 주었을 뿐 아니라, 비교육적인 환경과 무관심한 육아법으로 아이를 키웠을 경우가 많기 때문이다. 임신 중, 즉, 태내시기에 작용하는 원인으로는 산모가 전염병에 감염, 특히 홍역에 감염된 경우, 매독·주혈원충증(住血原蟲症), 아주 심한 영양실조 등이 원인이 될 수 있다. 그리고 방사선 조사(照射)는 태아의 발육에 큰 장애를 주어 소두증(小頭症)을 일으키고, 따라서 지적장애를 일으킬 수 있으며, 산모의 경련인 자간(子癎)도 원인이 될 수 있다. 지능부족의 50~65%는 원인이 확실하지 않은 태내시기의 원인으로 생각되며, Rh 음성의 산모와 Rh 양성의 태아도 문제가 되는 경우가 있다. 지적장애의 약 8%는 출산시의 손상(損傷)이 원인이 되는데, 병원에서 분만하는 경우가 많은 사회에서는 이 원인은 해마다 감소되고 있다. 어쨌든 출산 시에 뇌에 손상을 받은 아기의 약 반수는 지적장애가 된다는 보고도 있다. 그리고 조산(早産)도 큰 원인이 되지만 무엇보다도 뇌염이나 뇌막염, 신체의 신진대사의 장애를 일으키는 질환 또는 염색체이상, 오랫동안의 비타민 결핍증·종양 등이 원인이 되기도 하며, 지적장애의 약 25~30%는 이러한 출생 후 원인으로 생기는 것으로 추정하고 있다. 이렇게 발생된 지적장애인에 대하여 가정과 사회의 이해와 따뜻한 사랑이 필요하게 된다. 지적장애 중에서 심도, 즉 백치는 정신연령이 2~3세에 정체되므로 평생 타인의 보호가 필요하며, 신변의 위험에 대해서도 단독으로 처리하지 못하므로 가족 및 적절한 보호기관의 도움이 있어야 한다. 백치보다는 IQ가 높은 중등도 지체인, 즉, 치우는 정신연령이 3~7세에 해당하므로 일상생활에 필요한 언어는 하지만, 추상능력(抽象能力)에 결함이 있어 독립하여 사회생활을 할 수 없으며 누군가의 감시지도 하에서는 단순한 작업에 종사할 수 있다. 경도의 지적장애는 정신연령이 8~12세이므로 청소나 물건 운반 등의 간단한 일은 단독으로도 가능하지만, 사회가 복잡해짐에 따라서 항상 감독과 보호를 해야 하며, 학동인 경우는 일반아동과 같은 교실에서 공부하기는 곤란하므로 특수교실에서 교육시켜야 한다. 교육에 의하여 어느 정도 사회에 적응할 수 있는 아동은 특수학교나 특수교실에서 경험이 있는 교사에 의해서 교육을 받아야 한다. 이런 특수학교에서는 보통 초등학교에서 하고 있는 체계적인 학습교육보다는 실생활에 적응할 수 있도록 학과보다도 종합적인 교육을 시켜야 한다. 어떤 나라에서는 이런 아동을 위한 학교나 학급설치를 위한 교육법을 제정한 나라도 많으며 이런 아동들의 교육을 의무화시킨 나라도 많다. 종전에는 IQ 점수만으로 지적장애아를 구분했고, IQ 점수에 의거하여 교육목표를 세웠으나 현대의 추세는 IQ도 물론 중요하지만 심신의 발달을 더 폭넓게 생각하여 자기 신변 일을 스스로 처리하며 운동기능과 사회 적응성에 더욱 중점을 두고 훈련과 교육을 시켜가면서 개인의 발달 진단표를 만드는 식의 교육을 실시한다. 지적장애 아동의 교육을 위해서는 무엇보다도 부모의 이해와 따뜻한 정이 앞서야 한다. 집안에 그런 아이가 있다는 것을 부끄럽게 생각하여 남에게 숨기려 하거나 또는 친한 사람에게 자기 고충을 털어놓는 것만은 삼가야 한다. 형제들 앞에서 비웃는 조로 말을 하는 수가 많은데, 아무리 지능은 모자라도 자기를 엄숙히 다루는 데 대한 반감은 본능적으로 가지고 있는 법이어서 아이는 감정이 비뚤어지기 쉽다. 아무리 IQ 가 모자랄지라도 어릴 때에 집에서 따뜻한 대우를 경험했다는 사실은 성장한 뒤에 사회적응에 큰 차이를 나타낸다. 특히 사춘기에 접어든 청년 중에서 몹시 불안해하거나 섹스의 문란 또는 범죄적 경향이나 방화·폭행 등의 징조가 보이면 지체 없이 입원시켜야 하는데, 이런 사람을 입원시키는 것은 단순히 눈에 띄지 않게 격리하는 것만이 목적이 아니라, 사회복귀를 위한 준비라는 점을 명심해야 한다. 사실 아무리 잘된 시설이라도 부모가 있는 가정 이상 좋은 곳은 없다는 것을 명심해야 하며, 어떤 전문지도자도 어머니의 사랑보다 더 나은 사람은 없음을 인식해야 한다. 지적장애인들에 대한 복지대책에 대한 책임을 부모에게만 돌릴 것이 아니라 사회와 국가가 함께 힘써야 한다. 선진국에서는 지적 장애인복지법이 제정된 나라가 많다. 수용하여 지도하는 시설은 물론이고, 18세 이상자도 지적장애인 원호시설에 수용시키고 있는데, 이런 시설은 첫째로 지도시설과 직업 훈련시설이 함께 갖추어져서 전문가의 지도로 직업훈련을 시키고 있는 실정이다. 뿐만 아니라 지적장애인에 대한 상담소, 전문가의 배치와 수용시설의 건설이 필요하다.

노어에피네프린(norepinephrine) 신경전달물질의 일종으로 호르몬의 일종이기도 하다.

노인의 정의 1951년 국제 노년학회는 노인의 개념을 인간의 노화 과정에서 나타나는 생리적, 심리적, 환경적 행동의 변화가 상호작용하는 복합 형태의 과정이다. 라고 정의했다. 1. 환경 변화에 적절히 적응할 수 있는 자체 조직에 결함을 가진 사람. 2. 생활 자체가 자신을 통제할 수 있는 능력이 감퇴되어 가는 시기에 있는 사람. 3. 생활 자체의 적응이 정신적으로 결손 되어 가고 있는 사람. 4. 인체의 조직 및 기능 저장의 소모로 적응 감퇴 상태에 있는 사람 등으로 정의 하고 있다.

노출증(exhibitionism:露出症) 1. 어린 시절을 과장해서 자랑하는 형태. 2. 승화된 형태로서 재능, 의복, 육체미, 지능 등을 노출하는 것. 3. 성 노출증-어린아이의 경우는 정상적인 태도(벗기를 좋아하는 행동)라고 볼 수 있으나 성인의 경우는 성 도착증(性倒錯症)으로서 이성 앞에서 성기를 노출시킴으로 만족을 얻는다. 이성에 대한 공격형식을 취하는 수가 많다. 자위행위(masturbation)나 공격(sexual aggression)도 노출을 동반하는 수가 있다.

놀이치료(play therapy) 심리치료에서 아이들의 진단과 치료를 돕기 위해 놀이를 사용하는 것으로 억제된 정서의 해소를 아이들이 경험하도록 유도한다. 놀이치료는 19세기 초에는 성인치료와 마찬가지로 아동치료에 있어서도 정신분석학적인 방법에 의존하였다. 그러나 1920년 말에 Anna Freud와 Klein는 아동상담에 놀이 치료에 지대한 공헌을 했으며, 1921년 Hud Hellmuth는 아동상담에 놀이 치료를 최초로 도입했다. Anna는 놀이를 통한 관계를 강조했으며, Klein은 아동의 초자아가 이미 발달된 것으로 보고 아동에게 놀이에 대한 즉각적인 해석을 주는 것으로 강조했다. 즉 놀이치료는 무의식을 알 수 있는 하나의 수단으로 사용되었으며 자발적인 놀이는 어른의 자유연상에 대치로 본 것이다. 1930년대 말에는 적극적 놀이치료(active play therapy)와 수동적 놀이치료(passive play therapy)로 서로 상반된 접근방법이 나타났다. 적극적 놀이치료는 치료자가 아동에게 몇 개의 장난감을 선별하여 주어 아동이 겪는 충격적인 상황을 표출하도록 유도하는 것으로 아동의 일상생활을 파악하는 것이다. 여기에서 발산요법(release therapy)이 나왔다. 반면에 수동적 놀이 치료는 아동자신이 놀이상황과 방향과 한계를 스스로 설정하여 놀이하도록 한 후 치료자가 아동의 놀이에 참여하도록 하는 문제를 아동자신이 결정하게 한다. 이 요법은 다소 수정되어 Rank에 의해서 관계요법(relationship therapy)이라고 불려진 것으로 과거에 초점을 두지 않고 현재 치료자와의 인간관계를 강화시켜서 현재 놀이를 하고 있는 아동의 감정과 행동에 초점을 두고 치료하는 것이다. 즉 아동에게 나타나는 모든 경험들을 자유롭게 토론하는 형식을 취한다.

뇌량(corpus callosum) 대뇌반구를 연결하는 신경섬유다발을 뜻한다. 좌우의 대뇌반구가 만나는 부분이다. 변지체(胼胝體)라고도 한다. 신경섬유의 큰 집단으로 다른 동물에 비해 인간의 뇌에 특별히 발달되어 두꺼운 백질판을 이룬다. 대뇌를 한 가운데서 둘로 쪼개어 좌우의 반구로 나누려면 이 백질판을 중앙에서 자르게 되는데, 그 단면을 보면 뇌량의 앞 끝부분은 무릎 모양으로 뒤쪽 아래로 굽어 있고 뒤 끝부분은 많이 부푼 모양으로 끝나며 각각 뇌량의 슬(膝)·팽대(膨大)라고 부른다. 대뇌의 정중단면에서의 뇌량의 면적이 사람마다 다르기 때문에 그것으로 사람의 지적 능력을 측정하려는 시도가 있었지만, 뇌량이 선천적으로 없어도 정상적인 생활을 영위한 예가 있었기 때문에 그러한 시도는 의문시되고 있다. 그리고 성질이 난폭하여 사회생활에 적합하지 못한 사람이 뇌량을 파괴하는 수술로 온순해졌다는 예도 있다. 좌우의 대뇌반구 사이를 연결하는 섬유군으로는 뇌량 이외에도 전교련(前交聯)이 있는데, 이것은 하등동물에서 발달되어 있고 사람에 있어서는 오히려 빈약하다.

뇌성마비(cerebral palsy) 뇌성마비는 하나의 질병이 아니라 비슷한 임상적 특징을 가진 증후군들을 집합적으로 일컫는 개념이다. 즉, 미성숙한 뇌에 출생 시 또는 출생 후의 여러 원인 인자에 의해 비진행성 병변이나 손상이 발생하여 임상적으로 운동과 자세의 장애를 보이게 되는 임상군을 말하며, 일부 임상적 유형은 성장함에 따라 변화할 수 있게 된다. 미성숙한 뇌의 기준에 대해서는 절대적인 시기를 규정하는 것은 어려우나 보통 생후 만 5세까지로 규정짓는다. 뇌성마비는 증상의 심한 정도에 따라 경증(mild), 중등도(moderate), 중증(severe)으로 나누고, 침범된 부위에 따라 하나의 상지 혹은 하지가 마비된 경우 단마비(monoplegia), 한쪽 상하지가 마비된 경우 편마비(hemiplegia), 사지에 모두 증상이 있으나 하지가 뚜렷하게 심한 경우 하지마비(diplegia), 양쪽 하지와 한쪽 상지가 침범된 삼지마비(triplegia), 모든 사지가 비슷한 정도의 증상이 있는 경우 사지마비(quadriplegia)로 분류하기도 한다. 또한 신경운동형에 따라 경직형, 무정위운동형, 강직형, 진전형, 운동실조형, 이완형, 혼합형으로 나누기도 하며, 운동장애형에 따라 긴장형, 근긴장이상, 무도병형, 발리스무스(ballismus)로 나눌 수도 있다. 뇌성마비의 원인은 다양하며, 대부분의 경우 하나 이상의 원인인자를 가진 다인성으로 나타나 원인을 알 수 없는 경우가 20%가량이나 된다. 일반적인 원인으로는 산전 인자(prenatal factors), 아기가 태어날 때 발생하는 주산기 인자(perinatal factors), 산후 인자(postnatal factors)가 있으며, 이중 약 3분 2는 산전 인자와 주산기 인자가 원인인 경우이다. 이 중 조산에 의한 미숙아가 뇌성마비 발생 원인의 단일 인자 중에는 가장 큰 비중을 차지한다. 산전 인자는 태어나기 전에 모체 태내에서 아기가 문제가 발생한 경우로 이로 인해 조산이 초래될 수 있으며, 미숙아에서 흔히 보이는 허혈성 뇌병증은 뇌실 주변 백질연화증(periventricular leukomalacia)을 초래하기 쉬워 뇌실 주변의 하지를 지배하는 피질척수로의 손상으로 하지에 경직성 양측마비가 올 수가 있다. 주산기 인자로는 핵 황달, 저산소증 등이 있다. 산후 인자는 대략 원인의 7% 가량을 차지하며, 황달, 독성 물질에 의한 노출, 두부 외상, 감염(뇌염, 뇌막염), 뇌종양 등이 있다. 내성마비의 증상은 정상 뇌의 손상은 비진행적이나, 신체적인 증상은 시간의 흐름에 따라 끊임없이 변하게 된다. 신경운동형별 유형에 따른 분류로서, 경직형과 운동장애형의 임상 양상은 다음과 같다. 뇌성마비의 유형 중 가장 흔한 형태가 경직형 양측 마비이다. 이는 출생 직후 근긴장도의 저하를 보이고 6개월에서 1년부터 경직형이 되어 어릴 때는 신전근(팔꿈치나 무릎관절을 뻗게 하는 것처럼 관절 양쪽에 있는 뼈 사이의 각도를 넓히는 방향으로 작용하는 근육)의 경직이 우세하며 나이가 들면서 굴곡근(신전근과 반대로, 팔꿈치나 무릎을 구부리는 것처럼 사지의 관절 양쪽에 있는 뼈 사이 각도를 줄이는 방향으로 작용하는 근육)의 경직이 강해지는 형태이다. 만 2세에 균형을 잡고 보행을 할 수 있을 가능성이 높으나, 만 18개월이 지나서도 원시 반사가 유지되는 경우는 보행을 하지 못할 수도 있고, 만 4세 이후에도 앉지 못할 수 있다. 흔히 고관절의 내전, 내회전, 굴곡구축과 족관절의 첨족 변형 등 골격계의 문제가 잘 발생하며, 골격계 변화 양상에 따라 보행 양상이 변화된다. 상지의 증상은 보통 경미하고 대부분 심각한 지능장애가 없어 독립적으로 일상생활이 가능하다. 그 외 경직성 편마비는 보통 생후 1년 이내에 발견되며, 발달 단계는 정상의 경우보다 4~6개월가량 늦어지지만 보행이 가능한 경우가 많으며, 특징적으로 편마비형 보행을 보이게 된다. 하지와 같은 쪽 상지의 기능이 떨어지나, 지능에는 보통 장애가 없어 독립적인 생활이 가능하며, 골격계의 문제가 동반되는 경우가 흔하다. 경직형 사지마비는 사지의 경직형 마비를 보이나, 보통 하지가 심하며, 많은 경우에서 비대칭적인 특징을 가진다. 이는 근골격계 장애 외에 사시를 포함한 시각장애, 간질이나 연하장애, 구음장애, 침 흘리기 등이 동반된다. 운동 장애형의 경우에는 경직형과 달리 하지보다 상지에 증상이 심한 경우가 많으며, 이 중 무정위운동형(athetoid type)이 가장 흔하다. 보통 관절 구축은 없으며, 상지에 더 심하게 침범하므로 4분의 3의 환자에서 보행이 가능하다. 정상 발달에서는 영아의 입술을 자극 시 입과 고개가 자극 방향으로 향하는 설근 반사(rooting reflex), 입술 주위를 자극 시 빠는 흡철반사(sucking reflex), 큰 소리를 내거나, 영아가 떨어지는 듯한 자세에 놓일 때 목과 양쪽 다리를 신전하면서 양쪽 팔을 뻗어 무언가를 잡으려고 하는 자세를 취하는 모로 반사(Moro reflex), 고개를 한 방향으로 돌렸을 때 돌린 방향의 팔은 뻗고, 반대쪽 팔은 굽히는 긴장성 경반사(tonic neck reflex)등과 같은 원시반사 등이 발달 시기에 맞게 소실되는 것이 보통이나, 뇌성마비 등 중추신경계의 이상이 있는 경우 중추신경계의 억제 작용이 제대로 작동되지 않아 비정상적으로 원시반사가 정상적으로 사라져야 하는 시기 이상으로 지속된다. 이러한 원시반사 소실 시점이나 영아의 앉는 시기가 보행과 관련된 중요 예후 인자이다. 마지막으로 혼합형은 경직형-무정위운동형이 혼합되어 사지를 모두 침범하는 유형이 가장 많고 보통 경직성 사지마비를 보이다 무정위운동으로 진행되거나 그 반대로 진행하는 경우가 많다. 대부분 3세가 지나야 걷게 되지만 절반가량은 보행이 가능한 것으로 알려져 있다. 뇌성마비 진단을 위해서는 임상적으로 미성숙한 뇌에 출생 시 또는 출생 후의 여러 원인인자에 의해 비진행성 병변이나 손상이 발생하여 임상적으로 운동과 자세의 장애를 보이게 되는 임상군으로, 일부 변화할 수 있다는 정의에 맞는 특징을 가지고 있어야 한다. 이를 평가하기 위해 상세한 병력 청취가 중요하다. 병력 청취는 병력상 운동 발달 단계의 시기, 즉 머리를 언제 가누었는지, 언제부터 걸었는지 등을 통해 운동 발달 지체 정도를 파악하게 되며, 운동 발달 지연은 정상아의 50% 수준보다 3개월 이상 지체된 경우를 지칭하게 된다. 그 외 진단을 위해서는 의사가 근긴장도, 원시반사, 자발운동, 자세반사 등을 포함한 자세한 이학적 및 신경학적 검사를 진행해야 한다. 내성마비의 검사는 병력 청취와 이학적, 신경학적 검사로 뇌성마비 가능성이 있는 환자가 있다면 뇌 초음파검사, 뇌 컴퓨터 단층촬영(CT), 뇌 자기공명영상(MRI), 유발전위검사(BAEP, brainstem auditory evoked potential, VEP, visual evoke d potential, SEP, sensory evoked potential), 뇌파 검사(EEG, electroencephalogram) 등을 통하여 추가적인 진단적 정보를 얻을 수 있다. 내성마비 치료는 뇌성마비의 위험인자가 있거나 운동 발달 장애를 보이는 환자의 경우 운동 장애를 극소화하고 충분한 발달 상의 경험을 유지시켜 주는 조기 치료가 가장 중요하다. 운동 장애 치료의 가장 큰 목적은 운동 조절 기능을 향상시키고, 소운동과 대운동 능력을 호전시키며, 근골격계의 합병증을 막는 것이다. 이를 위해 재활의학과를 통해 관절 운동이나 운동 발달을 돕기 위한 여러 운동 방법이 실시되고 있으며, 아이가 할 수 있는 한도에서 대운동 및 손의 섬세한 동작이나 일상생활동작을 반복하게 하여 습득시키는 기능적 훈련과 내부 신발 등의 보장구를 통해 기능을 증진시키거나 변형을 방지하는 방법이 있다. 그 외 수술적 방법으로 경직이나 변형을 치료하는 방법으로 경직형 환자에서 신경외과에서 진행하는 후방 신경근 절개술(selective dorsal rhizotomy)이 있으나 이는 강직형이나, 무정위운동형의 환자에게는 오히려 증상을 악화시킬 수 있으므로 환자의 유형에 따라 적절한 판단이 필요하다. 약물적 치료로 근이완제인 바클로펜(Baclofen)을 지속적으로 척수강 내 주입시키는 방법이 미국 등에서 소개되고 있으나, 국내에는 아직 비용 문제로 도입되어 있지는 않다. 내성마비의 예방방법은 임신 전 풍진이나 매독 등 바이러스 감염이나 방사선 노출, 약물 복용 및 영양 부족에 주의하고, 소아 시절 두부 외상 등 후천적 원인 요인이 발생하지 않도록 주의해야 한다. 가정에서도 보행을 포함한 이동동작, 지속적인 신장운동, 일상생활동작이 지속적으로 이루어져야 하며, 이를 위해 모든 치료를 시도함에 있어 환자뿐 아니라 가족 구성원들이 참여하는 것이 중요하다. 그 외

동반될 수 있는 간질이나 시각, 청각장애에 대한 조기 평가와 조기 치료가 필요하며, 언어교육 및 사회심리적, 교육적인 면에서 관심이 필요하다.

뇌전도(electroencephalogram:EEG) 두피에 전극을 부착하여 뇌에서 일어나는 전기 활동을 잡아 증폭하여 얻은 기록이다.

뇌하수체(pituitary gland) 시상하부의 바로 아래에 있는 것으로 뇌에 붙어있는 내분비선으로 시상하부와 함께 여러 호르몬의 분비 여부와 양을 통제한다.

뉴런(neuron) 신경세포와 신경계의 기본단위이다. 신경계의 단위로 자극과 흥분을 전달한다. 신경세포체(soma)와 동일한 의미로 사용하기도 하고, 신경세포체와 거기서 나온 돌기를 합친 개념으로 사용하기도 한다.

ㄷ

다면인성검사(minnesota multiphasic personality inventory:多面人性 檢査) 피험자가 찬성 또는 불찬성을 나타내는 500개의 진술을 포 함하는 성격검사, 반응형태에 따라 건강 염려증, 우울증, 히스테리 (hysteria), 반사회적 이상행동 (반사회적 이상행동), 남녀성 (男女 性), 편집증 (paranoia), 정신 분열증, 조증(躁症), 신경쇠약증, 사회 적 내향성, 외향성에 대한 경향을 측정할 수 있다.

다면적 충격 치료(multiple impact therapy) 가족을 치료하기 위해서 상담자가 팀을 만들어서 여러 가족 구성원에 의한 하위시스템을 이삼일에 걸쳐서 면접하는 임상적 방법을 말한다. 이 치료법은 비 행 청소년을 가진 가족을 위해 고안된 치료로 유효하며 가족의 구 조 기능 등에 장기적인 변화를 생기게 하는 방법으로도 쓰인다.

다중성격(multiple personality) 한 개의 통합적 성격 속에 비교적 독 립적인 두 개 이상의 성격들이 독자적으로 나타내는 상태이다.

단계적 상호양보에 의한 긴장감소이론(GRIT) 흥정이 교착상태에 빠 졌을 때 먼저 조금 양보함으로써 상대방의 양보를 유도하여 점차 적으로 합의에 도달하는 전략이다.

단기기억(short-term memory) 몇 초 동안 정보를 지속시키는 기억 체계로서 7±2 의 제한된 용량을 가진다.

단어 연상 검사(word association test) 한 개인이 억압할 수 있는 심리적 장애의 영역을 밝히기 위한 기법으로 피검사자는 미리 선 정된 단어 목록을 보고 즉각적인 반응을 하도록 설정되어 있으며 이 때 반응 내용과 반응 시간을 기록한다.

단위주제(unity theme) 유아기 때의 경향에서 나온 관련된 욕구와 압력의 단일형태로서 개인의 행동에 의미와 특이성을 부여한다. 머레이는 개인의 단위 주제를 그 개인의 특이한 성질의 열쇠가 되는 것으로 간주했다.

단일문장(holophrase) 한 개의 단어가 하나의 문장의 역할을 한다는 의미로 아동 언어 초기 발달을 기술하는 용어이다.

단일피험자 실험설계(single-subject experimental design) 통제된 환경에서 단일유기체의 행동의 어떤 구체적 요소에 영향을 주는 하나 또는 그 이상의 통제요인을 연구함으로써 행동의 기본법칙을 찾으려는 시도이다.

대뇌반구(cerebral hemisphere) 전뇌의 좌우 반쪽, 좌반구와 우반구를 말하며 이는 뇌량에 의해서 연결되어 있다.

대뇌피질(cerebral cortex) 대뇌반구의 표면이다.

대리강화(vicarious reinforcement) 타인의 행위가 강화를 받는 것을 보고 자신도 그렇게 하면 강화를 받는다고 생각하는 것이다. 즉, 대리강화는 모델의 어떤 행동에 대해 어떤 이익이나 처벌이 주어지는 것을 관찰한 결과 생긴 개인의 행동상의 변화를 의미한다. 예컨대 아동이 자기 여동생이 울 때 어머니가 야단치는 것을 보고는 자기의 울음을 그친다.

대리과정(delegation) 어떤 한 개인이 부모로부터 이어받은 인생의 방향성이나 사명감을 수행하는 과정을 의미하는 것이다. 이는 몇 세대를 걸쳐서 보여 지는 경우가 많이 있다.

대리적 학습 관찰학습을 보라.

대리처벌(vicarious punishment) 타인의 행위가 잘못되어 처벌받는 것을 보고 나도 잘못하면 처벌을 받는다고 생각하는 것을 뜻한다.

대립과정이론(opponent process theory) 색채지각을 설명하는 하나의 이론으로 모든 색채는 빨간색, 녹색, 노란색, 파란색의 조합에 의해서 이루어지며, 이를 받아들이는 두 가지의 기제가 눈 속에 존재한다.

대면집단(encounter group) 다른 사람과의 관계 및 자기 자신에 대한 심리적 과정을 탐색하고 경험하는 훈련 집단이다. 이와 비슷한 집단으로 실험실 방법 진단(Laboratory-method group), 훈련 집단 (T-group), 감수성 집단(sensitivity group) 등이 있다. 이 집단은 보통 6-8명으로 구성 된다. 에릭 번(Eric Berne)의 교류분석에서 사용하는 용어로서 현재의 "자기"와 외부환경과의 상호관계 유형에 영향을 끼치는 성장과정에서 가졌던 꿈, 태도, 혹은 스스로 쓴 것도 있지만 주로 어린 시절에 부모역할을 했던 이가 요구한 대본일 경우가 많다.

대상관계 이론(object relations theory) 정신분석학의 한 분파로서 인격발달에 있어서 유아 초기의 부모와의 관계가 중요한 영향을 끼친다고 보는 이론이다. 이는 자기가 발달하면서 초기의 대상관계인 부모, 특히 어머니와의 관계를 내재화시키며 이 내재화된 대상관계가 어른이 되어서도 그 사람의 외부와의 관계형성과 밀접하게 연결된다고 보는 것이다. 오늘날 서양에서 행해지고 있는 상담의 대부분은 인간 개개인의 독립성과 자율성을 강조하는 것으로 개인의 자아 이해와 성찰을 통한 방법이다. Carl R. Rogers의 내담자 중심의 상담도 이 방향에서 행해진다. 그러나 동양권 특히 한국인의 성장과 인성에 적합한 상담이론으로 대상관계 이론(object relations theory)이 적합하다고 본다. 이 이론의 특징은 관계를 중요시하는 것으로 특별히 하나님과의 관계를 폭넓게 적용 할 수 있어서 목회상담의 매우 적절한 이론이라고 생각한다. 대상관계이론은 M. Klein이 시작한 이론이다 이는 Freud의 대인관계이론(transactional analysis)에 그 뿌리를 두고 있다. 이 상담의 중심 이론은 내담자에게 의미 있는 주변 사람들을 함께 분석하여 문제를 해결하는 방법으로 Freud가 주장한 본능(drive)과 구조(structure) 모델과는 다른 것으로 관계(relation)와 구조(structure)의 모델이라고 할 수 있다. 이 이론의 특징은 1. 대상관계 이론은 외부 실제 세계의 영역에 관심을 갖는다. 2. 대상관계 이론은 대상관계 영역의 현상에 대해 관심을 갖는다. 3. 따라서 '관계'에 그 기초를 두고 있는 이론이다. (특별히 엄마와의 관계) Harry Guntrip은 인간 모두는 그들에게 혜택을 주는 환경들과 전적으로 개인적인 관계를 맺으려 하는 절대적 필요를 가지고 있다. 고 하였다. 대상관계 이론의 역사적 배경은 1. S. Freud: 종교계에서 비판의 대상으로 첫 번째가 되는 Freud의 대상관계이론은 이 이론의 태동이 된다. 2. Melanie Klein: Freud의 많은 영향을 받았고, 페렌치(Ferenczi)의 제자로서 어린아이를 대상으로 연구한 학자이다. 프로이드가 어린아이의 심리 역동을 연구하는데 어린아이의 부모를 통해 접한 내용을 분석했다면, 클라인은 아이들과 같이 놀이를 하면서 직접 실험하여 발견하였다. 즉 성적인 충동을 억제하는 것보다는 중요한 사람을 향한 감정들을 조정하면서 아이들의 성격이나 행동이 결정된다는 주장이다. 프로이드의 이론은 오이디푸스(oedipus) 갈등해소 과정을 통해 성격이 형성된다고 보는 반면에 클라인은 1세 전에(전 오이디푸스 단계) 생성되고 내재화된 대상관계를 통해 어린아이의 성격이 3세 전에 형성된다고 보는 것이다. Freud는 성적 에너지(libido)에 집중한데 반해 클라인은 죽음의 본능(thana-tos)이 아이들에게 어떻게 표현되는지에 관심을 갖는다. 삶과 죽음(creation & destruction)의 내적인 갈등이 바깥 세상에 투사되고, 사랑과 증오의 갈등이나 내적인 파괴의 본능을 처리하는 과정에서 증오의 감정을 계속 바깥으로 투사(project)하고 안으로 내사(introject)하면서 성격이 형성된다고 보고 있다. 클라인은 신학적으로 원죄설과 관련하여 인간은 본질로부터 벗어나려는 실존적인 면에서 오는 정신적인 아픔과 병적 상태를 광의적으로 어느 정도는 가지고 태어난다는 것을 통찰했다. 따라서 클라인은 이에 대해서 위치(position)이라는 개념으로 발달 단계를 크게 두 개로 구분했다. 1) 편집증적인 위치(paranoid position): 태어나 3-4개월의 시기로 자기 자신만이 아닌 다른 바깥

세계와 진정한 접촉을 경험한다. 이 기간 동안에 유아는 지금까지 생명을 유지해 주고 다른 세계와 일치감을 제공해 주던 탯줄이 끊긴 것에 대한 고통과 압박감을 느낀다. 이 시기에 첫 번째 대상은 엄마의 젖이다. 엄마의 젖가슴(breast)의 접촉을 통해서 외부와의 세계를 경험하게 된다. 이 위치에 머무르면 젖가슴과 자아를 분리하지 못한 상태가 된다. 아이가 울 때에 정당한 시기에 젖이 안나오면 불쾌 감정 즉, 공격의 감정을 갖는 반면에, 가해적 공포(persecutory anxiety)를 갖는다. 이러한 나쁜 대상(엄마)이 자신을 공격하리라는 편집증적인 상태 때문에 이런 경험을 분리(splitting)하려 한다. 따라서 본능적으로 증오나 공포 감정들을 표출하며, 배뇨나 토해서 표현하게 되는 것이다. 2) 우울증적 위치(depressive position): 이는 1살 후반으로부터 2살까지시기로 어머니가 젖가슴으로만 감지되는 부분 대상(part-object)이 아니라 전체적으로 느끼는 전체 대상(whole-object)이 된다. 편집증적인 위치에서는 엄마에게 나쁜 감정만 느낀다면 우울증적인 위치에서는 젖이 잘 나오면 좋은 감정 안 나오면 나쁜 감정이 공존한다. 이때에 아기는 엄마를 해쳤다는 죄책감 때문에 우울적 공포(depressive anxiety)를 경험하게 된다. 이상에 두 위치는 어른이 되어도 계속 재현되는데, 박해하려는 감정보다 안전한 감정이 성숙되어 동감 할 수 있는 능력이 발전되어야 건전한 성인이 된다. 이 두 위치의 과정을 통해 인간은 죄책감을 생성하게 되는데 이 죄책감을 경감시키기 위해 자아와 타자 즉 자신과의 대상의 초월을 시도한다. 여기서 인간은 궁극적인 종교의 본성을 띠고 있다고 볼 수 있다. 3. W.R.D. Fairbairn 클라인이 개인의 병리나 고통을 인간의 본능 즉, 죽음의 본능에서 파생된 공격성에서 찾았다면 페어번은 엄마를 빼앗긴 데서 오는 것이라 해석한다. 이 공격성은 외부 대상과 만족할 만한 관계를 맺는데 실패할 때 생긴다. 인간의 궁극적 목적은 충동(drive)의 만족이 아니라 의미 있는 인간관계를 형성하는 것이라 본다. 인간의 분열적 상태는 아이가 부정적인 대상관계를 내재화할 때 형성된다고 분석한다. 아이가 어릴때 중요한 역할을 하는 자(부모)로부터 버림을 받았거나 학대를 받았다면, 그는 부정적인 대상을 내재화시키고 그 내재화된 나쁜 대상을 없애기 위해서 다시 바깥세상으로 투사한다. 그는 발달 단계 중 분화되지 않고 어머니에게 매여 있는 상태를 초기 유아기적 의존 상태라 칭하고, 개체로서의 건전한 독립을 위한 과도기를 거쳐, 상호성과 교환성을 인정하여 주는 의존 관계로 들어간다고 설명한다. 신경증은 유아기 의존 결속(infantile dependency bond)을 벗어나지 못한다. 해리현상(splitting)은 어린 아이가 일관적이지 못한 엄마가 제공해 주는 환경에 처해 있을 때 생기는 현상이다. 페어번은 억압, 방어, 왜곡된 상태로 있는 내재화된 대상을 파악 하는 것이 치료자의 중요한 임무라 보고 있다. 4. **Margaret Mahler** 말러는 발달 과정을 공생의 의존으로부터 안정된 자율적 정체성(stable autonomus identity)으로 진행되는 과정이라 보고 있다. 첫째 단계는 자폐적 단계로서 바깥 세계와 분리가 없다. 단지 자아가 가지고 있는 긴장들을 해소하려는 것에만 관심이 있다. 두번째 단계는 공생의 단계(symbiotic phase)로서 아이에게 엄마는 아직 전 대상(pre-object)으로 인식된다. 이 시기부터 아기는 해리를 경험하게 된다. 세 번째 단계는 분리와 개체화 단계(separation-individuation phase)로서 이 단계에는 낯선 자에 대한 공포가 생기며, 어머니로부터의 감정적 분리를 육체적으로 실험하려는 부속 단계를 가진다. 이 단계를 말러는 부화(hatching) 단계라 칭하였다. 이 시기에 아이는 언어 발달이 빠르며 자신이 독립할 수 있다는 희열을 느끼고, 아울러 아직 의존해야 된다는 사실을 부정하려는 위기를 겪는다. 5. **D. W. Winnicott** 위닛컷은 영국의 소아과 의사로서 클라인의 영향을 많이 받았다. 그는 아이가 타자와 분리해서 한 사람으로서의 인식을 가능하게 하는 환경들을 명확하게 3단계로 설명했다. 첫 번째 절대적 의존 (absolute dependence) 단계로서 아이는 엄마가 있는지 없는지를 인지 못하고 단지 아기는 엄마의 부재로 인한 불쾌함과 엄마와 같이 있을 때의 기쁨만 있다.

두 번째 상대적인 의존(elative dependence)의 단계로서 아기는 엄마의 부재를 느끼며 분리를 경험하게 된다. 세 번째 독립성의 단계로서 과거사랑 받았던 기억을 되살려서 부모의 부재중에도 안정감을 느낄 수 있다.

대상관계 학파(object-relations school) 로널드 페어베언(Ronald Fairbairn), 멜라니 클라인(Melanie Klein)과 도널드 위니코트(Donald Winnicott) 등을 포함하는 영국 정신 분석가들의 집단으로, 이들은 인생의 첫 2년 동안 형성되는 정서적 관계의 중요성을 강조한다. 문제의 "대상" 은 유아의 어머니, 어머니에 대한 지각, 그리고 어머니에 대한 내적 표상이 될 수 있다.

대상 리비도(object libido) 정신분석에서 리비도가 자아도취에서 처럼 자신을 향하는 것이 아니라 외부의 사물을 지향하고 있는 경우이다.

대상 상실(object loss) 가치 있는 외부 대상으로부터 오는 사랑의 상실을 뜻하는 정신 분석학 용어이다.

대상 영속성(object permanence) 모든 사물은 자신과 별개의 실체로서 직접 지각할 수 없는 경우에도 공간 내의 어딘가에 존재하고 있음을 아는 능력이다.

대상 카섹시스(object cathexis) 정신 분석에서 사랑할 대상의 선택을 지칭할 때 사용되며, 보통 리비도(libido)를 성적인 대상으로 부터 비성적인 대상으로 전환하는 것과 관련된다.

대치(displacement) 대상으로부터 올 보복 때문에 어떤 사람에게 향한 감정이나 충동의 방향을 바꾸는 방어기제이다. 예컨대, 선생님에게 꾸중을 들은 학생이 같은 반 친구를 괴롭히는 것이다.

대표감정(Signature Strengths) Peterson과 Seligman이 분류한 인간의 긍정적 특질, 즉 성격적 강점과 덕성의 분류체계인 6개의 범주아래 24개 강점과 적성중 개인의 특성을 가장 잘 반영하여 흔히 사용되는 강점으로 누구나 2~5개의 대표강점을 지니고 있다.

대화 분석(discourse analysis) 한 문장보다 좀 더 긴 단위를 사용해 글이나 말로 이뤄진 의사소통을 분석하는 것이다.

도구적 공격(instrumental aggression) 공격 행동 자체가 목적이 아니라 다른 목적을 달성하기 위한 수단으로 발생하는 공격 행동을 기술하기 위해 사회 심리학에서 가끔 사용하는 용어이다. 예를 들면, 적을 직접 살해하는 것과 수만 킬로미터 떨어진 곳에 있는 미사일 기지에서 단추를 누르는 것과의 차이를 말한다.

도구적 조건형성(instrumental conditioning) 동물이 지렛대를 누르는 것과 같은 올바른 도구적 반응을 했을 때만 강화물을 주는 학습 방법이다.

도덕적 불안(moral anxiety) 자아가 초자아로부터 처벌위협을 받아 생긴 개인이 느끼는 수치심 및 죄책감을 뜻한다.

도파민(dopamine) 신경전달물질하나로 노르에피네프린과 에피네프린 합성체의 전구물질(前驅物質)이다. 동식물에 존재하는 아미노산의 하나이며 뇌신경 세포의 흥분 전달 역할을 한다. 도파민은 혈압조절, 중뇌에서의 정교한 운동조절 등에 필요한 신경전달물질이자 호르몬이며 가장 널리 알려진 기능으로는 쾌감·즐거움 등에 관련한 신호를 전달하여 인간에게 행복감을 느끼게 한다. 만약 도파민의 분비가 비정상적으로 낮으면 제대로 움직이지도 못하며 감정표현도 잘 하지 못하는 파킨슨병에 걸리게 되며, 분비가 과다하면 환각 등을 보는 정신분열증에 걸릴 수 있다. 파킨슨병의 경우에는 도파민의 전구체인 L-dopa를 처방하는 것으로 어느 정도 치료가 가능하다. 도파민은 혈압조절, 중뇌에서의 정교한 운동조절 등에 필요한 신경전달물질이자 호르몬이며 가장 널리 알려진 기능으로는 쾌감·즐거움 등에 관련한 신호를 전달하여 인간에게 행복감을 느끼게 한다. 만약 도파민의 분비가 비정상적으로 낮으면 제대로 움직이지도 못하며 감정표현도 잘 하지 못하는 파킨슨병에 걸리게 되며, 분비가 과다하면 환각 등을 보는 정신분열증에 걸릴 수 있다. 파킨슨병의 경우에는 도파민의 전구체인 L-dopa를 처방하는 것으로 어느 정도 치료가 가능하다.

도피학습(escape learning) 어떤 불쾌한 소음이나 고통스러운 전기 충격을 받고 그 상황으로부터 도피하는 학습형태이다.

독립변인(independent variable) 실험에서 연구되는 실험통제 하에 있는 변인 심리실험에서 독립변인은 자극이 되고 그 자극에 대한 반응은 종속변인이 된다. 다른 변수에 영향을 미치는 변수 독립변수의 값에 의해 영향을 받는 변수를 종속변수 혹은 의존변수라고 한다.

독서요법(bibliotherapy) 상담 및 심리치료의 보조수단으로서 내담자의 자기이해, 감정적 순화에 필요한 독서 자료를 읽도록 하는 방법을 말한다. 독서 치료란 말은 그리스어 책을 뜻하는 'bibliob'과 치료를 뜻하는 'therapeio'의 의미를 지닌다. 곧 그리스 도시인 테베(Thebes)의 도서관에는 '영혼을 치료한 장소'라는 말리 도서관에 새겨져 있다. 근대에 와서 심리치료자와 심리분석학자들은 책을 환자의 자장 깊은 부분의 감정에 접근할 수 있는 치료 수단으로 보고 독서치료를 사용하고 있다. 1930년대에는 정신병원에서 독서치료를 하나의 책을 읽는 활동으로 규정하였고, 1960년대에는 심리치료에서의 임상적으로 사용하였다. 1978년 Berry는 임상적인 독서치료와 교육적인 목적으로 사용하는 독서치료를 세 가지 면에서 구별하였다. 독서치료의 활동으로는 자서전 일기와 쓰기, 생활선(life-line), 이야기나 시를 읽거나 완성시키는 것, 유언, 사망기사, 비문 읽기와 쓰기, 편지 쓰기, 일기 쓰기 등이 있다.

동기(motivation) 행동의 방향성과 활성화에 영향을 준다고 보는 일반적인 용어. 욕구충족과 목표추구행동의 조절을 일컫는 일반적인 용어. 즉 동기는 1. 개인에게 목표를 향한 행동을 유발시키는 개인 내의 긴장상태. 2. 개인이 자기의 행동에 부여하는 의식적, 무의식적 이유, 동기유발(motivation)과 함께 사용한다.

동기유발 과정(motivational processes) 학습의 한 요소로서 이것은 개인이 주의 집중하기 쉬운 모델링 단서에 선택적 통제를 행사할 수 있는 강화요인과 관련되어 있다.

동기의 위계(hierarchy of motives) Maslow가 동기를 분류하는 방식으로 고차적인 동기가 행동의 주요한 원인이 되기 위해서는 위계상 그 아래에 있는 동기가 적어도 부분적으로라도 충족되어야 한다고 본다.

동물심리학(animal psychology) 이는 비교(comparative) 심리학이라고도 불리우는 것으로 동물 종간의 또는 동물과 인간사이의 심리 과정의 비교를 목적으로 하는 분야로 학습, 지각, 사회, 발달 등 심리 과정을 비교한다.

동물행동학자(ethologist) 어떤 종들의 특유한 행동의 종류에 특히 관심을 가지고 있는 일단의 동물학자와 박물학자를 의미한다.

동반의존(codependence) 알코올 중독자의 부부관계를 묘사할 때 자주 사용되는 용어로 남편이 알코올 중독자일 경우에 아내에게 의존적인 관계를 형성하고, 아내가 가족들에게 남편의 역할까지 더 맡게 되는데 이때에 자존감이 낮은 아내는 그 남편에게 감정적으로 의존 되어서 악순환의 경우가 발생함과 동시에 병리적인 관계를 형성 하게 되는 것을 의미한다.

동성애(homosexual) 동성의 사람과 성적 관계를 갖기를 좋아하는 사람. 즉, 동성에게 매력을 느끼고 성적 관계를 가지는 이상성욕(異常性慾)의 일종으로 세 가지로 나눈다. 1. 잠복성 동성애: 겉으로 보기에는 정상적인 성관계를 이루고 있는 사람도 동성애의 기질을 가지고 있는 사람이 많다. 이러한 동성애는 이성애를 비정상적으로 증가시키므로 보상을 받아서 약해지거나 없는 것처럼 보이기도 한다. 2. 수동적 동성애: 수동적 동성애를 하는 사람은 능동적인 동성애인이 먼저 요구해올 경우에만 동성애를 하며 수동적(여성) 역할을 한다. 그들은 정상적인 성생활을 할 수 있다. 3. 능동적 동성애: 능동적으로 동성애 하기를 간청하는 사람, 또 동성강간을 하는 사람이 능동적 동성애자이다. 이들은 가끔 이성과 관계를 맺는 생각을 함으로써 동성애에 대한 유혹을 유발한다. 그들은 이성의 옷을 입기도 하며 이름을 바꾸기도 한다.

동일시(identification) 심리성적 발달 단계 중 남근기에서 아동이 자신과 유사한 사람의 특성이나 성공한 사람, 자신에게 있는 것처럼 여기는 과정을 말한다. 일반적인 의미로는 어떤 사람 또는 사물의 본질이나 정체감을 확인하는 것. 정신 분석에서는 자신이 강력한 정서적 애착을 가지고 있는 사람의 행동을 본받는 것이다. 즉, 동일시는 1. 어린이가 적당한 성인을 본보기로 하여 행동하는 경향. 2. 방어기제(defense mechanism)의 하나로서 자기가 어떤 다른 사람과 같게 생각하는 심리현상. 그러므로 동일시는 아동이 자신의 불안을 없애고 내적 갈등을 감소하기 위해 다른 사람, 특히 부모의 특성을 따라하는 과정을 의미한다.

동정(sympathy) 다른 삶과 함께 느낄 수 있는 능력으로 감정이입(empathy)과는 반대되는 정서적 감정이다. 다시 말해서 상담에 있어서 동정은 내담자와 감정이 일치하여 상담자의 감정을 조절 할 수 없는 것이나 감정이입은 내담자의 감정을 읽으면서 내담자의 상황을 공감하면서 자신의 감정을 조절하면서 치료에 도움을 줄 수 있는 것을 의미한다.

동조(alignment) 집단압력 때문에 자신의 의사와는 무관하게 집단이 취하는 행동이나 생각에 따라가게 되는 것을 뜻한다.

동화(assimilation) 자신의 이미 가지고 있는 도식 또는 구조 속에 외계의 대상들을 받아들이는 인지과정이다.

두정엽(parietal lobe) 대뇌반구의 한 부분으로 중심열의 뒤, 후두엽의 앞에 있다.

둔화(desensitization) 이전에 심하게 불안을 경험한 상황에서 편안하게 느낄 수 있도록 만드는 심리치료의 방법으로 불안상황에 단계적으로 노출시킴으로써 정서적 반응을 약화시키는 것이다.

ㄹ

라포(rapport) 친밀관계라고 번역하기도 한다. 1. 상담자와 내담자 사이의 따뜻하고 가까운 신뢰관계. 2. 심리검사에 있어 검사자와 피검사자 사이의 안락하고 따뜻한 분위기 상담의 '촉진적 관계'의 예비적 단계라고 볼 수 있다.

러너웨이(runaway) 이는 부(負)의 피드백을 통해서 자기 수정을 하는 것이 아니고 정(正)의 피드백에 대해서 반응하는 시스템에 대하여 설명하는 것이다. 이 시스템이 그 평형을 상실하는 방향으로 움직이면 그 경향을 줄이고 시스템을 유지하도록 작용하는 것이 부의 피드백이다. 예를 들면 체온이 상승하면 그것을 저하시키도록 발한 작용을 촉진하는 생물학적 기구가 그것이다. 반대로 체온이 상승했을 때 한층 상승시키려고 하는 작용이 가령 있다고 한다면 그것은 정의 피드백이며 시스템을 깨는 경향이 한층 증대하도록 작용한다. 그 결과 명확히 생체라는 시스템의 붕괴를 초래하게 된다. 따라서 일반적으로 시스템은 부의 피드백 기구를 갖추고 있지만 정의 피드백 기구는 갖추고 있지 않다. 이와 같이 가족 시스템도 시스템인 이상 부의 피드백 기구는 갖추고 있다고 생각되며, 불건강한 가족 시스템일지라도 이른바 불건강한 형태로 안정하고 있는 것으로 가족 성원은 그 나름대로 그 안정에 기여하고 있다고 생각된다. 그러나 대칭적 관계에서는 가족 시스템 붕괴를 초래하는 경우가 있다.

레빈(Kurt Lewin:1980-1947) 레빈은 심리학자로서 임상보다는 리서치나 이론 규정에 공헌했다. 베르린 대학 조수 때 게스탈트 심리학의 창시자 베르트 하이머(Max Wertheimeer) 및 쾰러(W. Kohler)와 친교 했지만 게스탈트 심리학자는 아니다. 레빈은 지금 놓여 있는 상황과 개인과의 상호관계의결과 행동이 생긴다고 하는 '장의 이론(field theory)'을 주장한 학자이다.

레잉(Ronold David Laing:1927-1989) 레잉은 영국의 정신과 의사로 반정신 의학의 기수로서 유명한 학자이다. 그는 설리반(Sullivan)의 대인관계론을 답습하여 정진 분열 병자에 대하여 치료자의 개인적 관여 속에서 치료의 길을 탐색하려고 했다. 그 후 분열 병자의 가족 역동, 나아가서는 사회적 상황의 현상을 문제로 삼게 된다. 환자-의사라는 구별을 배제한 숙박 시설을 만들고 거기에서 의사의 권위를 배제한 반정신 의학 운동을 실천했다. 이러한 그의 사상은 1970년 전반의 학생 운동에 큰 영향을 주었다.

로르샤하 검사(Rorschach test) 대칭적인 잉크 반점 (ink spot)을 가진 10개의 카드를 자극으로 사용하여 피험자의 반응을 평가하는 것으로 투사법(投射法)에 속하는 검사를 하다.

로어(Richrd Rohr) 로어는 1971년 미국 오하이오주 신시내티에 새예루살렘 공동체를 설립한 유명한 저술가이자 지도자이며 강연자이다. 현재는 뉴멕시코주 앨버퀄크(Albuquerque)에서 'Center for Action and Contemplation'의 원장으로 일하고 있는 프란체스코 수도회 신부로 10년이 넘게 아홉 유형도에 대해서 워크숍을 인도해 오고 있다.(아홉 유형도 참조)

리레이벌링(relabeling) 이는 구조적 가족 치료에 있어서 중요한 기법 중의 하나이다. 또한 증상의 리레이벌링(relabeling the symptom)이라고 불려 지기도 한다. 일반적 개념의 리레이벌링은 증상이나 행동에 관한 이해 방식을 바꾸는 과정으로 이는 가족이 통상 개인의 증상으로 간주하고 있는 것을 대인 관계적으로 정의하는 것을 의미한다. 예를 들면 부모가 사춘기 아이들의 행동을 반항적이든가 역행하는 경우에 그 같은 행동은 보통의 성장 과정을 보이고 있다고 설명함으로써 리레이벌링이 행해지는 것이다. 이 기법은 문제 행동에 관한 새로운 의미가 부여가 중요하며, 문제와 유사한 구조적인 기반 위에 서면서도 가족이 확실히 이해할 수 있는 차이가 보여 져야 한다.

리비도(libido) 순전히 성적 행위로부터만 만족을 추구하려는 정신 에너지의 일부이다. 이 리비도는 전진만 하는 특성으로 기본 욕구가 반드시 채워져야 한다는 것과 도덕적인 눈이 없는 것, 그리고 타협을 하려고 하지 않는다는 특징이 있다. Freud는 이 리비도의 근원으로 에스(Es)를 설명하고 있다. 에스는 이드(id)라고도 한다. 프로이드가 만년에 자아 및 초자아와 함께 정신을 구성하는 것이라고 생각한 한 측면을 말한다. 자아의 심층을 이루는, 말하자면 원시적인 자아, 거기에는 여러 가지 본능적인 에너지가 혼동돼서 저장되는데 그것에 대해서 도덕이나 논리는 힘을 갖지 못한다. 억압된 관념을 포함해서 인류의 계통 발생적, 개체 발생적인 경험이 그 속에 침전되어 있는 것으로 믿어진다. 에스는 무의식적이며, 그것의 본능적·유동적 행동은 오로지 쾌(快)를 구하고 불쾌를 피하는데, 그것이 실현될 때에는 외계의 현실과 관계한다. 정신이 외계와 접하는 장치가 자아이며, 자아는 의식적이어서 외계를 지각할 뿐 아니라 논리와 도덕의 지배를 받고 본능적·충동적 행동을 통제하여 현실에 적응시킨다. 자아는 소아일 때 에스에서 분화하여 생긴 것이므로, 에스는 말하자면 표층이라고 생각된다. 에스의 개념은 프로이드 이후 여러 학자에 의해서 여러 가지로 해석되고 있다. 에스는 1. 깊어서 어둡고 혼돈스러워 성질파악이 어려운 자리이다. 2. 조직과 논리적 사고법칙이 통용되지 않는 자리이다. 3. 공간과 시간의 개념이 없는 자리이다. 4. 쾌락의 원칙에 충실한 자리이다. 5. 가치 판단과 무관한 자리이다. 6. 경제적 원리에 충실하면서 에너지를 방출하는 자리이다.

리소(Don Riso) 리소는 현재 뉴욕시티에 위치한 심리 자문회사(Enneagram Personality Type, Inc)에 대표이고, 저술가 강연자로서 알려져 있다. 또한 1977년부터 아홉 유형도에 대해서 워크숍을 해 온 예수회 수사이기도 하다.

리즈(Theodore Lidz) 리즈는 초기 가족 연구의 제 1인자로 정신분석가이며, 정신과 의사이다. 리즈는 분열병의 가족의 특징으로서 부부 분열(marital skew)과 부부 왜곡(marital skew)으로 유명하다. 부부 분열에서는 양친이 서로 욕구를 보합(補合)하지 않고 만성적인 강도의 사이 나쁜 부부 관계에 있으며 편친(片親)이 환자, 특히 딸을 자신 측에 끌어들이려고 하며, 세대의 정상적인 분리를 범한다. 가족 왜곡은 편친의 중독인 정신 병리를 다른 한 사람의 부모가 지지하는 부부 관계로, 편친의 병리성을 부인하는 것과 같은 왜곡된 인지가 그 특징이며, 남자가 환자인 경우가 많다고 리즈는 보았다.

리프레이밍(reframing) 이는 가족의 지각을 변화시키려고 하는 치료적 개입법으로 증상 혹은 행동을 어떤 다른 것으로 말을 바꿀 뿐만 아니라 그같이 지각된 맥락을 바꿈으로써 치료하는 것이다. 예를 들면 밥을 잘 안 먹는 아이는 부모에 대해서 불복종하는 것과 예의가 없는 맥락에서 보는 것이다. 이 기법은 가족치료의 전략적 치료, 구조적 치료, 커뮤니케이션 치료, 최면 치료 등에서 폭넓게 사용된다. 프레임은 행동, 사고, 감정을 나타내는 것으로 내담자의 내면에 잘못된 패러다임, 모델링, 지도에 변화를 불러일으키는 기법이다.

❏

마이어스 브릭스 인성유형(Myers Briggs trait indicator) 이사벨 마이
어스(Isabel Myers)와 어머니 캐더린 브릭스(Katheryn Briggs)가 칼
융이 주장한 심리유형 개념을 확장 발전시켜 인격 혹은 인성유형
을 열여섯 가지로 규명한 것으로 외향성(extroversive) 대 내향성
(introversive), 감각형(sensing)대 직관형(intuitive), 사고형(thinking)
대 감정형(feeling), 판단형(judging) 대 인식형(perceiving)을 서로
조합하면 열여섯가지의 다른 유형이 산출된다. 이것이 일명 MBTI
성격검사이다.

만족의 지정(遲庭: delay of gratification) 미래의 더 크고 값진 보상
을 위해 즉각적인 보상을 스스로 연기하는 것이다. 이는 Freud
의 중요한 용어로 인간 행동을 유발시키는 힘인 성적이며 역동적
이고 비이성적인 방식의 에너지를 지칭하는 것이다.

말초신경계(peripheral nervous system) 신경계에서 뇌와 척수를 제
외한 부분이다. 동물의 신경계 일부로서 중추신경계와 함께 동물의
행동을 제어한다. 외부의 자극을 감지하여 중추신경계로 전달하고,
또한 중추신경계에서 오는 반응을 기관에 전달하는 역할을 한다.

망막(retina) 눈에 있는 빛에 민감한 부분으로 간상체와 추상체로 되
어 있다.

망상(delusion) 사실의 제시나 논리에 의해 수정될 수 없는 잘못된
사고로써 계속적인 체계적 망상은 정신병적 상태나 편집반응의 특
징이다. 망상은 왜곡된 지각인 착각이나 대상 없이 지각하는 환각
(hallucination)과는 구별된다.

망상체(reticular formation) 연수에서 시상에 걸쳐있는 뇌 영역으로

각성과 관련된다.

맞받아치기 전략(TFT) 사회 딜레마에서 상대방이 경쟁적으로 나오면 자신도 경쟁적, 협동적으로 나오면 협동적으로 대응하는 전략이다.

마키아벨리아니즘(Machiavellianism) 자신의 이득을 위해서 다른 사람들을 조종하는 성격특성이다. 15세기 이탈리아 정치가이면서 작가인 마키아벨리의 정치이론을 본떠서 명명되었다.

맥락적 치료(contextual therapy) 나지(I. Boszormenyi-Nagy)에 의하여 창시된 가족 치료로 문제의 내용 그 자체보다는 그것을 문제로서 규정하고 있는 맥락 틀의 방식을 파악하고 조작 해 나아가면서 치료하는 것을 의미한다. 이는 상호적인 이해와 신뢰에 의해서 가족 구성원들과 대화를 촉진하고 변화를 생기도록 하려고 하는 비지시적인 치료이다.

메타가치(meta value) 자아실현자가 추구하는 높은 차원의 가치관. 예컨대, 진·선·미 공정, 그리고 완전 등을 추구하는 것이다.

메타병리학(metapathology) 매슬로가 개인이 자신의 메타요구(meta -needs)를 만족시키지 못함으로써 갖게 되는 심리적 병(예, 무감각, 우울, 냉소주의)을 나타내기 위해 사용한 용어이다.

명료화(clarification) 비지시적 치료(non-directive therapy)에서 내담자가 방금 이야기 한 것의 의미를 요약하고 더 분명하게 만들어주기 위해 상담자가 하는 진술을 말한다. 이때 상담자는 내담자에 대한 비판적인 태도를 보여서는 안 된다.

모델링(Modeling) '본뜨기'라고 번역할 수 있다. 내담자가 획득해야할 바람직한 행동을 보여주는 실제적 또는 상징적 본보기를 제공함으로써 모방 및 관찰을 통해 소기(所期)의 행동을 학습하도록 하는 방법이다. 모델링은 사회적 학습이론에서 아동이 타인들을 관찰하거나 모방함으로써 사회적 및 인지적 행동을 배우는 과정이며, 개인이 다른 사람(모델)이 바람직한 또는 옳은 반응을 수행하는 것을 관찰함으로써 학습하는 학습유형(관찰학습을 볼 것)이다.

모성박탈(maternal deprivation) 어머니나 어머니와 같은 사람으로부터 제공되는 관심과 사랑 및 애정 어린 보살핌의 결여를 의미한다. 사회적 애착을 형성하는데 최적의 시기인 출생 후 3년까지의 기간에 특히 중요하다. 어떤 시설에 수용되거나 버려진 아이들은 키우면서 신체적, 심리적, 그리고 사회 문제를 일으킨다.

목회의 돌봄과 상담(pastoral care and counseling) 미국에서 널리 사용되고 있는 목회적 돌봄(pastoral care)이란 용어를 우리말로 정의하기란 쉬운 일은 아니다. *Dictionary of Pastoral Care and Couseling*에서는 넓은 의미로는 인간들과 대인관계들을 지지하며 양육하는 것과 관련된 모든 목회적인 활동으로 다양한 목회적 섬김으로 쓰이고 있다. 구체적으로 William A. Clebsh와 Charles R. Jaekle는 지탱, 화해, 인도, 치유를 언급했다. 목회상담과 비교하여 볼 때 목회의 돌봄은 모든 목회상담을 포함하고 있으나 목회상담에 의해서 목회의 돌봄이 수행되는 것은 아니다. 다시 말해서 목회적 돌봄은 목회상담보다는 넓은 영역에서 여러 형태를 포함하고 있는 실천신학의 한 분야이다. 따라서 목회적 돌봄 안에서 목회상담은 일반적으로 모든 목회자들이 목회현장에서 주로 교인들을 상대로 일반적으로 행해지는 목회상담과 전문적인 공부를 통한 목회상담의 전문사역(professional ministry)으로서 한 인간 또는 가정을 대상으로 심층적 상담으로 구분될 수 있다. 에드워드 투르나이젠(Eduard Thurneysen)은 목회적 돌봄의 신학 *Theology of Pastoral Care*이란 책에서 목회적 돌봄의 의미를 대화(conversation)로 규정 하고, 이 대화는 설교를 기초하며 설교로 되돌아간다는 것으로 하나님의 말씀의 올바른 전달을 강조했다. 따라서 에드워드 투르나이젠에게 있어서 목회상담은 하나님의 말씀을 듣고 그 말씀에 반응 하는 것이 된다.

목회상담(pastoral counseling) 내담자의 정신세계와 삶의 자리와 스타일, 그리고 삶의 목표와 영적인 상태를 이해 분석하여 내담자의 문제를 해결 할 수 있도록 도와주고 그의 따른 성장에 협력함으로써 내담자가 하나님의 형상을 회복하고 하나님 앞에서와 예수 그리스도 안에서 영육간의 행복한 생애를 누리도록 도와주는 과정이자 기술이다. 목회상담의 목표는 1) 내담자와 하나님과의 접촉을 도와준다. 2) 내담자의 정체성 발견에 도움을 준다. 3) 내담자에게 사는 법을 배우게 돕는다. 4) 대인관계 기술을 계발시킨다. 5) 목회상담은 진정한 능력의 근원인 하나님에게 세우도록 격려한다. 6) 목회상담은 개인을 넘어서 사회공동체를 보게 한다. 7) 목회상담은 희망을 가지고 미래의 문을 열게 해준다. 목회상담의 두 가지 대 전제는 예수 그리스도께서 이 세상에 오신 목적인 영생(The Eternal Life)을 얻게 함(요3:16)과 영생을 얻는 자로 하여금 더 풍성한 삶(The Abundant Life)을 누리게 함에 근본 목적이 있다(요 10:10,14-15). 구체적인 목적 1. 하나님과 내담자 사이에 풍성한 (Communication): 이는 하나님의 형상을 회복함은 물론 내담자가 하나님을 향한 전폭적인 믿음의 삶을 목표로 하는 것이다. 2. 내담자의 삶의 재창조로 인한 청지기적 삶: 이는 내담자의 삶에 있는 것과 있어지는 모든 것이 하나님으로부터 왔다는 믿음 아래서 믿음의 공동체적인 삶과 사회적인 관심 속에 공동체적인 삶으로 하나님께 영광을 돌리는 삶을 의미한다. 3. 하나님 앞에서의 자기 발견과 이해와 용납의 삶: 이는 하나님의 피조물로서 죄인된 인간이 예수 그리스도의 보혈의 공로의 필요함과 그 안에서의 자기의 정체성을 확립하는 것이다. 4. 하나님 앞에서의 결단력 있는 삶: 내담자에게 되어지는 모든 일들이 자신의 유익과 감정에서 결정되어지는 것이 아니라 하나님의 뜻에 부합되는 결단력 있는 의지의 삶을 의미한다. 5. 하나님 앞에서의 시각 조정을 통한 생활양식의 재창조: 이는 내담자의 삶에 있어서 잘못된 생활양식에 대해 하나님 앞에서 말씀을 통한 시각 조정을 통해 올바른 생활양식으로 삶을 재창조하는 것을 의미한다. 6. 하나님 앞에서의 소망적인 새로운

목표 추구의 삶: 이는 인간은 삶의 시작부터 하나님 앞에 갈 때까지 계속해서 목표 추구하는 존재임을 전제로 볼 때에 목회상담은 내담자의 삶에 하나님을 향한 새로운 목표를 추구하는 것으로 인생의 목표를 전환하는 것을 의미한다. 7. 믿음의 공동체를 통한 전인치료: 이는 목회상담의 장을 믿음의 공동체인 교회라는 대 전제 아래서 내담자의 삶에 대해서 전인적인 치료를 하는 것을 의미한다. 목회상담의 목적은 하나님 앞에서 있는 죄인 된 인간은 하나님의 은혜로 구원받아야 하는 인간에 관계된 것으로 인간에 대한 어느 일부분의 문제를 다루는데 그치는 것이 아니라 인간에 대한 전인적인(영육혼) 치유와 성장에 목적이 있다.

목회상담의 기능(the faculty of pastoral counseling) 윌리암 A. 클레비쉬(Willam A. Clebsh)와 챨스 R. 클(Charles R. Jaekle)은 목회 사역의 기능을 치유, 지탱, 인도, 화해로 구분하여 설명하였다. 이는 목회상담의 기능으로 적용하여 설명 될 수 있다. 1. 치유(Healing): 내담자(Client)의 삶을 완전한 것으로 회복함과 이전보다 더 좋은 성장을 목표로 하여 삶의 문제가 있는 부분을 재정향(Reorientation) 또는 재창조(Recreation) 해 주는 과정이다. 2. 지탱(Sustaining): 내담자의 삶에 있어서 어떠한 상실로 인하여 원래 상태로 회복시키기가 불가능한 부분(이혼, 불치병 등)을 더 이상 악화되지 않도록 보존하면서 아울러 아직도 내담자 안에 남아 있는 자원들을 재구성(reorientation)해 주거나 가능성 있는 잠재력을 활용하도록 돕는 과정이다. 3. 인도(Guiding): 내담자의 사고(thought)와 행동(action)에 있어서 무엇인가를 선택하여야 할 때에 혼란에 빠지지 않고 하나님의 뜻에 온전히 선택하도록 돕는 과정이다. 4. 화해(Reconciling): 내담자의 삶에 있어서 하나님과 화해의 관계를 중심으로 사람관계 및 모든 관계에 회복을 돕는 과정이다. 상황과 특성에 따른 기능 1. 돌봄(Caring): 목회상담은 하나님의 사랑을 올바로 이해함과 인간의 존엄성을 인식하며, 인생의 중요성에 대한 깨달음과 온전한 아카페(Agape)적인 사랑을 가지고 내담자의 삶을 구체적으로 살피고 돕는 과정이다. 2. 대화(conversation): 목회 상담자는 내담자의 말을 경청하며 공감하면서 수용(accept)하는 단계에서 대화를 이끌어 나아가야 한다. 이상과 같이 치유, 지탱, 인도, 화해, 돌봄, 대화 등의 목회상담의 기능은 목회사역의 모든 측면을 돕는다.

목회상담의 특징 1. 목회상담은 독특한 환경에서 이루어진다. 즉, 교회 조직은 특수 조직 가운데 독특한 조직체이다. 왜냐하면 남녀노소 빈부귀천 할 것 없이 다양한 층의 사람들이 있다. 이를 상담하기 위해서는 고도의 전문기술은 물론 성령님의 도움이 절대적으로 요구된다. 2. 목회상담은 성경의 지식 절대적으로 필요하다. 3. 목회상담은 신학적인 지식이 절대적으로 필요하다(기독교 윤리학, 자살, 이혼 등). 4. 목회상담은 개인성장은 물론 교회성장과 직결된다. 5. 목회상담은 매우 다양한 면에서 상담이 이루어진다(영, 육, 혼, 환경, 신앙 등). 따라서 목회상담 IQ.= Intelligence Quotient 지적인 지수, EQ.= Emotion Quotient 감정적인 지수, MQ.= Moral Quotient 도덕적인 지수, PQ=Propulsion Quotient, RQ=Relation Quotient 관계 지수, SQ.=Social Quotient 사회적인 지수, SQ.= Spirit Quotient 영적인 지수 등을 상담해야 한다. 6. 상담료를 안 받는다. 따라서 그 과정과 결과는 다양하게 나타난다. 7. 목회상담의 최종 목표는 삼위일체 하나님과 긴밀한 관계를 통한 삶의 성장으로 연결되어야 한다.

목회상담과 영성(pastoral counseling and spirituality) 현대 목회상담의 영성은 심리와 정신의 문제를 넘어서서 하나님 앞에서 인간의 삶이 무엇이고 어떻게 살아가야 하는 실생활의 문제를 포함하여 인간의 행동의 규범을 다루는 실제이다. 영성 상담이란 죄, 회개, 중생, 성결(성화)과 같은 기독교의 근본 교리와 신앙성장을 돕는 것으로써의 영성이다. 따라서 목회상담에서의 영성은 삶의 문제 상황 뒤에 숨겨진 심층적인 영적인 문제를 다루는 상담 원리이다. 그러므로 목회상담의 영성은 실제 생활 속에서의 산 체험과 하나님과의 관계에 대한 자의식적 체험을 통해서 이루어진다. 테이어 (Nelson Thayer) 교수는 목회상담에서의 영성을 위해 하나님을 목표로 자기의 생을 깊이 통찰하는 작업과 이웃과 하나님과의 관계를 깊고도 넓게 가지면서 지속적인 자기 자신을 하나님 안에서 삶을 추구하는 영성 훈련을 강조했다. 무엇보다도 상담자의 영성이 중요하다.

몽유병(sleepwalking, somnambulism) 수면 중에 걸어 다니거나 거기에 상응되게 신체적 활동을 하는 것. 야뇨증 및 정서적 미성숙과 연관이 있기도 하다. 심리적 압박 상태에 있을 때 몽유병이 일어나는 경향이 많다. 때로는 분리의 일면이기도 하다.

무감각(apathy) 1. 감정이나 정서를 유발하는 상태에서 감정 정서를 일으키지 못하는 것. 2. 매우 억압된 상태에서처럼 자신의 주위 환경에 무관심한 것을 뜻한다.

무강화 시행(unreinforced trial) 유기체의 학습실험 절차에서 강화를 주지 않고 학습하는 시행절차이다.

무선 표집(random sampling) 가장 기본적인 표본 추출방법으로 추출 단위 전부에 같은 확률에 의하여 추출하는 방법. 무작위 추출(표본) 확률표본이라고도 한다.

무의식(unconsciousness) 개인이 잊었고 기억해 낼 수 없는 기억과 생각, 정신분석에서는 꿈, 환상 등을 통해서 무의식의 내용을 추적, 해석한다. 즉 무의식은 의식으로 이용할 수 없는 기억이나 충동이나 욕망 등을 말함. Freud정신분석 이론에 따르면 고통스런 기억은 억압되어 무의식으로 되어 깨닫지는 못하더라도 계속해서 우리의 행동에 영향을 미친다고 한다. 무의식(unconscious) 받아들일 수 없는 갈등이나 욕망을 포함하는 정신측면. 자유연상이나 꿈의 분석을 통해 이것을 의식상에 떠오르게 할 수 있다.

무의식적 과정(unconscious process) 의식될 수 없는 기억들, 충동들 및 욕망들이다. **Freud**의 정신분석 이론들에 의하면 고통스러운 기억들과 소망들은 때때로 억압된다. 즉, 무의식으로 전환되어서 그곳에서 설사 우리가 그것들을 인식하지 못하더라도 계속 우리의 행동들에 영향을 준다.

무조건 반응(unconditioned response:UCR) 고전적 조건 형성에서 사전 훈련 없이 무조건 자극에 의하여 방출되는 반응. 즉, 무조건 자극에 의해 유발된 자연적 반응이다.

무조건 자극(unconditioned stimulus:UCS) 고전적 조건 형성에서 무 조건 반응을 방출시키고 강화로 사용되는 자극. 즉 조건 형성 없 이 유기체로부터 어떤 반응을 유발시킬 수 있는 능력을 가진 자극 이다.

무조건적 긍정적 대우(unconditional positive regard) 기대하는 것과 일치하는 행동을 했던 안 했던 간에 그 행동을 한 개인에게 존경 과 인정을 해준 것을 나타내는 **Rogers**의 용어이다.

무조건적 긍정적 배려(Unconditional Positive regard, 無條件的 肯定 的 配慮) 내담자에 대한 배려, 수용에 있어서 조건이 없다는 뜻이 다. 즉 내담자를 선택적으로 평가하지 않으며 가능한 탐색, 동의, 반대, 권위적 해석을 피한다. 이러한 상담자의 태도는 내담자를 진 지 하게 받아들이고 내담자의 자기이해나 긍정적인 변화를 위한 능력을 배려하는데서 나올 수 있는 것이다.

무조건적 긍정적 자아 대우(unconditional positive self-regard) 어 떤 자기-경험도 다른 어느 것보다도 다소간이나마 긍정적 대우의 가치가 없다는 식으로 자신을 지각하는 사람을 나타내는데 쓰는 말이다. **Rogers**는 무조건적. 긍정적 자기-대우는 개인으로 하여금 완전히 가능하도록 발전시킨다고 본다.

문제아(identified patient) 역기능 가정이나 체계에서 문제 증상을 갖 고 있는 사람으로 문제 가정의 문제아, 알코올 중독자 가정의 알코올 중독자, 정신분열증 환자, 희생양을 의미하며, 사회학적으로는 범법자, 소외계층, 부랑민 등이 여기에 속한다.

문제-중심의 대처(problem-focused coping) 스트레스를 일으키는 상황을 평가하고 그것을 변화시키기 위하여 어떤 일을 하는 것. 여기에는 문제를 규정하고, 대안적 해결책을 만들고, 이득과 부담의 관점에서 그 대안들을 저울질 해보고, 대안들 중에서 선택을 하고 행동하는 것이 포함된다.

미분화된 자아 집합(undifferentiated ego mass) 가족 구성원 간에 보여 지는 밀착된 상태 또는 자기 분화가 결여된 상태로 Bowen이 사용한 용어이다. 즉 가족 내의 불안이 높으면 개인의 내부에서 정서와 지적 시스템이 혼란이 일어난다. 그러한 혼란은 또 다른 구성원에게도 일어나서 개인의 정체감과 경계선이 흐릿해지고 만다는 것이다.

미술치료(art therapy) 1940년대 초반 Naumberg는 미술을 분석적이고, 역동적인 심리치료의 분야로 소개하면서 정신분석학 이론에서 나온 심리치료의 기본 개념과 본질적으로 같은 것이라고 주장했다. 즉, 아동이 표현한 미술은 무의식 세계와 상징적 대화(symbolic speech)로 아동을 이해하는데 중요한 것이 된다는 것이다. 그러나 1950년대 Kramer은 정신분석학적 개념에 깊이 의존하면서 반대 이론으로 미술이 가지는 창의적 활동이 아동의 갈등을 다시 경험하고, 해결하고, 통합하는 과정에서 중화된다고 보았다. Kramer는 이를 집단 치료에도 적용하였다. 1970년대 에는 Kwiatkowska는 Kramer의 집단 치료의 원리를 확장하여 가족 간에 역동적인 심리 관계가 일차적으로 강조되는 가족집단치료에까지 응용시켰다. 즉, 미술활동을 통해서 자신을 표현하고, 자기를 지각하며 집단 간의 상호작용을 복돋아 주도록 하는 것이다. 현대에 와서는 미술치료는 의사전달, 감정표현이 예술적인 창조행위보다도 선행할 수 도 있다는 것으로 포괄적인 것으로 발전되어 가고 있다.

미소 대뇌 기능장애(Minimal brain dysfunction) 대뇌에 기질적인 이상이 발견되지는 않지만 대뇌의 작은 기질적 이상에 의해 기능 면에서 나타나는 장애를 말한다.

미신적 행동(superstitious behavior) 어떤 행동이 우연하게 보상을 받게 되는 경우 실제로는 그 행동과 결과 사이에는 아무런 관계가 없는데도 우연하게 보상을 받던 당시의 행동을 한다.

미신행위(superstitious behavior) 강화와 반응 간의 우연한 연합으로 조건형성된 것이다.

미완결 과제(unfinished business) 성인아이 치유과정에서 주로 사용되는 용어로 삶의 과정 속에서 어떤 사건이나 관계에서 마침표를 찍지 못한 채 덮어둔 부분이 현재의 삶에 계속해서 영향을 주고 있는 것이다. 그러므로 내담자로 하여금 그 과제 직면하게 하여 재경험 혹은 재해석하여 종지부를 찍어 주어서 그 사건이나 관계에서 자유함을 경험하도록 해 준다.

ㅂ

바드 캐논 이론(Bard-Cannon theory) 환경으로부터 들어오는 자극이 시상하부의 반응을 일으킨 다음 이것이 뇌와 자율 신경계의 활동을 일으킨다는 정서에 대한 신경학적인 이론이다. 이론의 핵심은 제임스 랑게 이론(James-Lange theory)과는 대조적으로 정서와 연합된 감정이 시상하부에 생기며, 우리는 이러한 감성을 인지적으로 인식하기 전에 경험한다는 것이다.

바보 학자(idiot savant) 정신적으로는 지체되어 있지만, 어느 한 영역에서는 우수한 정신능력을 발휘하는 능력을 의미한다. 즉, 이 능력은 음악, 그림, 그리고 컴퓨터 등을 포함한다. 우리는 이 모순을 설명할 수 없는데, 그 이유는 가운데 하나는 이 용어를 점차 사용하지 않기 때문이다.

바빈스키 반사(Babinski reflex) 프랑스 신경학자 조지프 바빈스키의 이름을 따서 명명한 반사로, 두 살 이하의 유아에게서 나타났다가 그 이후에 사라지는 정상적인 반사로 발바닥을 가볍게 톡톡 칠 때 발가락들이 위로 구부러지는 것을 말한다. 성기기에 바빈스키 바사가 다시 나타나면 그것은 신경계에 문제가 있음을 보여주는 신호이다.

바이오 피드백(biofeedback) 어떤 개인에게 주어지는 자신의 생물학적 기능에 대한 정보를 의미한다. 사람들은 바이오 피드백을 이용해 심장 박동률, 혈압, 뇌파 등과 같은 기능을 이종의 조작적 조건화 과정을 통해 어느 정도 통제할 수 있다.

반대과정이론(opponent process theory) 정서에서 정서반응이 유쾌하건 불쾌하건 그 반응에 반대 방향으로 작용하여 원래의 정서를 약화시킨다고 가정하는 이론이다.

반동이론(reaction theory) 자신들이 선택한 대상을 더욱더 매력적이라고 지각하고 외부 압력에 반대하게 되는 견해를 가짐으로써 자신이 한 선택을 취소하게 만들거나 영향을 미치려는 시도에 저항하는 반응을 한다는 이론이다.

반동형성(reaction formation) 반작용 형성이라고도 하는 이 개념은 1. 동기가 완전히 위장되어 원래 의도와는 완전히 반대 형태로 표현되는 것과 2. 원래의 무의식적 또는 억압된 특질에 반대되는 성격의 행동을 말한다. 즉, 의식적으로 용납할 수 없는 동기를 정반대의 방향으로 표현함으로써 자아를 방어하는 방법으로 지나치게 순결에 관심이 있거나 자녀를 과잉보호하는 경우를 볼 수 있다. 다시 말해서 반동형성은 어느 한쪽의 충동이나 감정을 억압하고 대신 반대쪽의 충동이나 감정을 지나치게 강조함으로써 불안을 감소시키는 방어기제이다.

반복 강박증(repetition compulsion) 맥베스 부인(Lady Macbeth)의 손 씻는 행동이 전형적인 예이다. 이는 같은 행동을 계속해서 반복하는 강박증으로 설명된다.

반사(reflex) 특정자극에 대하여 나타나는 것으로 단순하면서 고도로 상동적인 학습되지 않은 반응을 의미 한다.

반사행동(reflex action) 이드(id)가 불쾌한 자극에 즉각 반응함으로써 긴장을 벗어나는 과정을 의미 한다.

반사회적 인격장애(anti-social personality disorder) 타인이나 사회에 적극적으로 피해를 주는 건강치 못한 행동을 하는 인격장애, 범법행위, 욕설, 폭력, 환경오염, 살인, 도적질 등을 포함하는 행동을 한다. 15세 이전의 청소년은 인격장애가 아니라 행동장애(conduct disorder)로 진단한다.

반영(reflection) 비지시적 상담에서 내담자가 언급한 인지적(認知的), 정서적 요점을 분명히 하기 위하여 내담자가 한 말을 상담자가 다시 진술하는 것을 말한다.

반응성(reactivity) 인간행동의 실제 원인은 전적으로 그 개인 외부에 있다는 기본가정. 즉, 행동이란 단순히 외부자극에 대한 일련의 반응이다.

반응적 욕구(reactive need) 어떤 환경적 사건 또는 자극에 의해서 생긴 욕구를 의미 한다. 극심한 온도를 피하려는 욕구이기도 하다.

반응행동(respondent behavior) 알려진 어떤 자극에 의해 유도된 반응으로 이 자극은 항상 시간적으로 반응에 앞서 나타난다.

발견적 방식(heuristic) 과거 경험에 근거하여 가설을 세우고 그 가설을 검증하여 문제를 해결하는 방식을 의미한다.

발달(development) 전 생애를 통하여 나타나는 긍정적 및 부정적 변화의 양상과 과정을 뜻한다.

발달 심리학(development psychology) 인간이 성장하면서 발생하는 신체적, 심리적 그리고 사회적 변화 사이의 상호 작용을 연구하는 심리학의 한 분야이다. 여기에는 아동 심리학, 청년 심리학, 중년 심리학, 노년 심리학 등으로 크게 나눌 수 있다.

발목 잡기(entrapment) 사회 심리학에서 초기 단계에서 어떤 행동에 투여한 것을 정당화하기 위해 이후에 더욱 이 행동에 몰입하는 과정이다. 그 다음 사람들은 자신이 사로 잡혀 있다고 느끼지만 벗어 나는 것은 더욱 어려워진다. 이는 부조화 이론에서 유래되었다.

발바닥 반사(divergent reflex) 발바닥을 가볍게 칠 때 자동적으로 발가락을 아래쪽으로 구부리는 현상으로 두 살 때쯤 바빈스키(Babinski reflex) 대신에 정상적으로 나타난다.

발생성(proactivity) 모든 행동의 근원이 그 개인 속에 내재한다는 기본가정이다.

발생적 욕구(proceeding) 인간 내부에서 발생하는 상태(state) 및 조

건의 변화로 야기된 욕구이다. (예, 식욕)

발의적 구성개념(propositional construct) 개인이 새로운 경험에 개방적이고 대안인 세계관을 갖게 해 주는 구성개념이다.

방어기제(defense mechanism) 자존심을 위협하거나 불안을 증가시키는 성격 특성 및 동기가 의식되지 않도록 특정 행동을 회피하거나 다른 행동을 보이는 적응 양식(adjustment pattern), 주로 무의식적으로 나타나며 부정, 투사, 억압, 합리화가 그 예이다. 또한 방어기제는 정서-중심의 대처의 범위에 들어가는 것으로 사람 들이 위협적인 충동이나 외부의 위험에 직접적으로 대응하기보다는 자아를 보호하기 위해서 무의식적으로 현실을 왜곡하는 과정을 말한다. 억압, 부인, 투사, 합리화 등의 기제가 있다. 다시 말해서 방어기제는 개인이 불안 또는 불쾌한 감정을 완화, 소멸시키기 위해 현실을 왜곡하는 과정이다. **(정신기제를 참조)**

방어적 귀인(defensive attribution) 행동의 결과가 좋으면 자신에게 귀인을 하고, 나쁘면 외부귀인을 하는 경향을 의미한다. 임상 및 사회 심리학에서 사용되는 중요한 개념으로, 자신도 불행한 일의 희생자가 될 수 있다는 불안을 피하기 위해서 그러한 사건을 당한 희생자를 비난하는 경향. 예를 들어 '강간 희생자들은 그럴 만한 행동을 했기 때문이다.' 는 생각을 하게 된다.

방해압력(press counteraction) 말로 혹은 신체적으로 공격당하는 것이다.

방향감각 상실(disorientation) 시간, 장소, 사람 등에 관하여 정신적 혼란을 일으키는 것. 사람이 방향 감각을 상실하면 다음 중 하나 혹은 그 이상의 영역에서 자기의 위치에 대한 감각을 상실해 버린다. 1. 시간: 날짜와 시간(하루 중 비슷한 시간을 혼동함) 2. 장소: 그가 어디 있는지 모름 3. 사람: 자기가 누구인지 가족이 누구인지, 친구가 누구인지 모른다. 방향감각 상실은 예리한 정서적 충격에 의해 일어나기도 하며 정신병의 전조가 되기도 한다.

배아기(embryonic period) 착상에서 2개월까지의 신체 각 부분이 형성되는 태내 발달 단계를 의미한다.

백일몽(daydreaming) 깨어있는 시간에 무엇을 원한다거나 아무런 목적 없이 생각하는 것으로서 일종의 공상이다. 누구나 다 백일몽은 하는 것이며 그것은 정상이다. 그러나 백일몽이 계속해서 행동을 대체(代替)하는 것으로 변하면 정신 건강이 위험한 상태에 이른다. 백일몽을 특히 많이 하는 시기는 사춘기로서 욕망이 강한 반면에 욕망을 충족시키는 데에는 장애물도 많고 자기 확신도 정립되어 있지 않으므로 백일몽은 점차 증가하는 것이다. 그러나 과도한 백일몽은 보다 깊은 문제의 징후(symptom)일 수도 있다.

백치(idiot) 정신적으로 결함이 있는 사람으로 최하급의 정신 연령 소유자를 의미 한다. I.Q.는 20이하이다. 정신연령(mental age)을 보라.

베타압력(beta press) 개인이 주관적으로 경험하고 지각한 환경을 의미한다.

변동 비교 스케줄(variable ratio schedule) 어떤 평균치 주위에서 변화 하는 횟수의 반응을 의미 한다. 변동 반응 수를 넘어선 후에야 강화 되는 강화스케줄을 뜻한다.

변별(discrimination) 강화를 받은 자극에는 반응하고, 강화 받지 않은 자극에는 반응하지 않는 것을 학습하는 과정. 물리적 에너지의 강도가 동일한 두 개의 자극 중에서 하나를 변형시킬 때 두 자극 간의 차이를 구별하는 것이다.

변별강화(discrimination reinforcement) 행동치료에서 소거의 효과를 극대화하기 위한 방법으로 바람직한 표적 행동이 일어날 때는 확실히 강화하고 문제 행동은 조심스럽게 무시하는 방법을 뜻한다.

변별조건(discriminative stimulus) 어떤 구체적 반응은 강화 또는 강

화되지 않은 것이라는 것을 나타내는 자극 또는 자극의 단서를 의미 한다.

변수 간격 스케줄(variable-interval schedule) 어떤 평균치 주위에서 변화하는 변수적 시간간격이 경과한 후 처음으로 나타난 반응이 강화되는 강화 스케줄을 뜻한다.

변연계(limbic system) 종 뇌에 있는 구조물로 정서, 학습 및 기억에 중요하다.

병적 열등감(inferiority complex) 자신이 타인보다 열등하다는 뿌리가 깊고 지속적인 감정. 이 감정은 흔히 잘못된 태도와 행동과 연결된다.

병행 면접 치료(concurrent therapy) 부부간의 문제 치료에 있어서 치료자가 비밀 유지와 감정의 전이를 취급하는 데에 사정이 좋다고 생각되어 부부를 개별적으로 병행하여 면접하고 치료하는 방법으로, 가족 치료 발전의 초기에 행해진 치료법이다. 즉 각 배우자의 감정전이에 대처하는 데는 부부 합동 면접보다는 개별 면접이 바람직하다고 간주되었기 때문이다.

보강(reinforcement) 고전적 조건형성(classical conditioning)에서 조건자극에 뒤따라 무조건 자극을 제시하는 실험적 절차이다. 2. 조작적 조건형성(operative conditioning)에서 조건반응에 유관(有關)하게 자극을 제시하는 절차이다. 3. 일반적으로 어떤 행동이 계속되도록 격려·지지할 때 '강화(強化)' 라고도 한다.

보로카(Broca) 영역 언어생성에 관련되는 곳으로 좌반구의 전두엽에 있는 뇌의 한 부위를 뜻 한다.

보상(compensation) 방어기제(defense mechanism)의 하나로 좌절된 동기를 충족시키기 위해 다른 행동으로 대체(substitution) 시키는 것, 즉, 사회적·심리적 갈등(social•psychological conflict)이나 성격 부분의 결함을 보충하기 위해 대체행동(substitute behavior)에 참여하는 것이다. 이것은 종종 잠재의식층(潛在意識層)에서 작용하는데 어떤 사람은 유년시절에 약했던 체격을 보상하여 강하고 튼튼한 체격 과 인격을 개발시킨다. 초과보상(hyper-compensation)은 심각한 인격문제를 유발할 수 있다. 보상은 신체적 정신적 기술의 훈련을 통해 부족한 감을 충족한 감정으로 대치하려는 시도. 신체적으로 약한 사람이 훌륭한 체육인이 되는 경우가 보상의 한 예이다.

보웬(Murray Bowen: 1913-1990) 1937년에 테네씨 대학에서 의학박사학위를 받았다. 보웬은 가족치료의 대표적인 이론가로 심리치료에 있어서 갖는 정신분석학적 접근의 한계를 경험하게 되면서 대안으로 가족시스템을 제시한 사람이다.

보존개념(conservation) 어떤 대상의 외양이 바뀌어도 그 실제가 변하지 않는다는 사실에 대한 이해를 의미한다.

보편문법(universal grammar) 생물학적으로 내재된 본유적 언어 능력으로서 원리나 규칙의 내재화를 포함한다.

보호(care) 생성으로부터 발생하는 심리적 덕목으로서 이것은 개인으로 하여금 타인이나 사물을 돌보아 주어야겠다는 느낌을 갖게 해준다.

복합(complex) 인생초기에 습득된 일단(group)의 특질(trait)로서 이는 그 개인의 후기발달 조형을 하는데 중요한 역할을 한다.

복합 가족 치료(multiple family therapy) 라큐어(R. Laqeur)에 의하여 개발된 것으로 다섯 가족 내지 여섯 가족 정도의 복수 가족을 모아서 하나의 치료 회합(session)으로 하여 동시에 면접한 임상적 방법을 의미한다.

본능(instinct) 1. 유기체가 어떤 방식으로 행동하도록 하는 타고난 생물학적인 힘(Native biological energy) 2. 학습 받지 않은 새들의 집 짓는 행동에서 보이는 것처럼 종특유(種特有)의 유형화된 목표 지향적(目標指向的) 행동을 뜻한다.

부모역할 대행(parentification) 가족 시스템 중에서 아이들이 한쪽 부모에 대하여, 양친에 대하여 또 다른 형제에 대해서는 마치 부모가 하는 것과 같은 양육적인 역할을 취하는 상황으로 되고 마는 것을 의미한다.

부부간 상보성(complementarity) 부부간에 무의식적으로 행해지고 있는 꼭 어울리는 상보성을 말한다. 즉, 배우자 중 한 삶이 무의식적 욕구와 역할 기대를 실행하거나 실행할 것을 기대 받는 것을 의미한다. 예를 들면 남편이 양육적이고 아내가 의존적이라든가, 아내가 자발성이 풍부하고 사교성이 있는데 대해서 남편은 내향적이고 소극적인 것과 같은 부부 중에 보여 지는 것을 의미한다.

부분강화(partial reinforcement) 올바른 반응을 할 때마다 강화를 주는 것이 아니라 시간간격이나 지렛대 누르는 반응비율에 따라 간헐적으로 주는 강화를 말하며, 이를 간헐적 강화라고도 한다.

부분강화효과(partial reinforcement effect:PRE) 전체적 강화를 받은 경우보다 부분강화를 받은 경우, 소거가 느려서 학습된 행동을 오래 지속하는 경향이 있는데 이를 부분강화효과라고 한다.

부분 대상(part-object) 멜라니 클라인이 처음 사용한 용어로 어느 대상이나 개인의 전체가 아닌 일부분을 의미한다. 인간은 전적으로 자율성을 지닌 전체인격을 지각할 수 있는 능력을 획득하기 이전에 먼저 전체 중의 일부분을 이해한다. 부분관계가 지니는 중요한 측면은 그 관계가 일방통행 관계라는 것이다. 이 때 이 부분은 자기 자신을 가리키는 것으로서 그 부분이 속해 있는 전체에 대해서는 거의 또는 전혀 관심을 갖지 못하고 오직 자신이 그의 부분 대상해서 어떻게 느끼며, 그것을 어떻게 사용하고 있으며, 어떻게 거절하며, 어떻게 받아들이는지에 대해서만 관심을 갖는 모습에서 발견된다. 부분대상 관계에서는 자기 자신이 무대 중앙에 위치 하며, 다른 사람들의 부분들은 단지 자신만 관심만을 위하여 존재 하는 것으로 취급된다. 이는 그 자체의 권리를 가지고 존재하는 전체로서의 대상이 아직 그 개인의 의식 안에 형성되지 않은 상대임을 보여준다.

부신피질 자극 호르몬(adrenocoticotrophic hormone:ACTH) 스트레스가 있을 때 뇌하수에서 분비하는 호르몬이다. 이것은 혈류에 의해서 부신과 신체의 각 부분으로 운반되어 30여 가지의 호르몬을 방출시키도록 하며, 이들이 위급 상황에 대처하도록 만든다.

부유 불안(free-floating anxiety) 특별한 근원을 찾을 수 없는 만성적이고 비이성적인 불안 상태로 모든 일에 부착될 수 있는 불안을 의미 한다.

부유 정서(floating affect) 정신 분석학에 나오는 용어로 일반적으로 관련된 대상으로부터 분리되어 다른 대상에 부착될 수 있는 정서를 말한다.

부인(denial) 외적인 위협에 대처하는 방어기제의 한 방법. 인정할 수 없는 충동이나 생각을 받아들이지 않는 것을 말하며, 적절히 사용될 경우 강한 스트레스를 다루어 가는 데 도움이 되는 방법이다.

부적절한 정서(inappropriate affect) 비극적인 일을 보고 소리 내어 웃는 것처럼 상황적 요구에 전체적으로 맞지 않는 정서적 반응이다. 종종 정신증의 증상으로 간주한다.

부적 피드백 기제(negative feedback mechanism) 출력이 입력신호를 감소시키는 일종의 조절체계를 의미한다.

부적응(maladjustment) 환경에 적절히 반응하지 못하고 문제 해결적인 행동양식이 결여된 상태. (The inability to adapt to problems and tasks of every day life), Clyde. M. Narramore, encyclopedia of psychological problems, 2. 정신 신경증, 정신병 등에서 매우 불안하거나 또는 특이하게 행동하는 것. 본능(Id)은 유전된 모든 것, 즉, 출생시 나타난 것. 그리고 개인을 구성하는 결정체 등을 포

함 하는 성격구조의 한 측면. 이드는 동물적이고 비합리적이며 억압을 받지 않으려 한다. 또한 본능표출과 긴장해소를 추구하는 선천적인 신체의 흥분상태로 Freud는 선천적•신체적 흥분의 정신적 표상은 욕구의 형태로 나타난다고 한다.

부정(denial) 우리가 불쾌한 현실적 양상의 지각을 거부함으로써 우리 자신을 보호하는 방어기제이다. 부정은 자신의 마음속에 어떤 상처가 있을 때 그것을 아니라고 하는 과정이다. 의식적으로 참을 수 없고 용납될 수 없는 현실을 사실로 받아들이지를 않고 거절하거나 부인하는 것을 말한다. 즉 없었던 것으로 하자는 식의 심리기제이다. 억압과 부정의 차이는 그것이 내부의 것이냐 외부의 것이냐의 차이가 있다. 억압은 욕망, 소망, 충동 등을 방어하기 위해서 억누르는 것이지만, 부정은 외부의 현실로 마음의 상처를 받을 때 그 외부의 현실에 대해 방어하는 것이다. 예를 들어 어떤 재해를 당했을 때 부정이 사용될 수 있다. 전쟁에 나간 아들이 죽었다고 하는 전사 소식을 듣고도 '죽지 않았다'고 하거나, 비참한 사실을 보고도 '그럴 리가 없다. 아니'라고 우기는 것과 같은 경우가 이에 해당한다.

부정적 강화(negative reinforcement) 혐오자극의 제거 또는 중지를 가져오는 반응의 발생을 유지하거나 강화시키는 자극을 뜻한다.

부정적 전이(negative transfer) 이전에 학습한 것이 이후의 학습에 미치는 방해 효과로 두 개의 상황에서 요구하는 반응이 다르기 때문에 생긴다. 예를 들면 자동차 운전을 배운 후에 키를 잡고 배를 조종하는 것과 같은 경우가 있다.

부조화(incongruence) 한 개인의 경험과 그의 자아개념 사이에 불일치가 있을 때 생기는 상태를 뜻한다.

부착(cathexis) 어떤 대상에 대한 심리적 에너지의 부착을 뜻한다.

분리(dissociation) 정신적 과정의 분리(分離)로서 성격의 일면이 전혀 동떨어져서 따로 기능을 나타내는 것, 혹은 정상적인 사고 관계가 붕괴해 버리는 것을 말하기도 한다. 분리의 결과로 기억상실증(amnesia), 기억혼란증(fugue), 다중인중(multiple personality) 등의 증세를 수반하기도 하는데 이것은 정신신경증(psychotic disorders)과 관련이 있다.

분리뇌(split brain) 뇌량이 절단되어 좌우 대뇌반구의 연결이 끊어진 뇌를 말한다.

분리 불안(separation anxiety) 아이가 부모로부터 분리되어질 때 경험하게 되는 두려움과 스트레스로 최초의 분리 불안은 어머니의 자궁 속에서 출산될 때 경험하는 스트레스이며, 부모는 자녀가 군입대하거나 결혼할 때이다. 부부들은 장기적인 출장으로 인하여 다시 경험하기도 한다.

분석적 심리치료(analytically psychotherapy) Freud의 이론에 기초하고 있지만 정신분석보다는 사회적, 문화적 요인들과 자아의 중요성을 더 강조하는 치료적 입장. 이러한 치료적 입장을 택하는 사람들은 아동기 경험의 탐색을 덜 강조하고 내담자의 현재의 대인관계 문제들에 더 많은 주의를 둔다.

분열(splitting) 분열은 모순된 감정이나 대상에 대한 이미지를 분리해 버리는 무의식적 과정이다. 대상에 대한 이미지에서 선함과 악함, 쾌감과 불쾌감, 사랑과 증오 등을 분리한다. 그래서 대상에 대한 긍정적 이미지와 부정적 이미지를 분리하는 작용이다. 이런 분리가 통합되는 것이 성장인데 분열이 계속되면 성숙을 가로막는다. 분열은 행동과 태도로 나타나는데 모순된 행동을 교대로 나타낸다든지, 충동적으로 행동한다든지, 상대를 이상화하거나 비하하거나 한다든지하는 행동을 보인다. 이것은 지금까지 경계선 인격 장애의 주요 방어 기제로 알려져 있다.

분열적 성격(schizoid personality) 공격적 충동을 직접적인 방법으로 표현하는 데 어려움이 있고 내향적이고 폐쇄적인 사고를 하며 다른 사람과 괴리(乖離)되어 있는 성격을 말한다.

분트(Wilfelm Wundt:1832-1920) 생리학자나 철학자와 구분해 최초로 심리학자라 칭했으며, 1870년대 최초의 실험실을 세웠다. 이후 그는 자신의 구조주의적 이론을 지지하기 위해 실험 심리학자들이 참가하는(오늘날은 정신 물리학) 연구 프로그램을 만들었다. 그러나 분트의 생각에 반대하는 행동주의와 정신 분석이 20세기 심리학을 지배했다고들 말한다.

불가지성(unknowability) 인간행동은 과학적 이해와 기능성을 초월한다는 기본가정이다.

불변성(unchangeability) 한 개인의 성격구조는 생애초기에 형성되어 변하지 않는다는 기본가정이다.

불수의적 반사(involuntary reflex) 유기체의 의도와 무관하게 일어나는 반사를 말한다.

불신(mistrust) 부모의 양육이 부적절하거나 거부적일 때 생기는 외부세계 일반과 특정한 사람에 대해 유아가 갖는 이해, 공포감, 의심감을 의미 한다.

불안(anxiety) 1. 특정한 원인이 없이 미래에 대한 두려움과 근심걱정이 있는 상태(a state of being uneasy, apprehensive or worried) 2. 경미한 정도의 만성적 공포라고 볼 수 있으나 일반적인 공포보다 그 대상이 구체적이지 않다. 3. 획득된 회피반응을 포함한 2차적 충동(secondary drive)으로 불안은 개인이 예측할 구성개념을 갖지 못함을 의식하여 생긴 공포. 불안감을 의미한다. 공포는 두려움의 대상이 있으나 불안은 대상이 없어도 두려워하는 것이다.

불안반응(anxiety reaction) 강한 불안감정에 의해서 특징 지워진 복잡한 반응형태로서 신장의 두근거림, 숨막힘, 가슴이 답답함, 현기증 등의 신체적 증상을 동반한다.

불안위계(anxiety hierarchy:不安位階) 불안위계목록(不安位階目錄)과 병행되는데 단계적 둔화를 위해 작성되는 내담자에게 가장 불안을 많이 야기 시키는 상황에서 가장 적게 일으키는 상황에 이르기까지의 목록을 말한다. 불안 위계는 행동치료가들이 환자가 경험하는 두려운 자극에 대하여 불안보다는 상황에 대한 깊은 이완을 연합시킴으로써 불안을 체계적으로 둔감화시킬 때 사용하는 자극의 목록으로 가장 적게 불안을 일으키는 것에서 가장 큰 불안을 일으키는 것까지 순서를 매긴다.

불안정(insecurity) 타인의 사랑과 지지를 확인하지 못하므로 발생하는 확신의 결여, 하나님의 사랑과 보호하심을 잊어버림으로 불안해하는 기독교인이 많다(시 37:1:벧전 5:7).

불평형성(heterostasis) 개인은 기본적으로 성장, 자극추구, 그리고 자아실현의 방향으로 동기화 되어 있다는 기본 가정이다.

브레인스토밍(brainstorming) 사회 심리학에서 사용하는 용어로 특정 문제의 해결을 위해 집단 구성원들이 자유롭게 아이디어를 제시하는 것을 말한다.

브로카 영역(Broca's Area) 19세기 프랑스의 외과 의사 폴 브로카(Paul Broca)의 이름을 따서 명명된 뇌의 영역으로, 말하는 것과 밀접한 관련이 있어서 이전에는 언어 중추로 불렀다. 이 영역은 오른 손잡이의 경우(인구의 90% 이상) 뇌의 좌반구에 있지만, 왼손잡이의 경우는 대부분 그렇지 않다.

블레키 그림 검사(Blacky pictures) 개들로 구성된 한 가족에 관한 만화를 이용해 정서적 장애가 있는 아이들을 검사하는 투사적 기법이다. 이 만화는 인간들로 이뤄진 가족에서 찾아볼 수 있는 인간관계들을 묘사하고 있다. 아이들에게 이 만화에 대한 이야기를 만들어보도록 한 다음, 그 이야기를 분석해 정서적인 문제점에 대한 증거를 찾는 방법을 취하는 검사이다.

블랙스완 효과(black swam effect) 과거의 경험으로 분석하더라도 미래를 예측할 수 없을 때 지칭하는 것.

비고츠키 검사(Vigotsky test) 개념 형성 능력을 추정하는 검사로 여러 개의 블록을 색과 양, 크기에 따라 분류하는 것을 포함한다. 사고 및 말하기와 지적 발달과의 관계에 대한 연구의 개척자로 알려진 러시아 심리학자의 이름을 명명했다.

비교수준(comparative level) 대인관계에서 개인이 원하는 절대적인 만족수준이다.

비교 심리학(comparative psychology) 인간을 포함한 서로 다른 종들을 비교해 심리적이며 행동적인 생활에서 이들 간의 차이점 및 유사점을 이해하고자 하는 심리학의 한 분야이다.

비교적 괜찮은 부모(good enough parents) 대상관계이론의 개념으로써 유아가 '참자기'를 발달시키기에 비교적 적절히 품어주는 환경을 제공하는 부모를 지칭하는 용어이다.

비언어적 의사소통(non-verbal communication) 구어 외의 다른 방식으로 사람들 사이에서 이뤄지는 직접적 의사소통, 얼굴 표정, 눈 접촉과 몸의 자세들이 여기에 해당한다.

비지시적 상담(non-directive counseling) 이 상담은 정신분석학과 지시적 상담에 대한 반동으로 C. S. 로저스가 제시한 내담자 중심의 상담 원리이다. 이 상담은 내담자가 스스로 자신의 문제에 대해서 해결을 할 수 있다고 보는 상담 체계로 내담자에게 어떤 조건이 주어진다면 그 때에 변화가 일어난다는 입장을 가지고 있는 인본주의적 입장에 상담이라고 한다. 비지시적 치료(Non-directive therapy)라고도 하는 이 상담은 내담자가 주도권을 가지고 자신을 표현할 수 있도록 하는 심리치료, 상담자는 최소한의 지시를 하며 따뜻하고 허용적인 분위기를 조성하여 내담자가 자신의 문제를 솔직하게 토의할 수 있도록 한다. 조사하는 식의 질문 및 해석을 하지 않고 주로 내담자의 표현을 반영해 주고 명료화(clarification) 시킨다.

비합리성(irrationality) 인간행동은 스스로 전혀 의식하지 못하거나 또는 어느 정도 의식하지 못하는 비합리적 힘에 의해 좌우된다는 기본 가정이다.

빈 둥지 증후군(empty nest syndrome) 중년 이후에 자녀들이 성장해서 부모의 곁을 떠났을 때 찾아오는 심리적 현상

人

사랑(love) 청소년으로 하여금 자신을 타인에게 관여시키는 것을 가능케 해주고 비록 그 관여가 자기 거부나 담합(compromise)을 요구하더라도 그 관여에 충실할 것을 가능케 해 주는 친밀감으로 부터 도출된 심리 사회적 미덕을 의미한다.

사랑(거울)의 기둥(mirroring pole) 부모가 아이를 보면서 사랑과 칭찬의 눈길과 말, 그리고 표정을 충분히 줄 때에 아이에게는 사랑의 기둥이 생기게 된다. 이는 아이의 인격과 정서에 있어서 매우 중요한 것이다. 이 기둥이 생기지 않으면 큰 인격 장애를 겪게 될 가능성이 매우 높다. 또한 어린아이가 눈과 표정 소리 등으로 자신의 감정을 표현을 할 때에 그것의 반응하는 부모나 의미 있는 사람들의 반응의 따라 어린아이의 정신 및 심리 또는 정서와 인격 속에 형성되는 기둥이다.

사례연구(case study) 한 사람의 개별적인 특성을 규명하기 위한 심리학적 방법으로서 개인에 대한 복합적인 자료들이 장기간에 걸쳐 수집, 분석된다. 개별 기술적(ideographic)성격연구에서 뿐만 아니라 임상, 상담심리학(clinical, counseling psychology)에서 실제적, 진단적인 목적을 위해서 흔히 사용되는 방법이다.

사회 딜레마(society dilemma) 집단 내의 구성원들이 각 개인의 단기적 이익만을 극대화하는 방향으로 행동하면 장기적으로 각 개인을 포함한 집단 전체가 큰 손실을 입게 되는 상황을 말한다.

사회 비교(social comparison) 자신의 태도와 행동을 다른 사람들과 비교 평가하는 과정으로 사람들이 주어진 상황에서 무엇을 해야 하고 어떻게 생각해야 하는지 확신할 수 없을 때 다른 사람들로 부터 오는 단서를 받아들여 그들의 행동에 순응한다는 생각을 의미한다.

사회 심리학(social psychology) 2인 이상의 집단을 실험실에서 실험으로 연구하거나 자연 상태에서 관찰하는 것으로 사회 장면에서의 인간의 행동을 연구하는 이론 심리학의 분야이다. 흔히 응용 심리학으로 오해되고 있으나 그렇지 않다.

사회 유리설(social discengagement theory) 노년기 노쇠와 은퇴를 불가피한 것으로 수용하는 태도의 필요성을 주장하는 이론이다.

사회인지(social cognition) 자신과 타인의 내재적인 심리과정이나 인간관계의 본질과 속성에 대한 이해와 추론을 의미한다.

사회 정체감 이론(social identity theory) 인간은 자신이 속한 집단과 외부의 집단을 나누고, 대 집단에 속한다는 것이 자신의 자아 존중감을 높여주기 때문에 내 집단 구성원을 더 매력적인 것으로 지각한다는 생각을 의미한다.

사회 학습 이론(social leaned theory) Albert Bandura가 주로 개발한 이론적 체계이다 여기에서는 행동의 발달, 유지 및 수정을 설명하기 위하여 조작적 조건형성과 고전적 조건 형성을 인지적 매개과정(예컨대, 대리학습이나 상징적 활동)과 병합한다.

사회성 추론(sociality corollary) 원만한 인간관계는 참여자가 각자의 구성 개념체계를 상호 이해하는 것에 달려 있다는 주장이다.

사회적 관심(social interest) 사회적 질서 내에서의 자신의 역할을 인정하는 것과 타인에 대한 배려의 결합으로 개인적 이익보다는 사회증진을 위해 타인과 협동하는 행동으로 나타나는 인류를 위한 감정이입(empathy)이다. Adler는 사회적 관심을 바로 심리적 건강 척도로 간주한다.

사회적 네트웍 파의 접근 방법(social network) 핵가족 그 자체나 그것을 둘러싼 네트웍 시스템이나 커뮤니티의 하위 시스템으로써 분석하는 입장이다. 이는 핵가족 내부의 상호 작용 외에 확대 가족, 부모, 친구, 종교가 직장 동료, 이웃 등 클라이언트 혹은 환자와의 감정적 상호 작용이 어떤 사람들과의 관계를 통합적으로 고찰하여 시스템을 분석하고 구체적인 개입 전략을 세우는 데 특징이 있다.

사회적 억제(social repress) 타인이 곁에 있음으로써 과제수행의 능률이 저하되는 현상을 의미한다.

사회적 인정(Social approval) 강한 인간 동기, 사회 습성의 일선(一線)에 도달하기 위하여 자기와 같은 부류의 사람들을 가지기 원하는 욕구, 사회가 가치 있다고 인정하는 목적을 달성하려고 사람들은 노력하며, 이것은 당연하고 선한 일이다. 그러나 사회적 인정이 개인의 욕구를 좌절시키거나 영적인 법과 다를 때는 갈등이 일어나게 된다. 사회적 인정이 영적 율법(靈的 律法)과 다를 경우에는 마땅히 보다 높은 선(summon Bonum)을 위하여 사회적 인정이 포기되어야만 한다.

사회적 촉진(social promotion) 혼자서 일할 때보다 집단 속에서 일을 할 때 과제수행의 능률이 향상되는 현상을 말한다.

사회적 침투(social permeation) 호감으로 시작된 관계가 지속적인 사귐으로 되어가는 과정을 말한다.

사회적 태만(social negligence) 집단 속에 묻혀서 일을 하게 되면 개별적으로 할 때보다 덜 열심히 하게 되는 현상이다.

사회적 활동설(social activity theory) 노년기에도 지속적으로 활동 능력을 발휘할 수 있어야 하며 은퇴 후 대치역할의 필요성을 주장하는 이론이다.

사회적응(social adjustment) 사회 층에의 통합(integration), 일반적으로 다른 사람들과 조화 있는 관계를 가지는 것을 말한다.

사회 정체감 이론(social identity theory) 사람들은 타인들을 기꺼이

내집단과 외부집단으로 나누고, 내집단에 속한다는 것이 자신의 자
아 존중감을 높여주기 때문에 내집단 구성원을 더 매력적인 것으
로 지각한다는 생각을 말한다.

사회책임규범(social responsibility norm) 응보 규범이 일반화된 것
으로서, 남을 도울 수 있는 형편이 되면 보답을 되돌려 받을 가능
성이 없는 경우에도 도움을 주게 된다는 것이다.

사회학습이론(social learning theory) 행동이 내적. 인지적 과정과 환
경적 영향력간의 복잡한 상호작용의 결과로 생긴다는 것을 강조한
반듀라가 세운 성격이론 이다.

산업 심리학(industrial psychology) 산업 장면, 즉 공장이나 산업체
에서 일하는 심리학은 주로 지능 검사, 적성 검사를 실시하며 최근
에는 신입사원 채용, 배치, 및 인사 관리까지 그 범위를 넓혀 가고
있다.

삼각관계(triangulation) 이는 미누친(S. Minuchin)에 의한 개념으로
양친과 한 사람의 자녀 사이에 일어나는 경직된 삼자 관계의 패턴
을 가리킨다. 서로 대립하고 있는 양친은 각각 자신의 편으로 되기
를 자녀에게 요구한다. 자녀는 어떻게 반응해도 한쪽 부모에게 자
신이 공격하고 있다고 지목 받게 되므로 어느 쪽도 선택할 수 없
다.

삶의 본능(eros) 인간이 보이는 긍정적이고 건설적인 힘을 제공하는
에너지를 말한다.

삼원색이론(trichromatic theory) 세 가지의 기본적인 감각수용기로
색채지각을 설명하는 이론으로 그 중에 한 가지 이상이 정상이 아
니면 색맹으로 해석한다.

삼투압성 갈증 뇌세포의 삼투압이 증가된 데 대한 반응으로 야기되
는 갈증. 저용량성 갈증과 대조된다.

상담(counseling) 인간이 자신의 영육적인 문제를 포함하는 일신상의 문제에 대해서 전문적인 훈련을 받은 상담자와 대면관계를 맺고 그의 따른 일상생활의 문제의 해결과 사고, 행동, 감정, 영적인 측면에서 성장을 위해 노력하는 학습과정이다. 또한 상담이란 조언(advice), 명료화(clarification), 해석(interpretation) 및 전문적인 교육 방법을 통해 인지(認知), 정서, 행동의 변화를 가져옴으로써 내담자의 문제해결과 성장을 도와주는 여러 가지 과정을 광범위하게 의미 할 수도 있다.

상담(counseling), 심리치료(psychotherapy), 생활지도(guidance) 상담과 조화를 이루어서 사용되는 용어가 심리치료와 생활지도가 있다. 생활지도는 주로 학교에서 사용되는 교육적 용어이며, 심리치료는 병원에서 사용되는 치료적 용어이고, 상담은 이 둘을 적절히 오고가면서 조화를 이루어 전인적인 인간이 되도록 도와주는 고도의 기술이라고 할 수 있다. 생활지도: 학교 내외에서 당면하는 적응과 발달상의 문제를 돕기 위해 마련되는 교육적, 사회적, 도덕적, 직업적 영역 등의 계획적인 지도 활동을 의미한다. 심리치료: 인지적 기능(사고의 장애) 와 감정적 기능(정서적 고통이나 불편함), 혹은 행동적 기능(행동의 부 적절성) 영역에서 나타나는 무능력이나 기능장애를 개선시키려는 두 사람간의 공식적인 상호작용의 과정이다. 상담: 상담자와 내담자의 대면관계에서 생활과제의 해결과 사고, 행동 및 감정적 측면의 인간적 성장을 위해 노력하는 학습과정이다. 특별히 상담과 심리치료는 쉽게 구분되지 않는 서로의 영역을 가지고 조화를 이루고 있다. 상담자가 상담을 할 때에 심리치료의 기법을 사용하고 있는 반면에, 심리치료사 역시 상담에서 사용하는 기법을 사용하여 치료를 하고 있다. 따라서 상담과 심리치료의 차이점은 1) 명확한 구분이 힘들다. 2) 상담자가 상담이라고 생각하는 것을 심리치료에서 하고 있는 반면에 심리치료자가 심리치료라고 보는 것을 상담자가 하고 있다. 3) 심리치료의 대상은 병원에서 환자로 다루는 반면에 상담은 정상인을 내담자로 편안한 장소에서 상담한다. 4) 상담은 대체로 교육적, 상황적 문제해결과 의식 내용의 자각에 주력하는 반면에 심리치료는 재구성적, 심층 분석적 문제해결과 무의식적 동기의 통찰에 역점을 둔다. 5) 질적 으로는 같으며 양적으로는 차이가 있다. 6) 모든 심리치료를 동원 하여 모든 상담의 방법이 이루어진다.

상담사례 개념화(Counseling Case Conceptualization) 내담자가 호 소하는 문제에 대해 개인의 심리적 문제와 가족관계의 역동을 이론 에 입각하여 분석하는 과정. 내담자의 핵심 감정에 대해 이론적 근거 를 기반하여 관찰하고 해석하여 상담계획과 목표, 전략을 세우고 상 담기법을 적용하는 과정. 상담사례 개념의 12단계(The Stage 12 of the Counseling Case Conceptualization) 12단계는 Intake Counseling 4단계, Insight Counseling 4단계, Impact Counseling 3단계로 구분 하고 각 단계를 4단계로 분석할 수 있도록 구성한다.

Intake Counseling 4단계 1단계(관찰:*Observation*) 내담자가 자신의 문제를 바라보는 태도 관찰, 2단계(분석:*Analysis*) 문제호소에 대한 언어적/비언어적 표현 분석, 3단계(인식:*Awareness*) 문제 인식과 신 체, 정신, 정서(감정) 손상수준 점검, 4단계(수집:*Collection*) 내담자 가 처해 있는 환경(environment)과 상황(situation) 수집, 2) Insight Counseling 4단계 : 5단계(이해:*Understanding*) 문제에 대한 설명 (explanation)과 해석(interpretation) 수용과 이해, 6단계(탐색: *Searching*) 내담자 안에 있는 Playing와 Creative-self 탐색, 7단계 (점검:*Checking*) 내담자가 자신의 문제해결을 위해 노력했던 부분 점검 및 보완, 8단계(진단:*Diagnosis*) 내담자 안에 있는 열등감 및 우월추구 에너지 진단, 3) Impact Counseling 4단계, 9단계(수 정:*Repairing*) 내담자의 익숙한 생활양식(style of life)과 부적응 태 도 수정, 10단계(재조정:*Reorientation*) 내담자의 시각(관점) 재조명 (reorientation), 11단계(전략:*Strategy*) 내담자의 문제해결을 위해 사용할 수 있는 자원(resource) 활용전략, 12단계(코칭:*Coaching* 종 결) 내담자의 전인성장(wholeness growth)을 위한 코칭 종결

상담사례 개념화 12단계
The Stage 12 of the Counseling Case Conceptualization

개발자 : Dr. Sang In Kim (Ph.D.)

Level	Stage	Key Word	상담사례 개념화 내용
Intake Counseling	1	관찰 (*Observation*)	내담자가 자신의 문제를 바라보는 태도 **관찰**
	2	분석 (*Analysis*)	문제호소에 대한 언어적 or 비언어적 표현 **분석**
	3	인식 (*Awareness*)	문제 **인식**과 신체, 정신, 정서(감정) 손상수준 점검
	4	수집 (*Collection*)	내담자가 처해 있는 환경과 상황 **수집**
Insight Counseling	5	이해 (*Understanding*)	문제에 대한 설명과 해석, 수용과 **이해**
	6	탐색 (*Searching*)	내담자 안에 있는 'Playing'와 'Creative-self' **탐색**
	7	점검 (*Checking*)	내담자가 자신의 문제 해결 부분 **점검** 및 보완
	8	진단 (*Diagnosis*)	내담자 안에 있는 열등감 및 우월추구 에너지 **진단**
Impact Counseling	9	수정 (*Repairing*)	내담자의 익숙한 생활양식과 부적응 태도 **수정**
	10	재조정 (*Reorientation*)	내담자의 시각(관점) 재조명 및 **재조정**(*reorientation*)
	11	전략 (*Strategy*)	내담자의 문제해결을 위해 사용할 수 있는 자원 활용**전략**
	12	코칭 종결 (*Coaching*)	내담자의 전인성장을 위한 **코칭 종결**

상담심리학의 역사적 배경 상담은 시작에 대해서 문화인류학자(cult-ural anthropologist)와 사회심리학(social psychologist)들은 인간들이 집단생활을 하기 시작하면서부터 존재했었다고 규명하는데 동의하고 있다. 즉, 인간과 인간이 만남을 통해서 정보(information)나 조언(advice)을 제공하면서 서로를 도와주는 것부터 상담은 시작된다는 것이다. 이렇게 초기의 나타난 경험에 의한 조언과 지도 및 정보 행위는 시간이 지나면서 조직적이고 체계적인 학문의 연구 영역으로 발전해 왔다. 구체적으로 19세기를 전후해서 심리학(psychology)과 정신분석(psychoanalysis)의 이론과 1950년대 후반의 교육적인 면과 사회적 요구에 의한 발로로 상담 내지 상담심리학이 발전하기 시작했다. 상담의 역사는 오래되었지만 상담심리학의 역사는 상담심리학의 직접적인 이론적 배경에 출발은 1879년 독일의 라이프지히 대학에서 심리학실험실(psychology laboratory)을 개설한 분트(W. Wundt: 1832-1920)에게서 찾을 수 있다. 분트는 인간의 의식내용과 정신의 구조(mental structure)를 최초로 실험적 방법으로 접근하였다. 즉 자극(stimulus)에 대한 피경험자의 심상과 감각 및 관념의 자료가 어떠한 형식을 통해서 의식내용으로 연합되는가를 연구한 것이다. 1912년에는 미국의 왓슨(Watson: 1878-1958)의 행동주의(Behaviorism)에서 인간의식의 연구는 영혼(soul)의 개념처럼 쉽게 접근할 수 없는 것으로 비판을 가하면서 인간의 행동을 체계적이고 과학적인 관찰 및 실험을 통해서 가능한 행동을 연구하는 것이 심리학의 본질적인 작업이며 인간을 정상적인 방법으로 이해하는 것이라고 주장하였다. 즉 인간을 이해하는데 의식적인 경험을 통해서냐 아니면 관찰된 행동에 의해서 인간을 이해 할 것인가를 규명하는 논쟁이 된 것이다. 다시 말해서 상담자가 내담자를 이해함에 있어서 내담자 안에 있는 감정, 지각 관념 및 의식의 표현을 가지고 치료할 것인가? 그렇지 않으면 내담자의 반응(response), 학습 및 수치화 될 수 있는 행동에 중심을 두어서 치유할 것인가? 하는 문제라고 할 수 있다. 한편 프로이드(S. Freud:

1856-1930)의 정신분석학은 역사적으로 볼 때 무당, 성직자, 외과의사 들에 의해서 치유되었던 정신의 병(mental disease)에 대한 접근을 했다. 그러나 로저스(C. R. Rogers1902-)와 인본주의 심리학자들은 Freud의 정신분석학은 너무 인간을 비인간화된 방법으로 이해하고 접근한다는 이유로 비판하고 비지시적인 방법에 의한 인간 상담을 주장했다. 즉 인간은 자율적인 능력이 있는 전인적인 존재이기 때문에 인간이 소유하고 있는 사회성과 자기실현적 속성에 의해서 스스로가 치료할 수 있도록 해야 한다는 것을 주장했다. 그런가하면 로저스는 1940년대 말과 1950년 초에 최초로 자신의 상담면접의 사례집(case study collection)을 공개하여 상담과정을 객관적으로 연구 평가할 수 있게 함으로써 상담과 심리학을 통합되는 계기를 마련하였다. 결국 이러한 상황과 시대적 요구에 위해서 상담심리학(counseling psychology)이란 용어가 1951년 미국 심리학회(American Psychology Association)에서 처음으로 사용 되었다. 우리나라는 1962년 서울여자대학교와 이화여자대학교에 학생 생활지도연구소가 부설되면서 시작되었다. 이들 연구소의 상담자들은 조교, 연구원, 전임강사의 자격으로 대학생들의 성격과 대인관계 및 학업상의 문제들을 상담해 주었다.

상담심리학(counseling psychology) 하나의 행동과학인 동시에 정신과학이라고 볼 수 있다. 의료 시설 밖이라는 것이 임상 심리학과 다르다. 임상 심리학에서는 심각한 행동장애나 정신이상자를 다루는 데 반해 상담 심리학은 일시적인 정신 문제, 직업 선택 문제, 학업 문제, 결혼 문제, 대인 관계, 생활의 전반적인 문제 등을 다룬다. 이를 위해 사람들의 능력의 한계, 흥미, 적성, 성격 등을 알아보기 위해서 검사를 실시하기도 한다.

상담을 위한 인간이해 1. 영국의 생물학자 Julian Huxley 는 진화 속에 인간으로 2. Karl Marx칼 마르크스: 경제 속에 인간: 비인간화 인간의 소외(분리), 자신으로부터 소외, 노동과정으로 부터의 소외(기계부속품), 타인으로부터 소외(이기적으로 이용) 로 3. Soren

Kierkegaard 죄렌 키엘케골은 실존적 인간으로 그는 인간의 잘못된 것 1) 자기 인생의 구경꾼 2) 군중 속에 자아 상실(대중 속에 인간) 3) 국교화된 교회를 지적하였다. 한편 키엘케골은 인간의 본질적인 존재로 인격적 개인 존재 실현이라는 자유로운 전제하에 1) 심미적 실존: 인생의 모든 쾌락을 향해 자유로운 생활, 본래 자기를 잃어버리는 것 자유인 줄 알았지만 그것은 자유가 아니라 쾌락에 노예였다. 2) 윤리적 실존: 심미적 실존에 대한 부정으로 윤리적 실존이 성립된다. 즉 재치 있게 기분적으로 살아가는 것이 심미적 실존자의 태도라면 양심을 가지고 엄숙하게 살아가는 것이 윤리적 실존의 태도를 언급했다. 다시 말해서 심미적 단계는 연애적 단계로 윤리적 단계는 결혼의 단계 의무와 직책에 최선을 다한다. 3) 종교적 실존: 실존의 최고로 최후의 단계이다. 즉 신앙을 가지고 살아가는 생활태도를 의미한다. 이 세계가 열리려면 죽음에 이르는 병을 앓고 나야 한다. 인간은 절망을 통해서 신을 찾는다. 절망이란 1) 유한을 버리고 무한에만 붙잡혀도 절망 2) 무한을 버리고 유한에만 붙잡혀도 절망 즉 가능과 필연인 절망은 죽음에 이르는 병이면서도 죽음에 이르는 병이 아니라고 했다. 4. Sokrates는 만물의 영장으로 인간은 만물의 척도로 5. 아리스토텔레스는 이성적인 동물 인간의 궁극적 목표는 행복으로 했다. 6. 아우구스티누스(Saint Austin)는 죄와 은총으로 7. Blaise Pascal 블레에즈 파스칼은 인간은 생각하는 갈대로 8. 테카르트: 나는 생각한다 고로 존재 한다로 9. 잔 자크 루소: 자연 속의 인간, 문명과 자본주의의 반대하여 자연으로 (본래 모습) 돌아가자. 그는 책 에밀에서 조물주의 손에서 나올 때 모든 것은 선이었으나 인간 손에 들어와서 모든 것은 타락했다. 10. 쇼펜하우어는 욕망과 충족 죽음은 다른 육체로 옮기는 것이라고 했다. 11. 피터 버어거는 사회 속에의 인간(통용•협조)로 12. 디트리히 본회퍼는 성숙한 인간으로 각각 인간을 이해했다. 중세시대 이전의 인간이해는 덕스러운 인간으로 인격자(지•정•의)를 강조했고, 중세시대는 지정의 중에 감정만 중시한 시기로 지식과 욕망을 무시했다. 근대시대는 즉 르네상스 시대에는 지식만 크게 강조하였고, 인간의 감정은 무시했으며 본능, 욕망은 죄악시 하였다. 그러나 오늘날은 지를 강조하고 잘못된 정을 강조함과 동시에 물질 만능시대 속에 인간이 이해되고 있다. 그러나 성경은 인간이 하나님 앞에 설 수 있는 것은 오직 예수 그리스도의 보혈의 공로에 힘입은 회개로만 가능하다고 말하고 있다.

상대적 박탈(relative deprivation) 객관적인 사실에 상관없이 자신을 다른 사람과 비교할 때 느끼는 감정이다.

상징적 상호 작용(symbolic interaction) 사회 심리학에 접근하는 사회학적 방법으로 우리가 자아와 우리의 세계를 형성하려는 의식적 시도에 있어서 언어, 제스처와 사회적 상호 작용의 여러 다른 상징들이 하는 역할을 강조하며, 우리의 인간적 특성은 모두 사회적 상호작용의 산물로 본다.

상징적 아버지(father figure) 사람들이 자신의 실제 아버지의 대체 인물 지각하는 사람으로, 실제 아버지에 의해 유발되는 정서를 이 대체물에 전이시킨다. 일반적으로, 권위가 있고 자신이 동일시하며 아버지와 같은 충고와 승인을 얻고자 하는 나이가 든 사람을 말한다.

상호성(mutuality) 에릭슨이 각기 다른 세대의 욕구와 능력은 상호의 존적임을 나타내는 데 쓴 용어이다.

상호억제(reciprocal inhibition) 1. 행동수정의 일종으로 제거될 반응(불안)과 양립(兩立) 할 수 없는 반응(이완)들을 제시하는 고전적 조건형성(classical condition)이다. 2. 상호방해 때문에 두 가지 연상(association)중 한 가지를 기억할 수 없음. 3. 길항근(拮抗筋)의 수축과 동시에 일어나는 근육의 이완이 된다.

상황 요인(situational factor) 개인행동에 영향을 줄 수 있는 환경내의 어떤 요인이다.

상호 작용적 가족 치료(interactional family therapy) 이는 주로 과거의 관계나 동기 부여와 같은 역동성을 언급하는 정신역동적 접근 방법과는 대조적으로 상호적용적 장이나 현재의 행동을 중시하는 접근 방법이다.

새티어(Virginia Satir: 1916-1988) 미국의 가족 치료의 제 1인자로 1936년에 위스컨신 대학에서 교육학을 전공하고, 5년간은 초등학교 교사로 근무했다. 1948년 시카고 대학에서 문학박사 학위를 취득한 가족 치료의 선구자로서 일을 했다.

새티어의 의사소통 유형 새티어는 의사소통이란, 인간 사이에 오가는 모든 것을 덮어주고 영향을 미치는 거대한 우산이라고 보았다. 이 세상에 태어난 이상 의사소통은 남들과 어떤 관계를 맺고 무슨 일을 겪는가를 결정하는 최대의 단일 요인이다. 생존문제를 어떻게 해결하는가? 남들과 어떻게 사귀는가? 얼마나 생산적인 인간이 되는가? 어떻게 지각하는가? 그 자신의 신성함을 어떤 식으로 받아들이는가? 는 의사소통에 달려 있다. 의사소통은 두 사람이 서로 상대방의 '자존감'을 재는 계량기이고 두 사람의 자존감의 수준을 바꿀 수 있는 도구이다. 그러므로 의사소통은 배워 가는 것이다. 그러므로 의사소통은 변할 수 있다. 의사소통의 과정에는 신체를 동반하고, 그의 가치를 동반하고, 과거의 경험에 의하여 기대를 동반하고, 그의 감각들- 냄새, 맛, 촉감, 귀, 코, 입, 피부- 을 동반하고, 그의 두뇌 -과거의 경험, 지식을 동반한다. 새티어는 가족간의 대화 형태가 잘못되었을 때 가족들이 역기능적인 가족관계를 갖는다고 말한다. 가족들이 하는 대화는 언어적인 면과 비언어적인 면으로 나뉘는데 언어적인 면과 비언어적인 면의 불일치로 역기능적이 된다. 새티어는 자기평가(self-esteem)의 개념을 도입한다. 의사소통에는 다음 4가지 유형이 있다. ① 위로형(placater): 의사소통을 하는데 있어 위로형을 많이 사용하는 사람은 표면적으로는 아주 약하고 의존적이고 무조건 순종하는 것 같다. 위로하는 사람은 무슨 일이건 기분 맞추려고 애쓰고 쉽게 사과하고 결코 반대하지 않고 언제나 비위를 맞추면서 말한다. 그리고 무조건 찬성 받으려고 하고 언제나 동의하고 인정해 주는 사람이 필요하며 모든 것을 자기 책임으로 돌리며 상대방이 원하는 대로 행동하고 자신에 대한 비판도 동의하며 희생적으로 행동한다. 자신의 요구를 분명히 표현하지 못하며 상대방에게 무엇을 먼저 요청하는 것은 생각도 못하고 자신은 힘이 없고 가치 없는 존재라고 생각하며 우는소리를 한다. 이런 사람을 도와주려면 자신이 괜찮은 사람, 쓸모 있는 사람, 내적 가치를 발견하도록 해야 한다. ② 비난형(blamer): 비난자는 자기주장이 강하고 독선적이고 명령적이고 지시적이다. 잘못을 남의 탓으로 돌리고 참을성이 없으며 자신이 제일이라고 생각한다. 다른 사람의 충성과 복종을 요구하며 강자같이 행동하고 다른 사람을 무시하며 남의 말을 무시하고 다른 사람을 비난하고 비난을 통해서 상대방을 통제하려고 하는 사람이다. 상대방이 자신에게 굴복할 때 비난자 들은 편안하고 안전하게 느낀다. 이런 사람은 쉽게 흥분하여 다른 사람과 싸움의 관계에 잘 들어간다. 언어적으로는 상대방의 말을 경청하지 않고 비난을 하고 신체적으로는 근육과 내장기관이 긴장되어 있고 혈압은 올라가고 목소리는 딱딱하고 긴장하고 날카롭다. 그리고 내면적으로는 외롭고 성취감이나 성공적인 감정을 갖고 있지 못하고 자신이 가치가 없다고 생각한다. 어떤 일에 자신의 중요성을 나타내는 것에 관심이 있다. ③ 계산형(computer): 계산형은 모든 일을 비판하고 분석하며 평가하는 반응을 하고, 조용하고 침착하지만 행동의 폭이 매우 좁다. 다른 사람과 대화할 때 바른 말들만 하며 말의 속도는 대단히 느리다. 말속에는 감정이 들어 있지 않고 매우 정확하고 지나치게 세심하고 실수하지 않으려고 한다. 감정적으로 상처받기 쉽기 때문에 감정적으로 다른 사람과 연결되는데 두려움이 있다. 어떻게 도울까? 상처받기 쉽기 때문에 말을 함부로 하지 않아야 한다. 그리고 관계를 맺을 때 천천히 맺어야 한다. ④ 혼란형(distractor): 다른 사람의 말이나 행동과는 상관없는 말과 행동을 한다. 적절하게 반응하지 못하고 아무 곳에도 초점이 없기 때문에 말에 요점이 없고 다른 사람의 질문을 무시한다. 상황에 맞지 않는 말을 하며 비합리적이다. 다른 사람이 혼란자들로부터 떠나게 만들며 이로 인해 외로움과 공허감을 동시에 느끼게 된다. 혼란자들은 자신의 외로움과 공허감을 부딪치지 않으려고 끊임없이 움직이며 다른 사람을 혼란스럽게 만든다.

색정광(voyeurism) 엿보는 행위 남몰래 다른 사람의 벗은 몸을 엿봄으로써 성적 만족을 얻는 변태성욕의 하나, 자위를 하는 수도 있고 실제로 성적인 공격을 가하는 수도 있다. 이성에 대해 심리적인 공격을 가하는 일종의 형태이다. (노출증 exhibitionism 참조)

생리 심리학(physiological psychology) 이는 행동의 생리적 기초를 연구하는 분야로 주로 신경계통(특히 뇌)과 내분비선이 행동에 미치는 영향을 연구한다. 여기에는 해부학적, 생리학적 지식이 심리학적 지식과 더불어 필요하다.

생리적 동기(physiological motive) 음식이나 물에 대한 요구처럼 분명한 신체적 요구에 기초한 동기이다.

생리적 욕구(physiological need) 인간요구 중 가장 기본적이고 강력한 요구로서 물, 음식, 산소, 잠 등에 대한 요구가 있다.

생리적 충동(physiological drives) 사람이 가지고 있는 근본 생리적 요구, 배고픔, 목마름 잠자고 싶은 것, 성(性)배출 등 여러 가지가 있다. 행동의 강한 동기가 된다.

생물 심리학(biopsychology) 이는 생리심리학보다도 더 광범한 분야의 명칭으로 요즘 자주 쓰인다. 이 심리학은 신체와 심리적 반응 간의 관계를 다룬다.

생성(generativity) 중년기에 나타나는 다음 세대에 대한 그리고 그 세대가 살고 일할 사회의 형태와 복지에 대한 관심을 뜻한다.

생식기(genital stage) 성숙한 이성관계가 발달하는 심리성욕 발달 단계의 네 번째이자 마지막 단계이다. (사춘기부터 죽을 때까지)

생식선(reproductive line) 남성에서는 고환, 여성에서는 난소를 말한다.

생애발달심리(life-span developmental psychology) 전 생애에 걸친 발달과정을 연구하는 심리학의 분야이다.

생애주기(life cycle) 출생으로부터 사망에 이르는 일련의 심리 사회적 단계이다.

생활 변화치(life changed unit) Holms와 Rahe에 의해 처음 개발된 사회 재적응 척도에서 사용되는 점수로, 일정 기간 동안 경험한 생활 변화의 총점으로 스트레스의 양을 결정하려는 것. 일련 동안의 생활 변화치가 300점이 넘으면, 다음 해에 질병을 앓을 확률이 매우 높아진다.

생의 본능(life instinct) Freud는 삶을 보전하고 고양시키고자 하는 무의식적 욕구로서 리비도를 말했다. 죽음의 본능과는 대조를 이룬다.

생태 시스템 이론(ecosystem therapy) 가족 치료에서 생태학적이라고 하는 것은 개인의 생존으로서 개인과 가족 시스템의 관계, 가족 시스템과 그것을 둘러싼 사회 시스템의 관계가 상호적이며, 그들의 시야에 끼어 개입이 행해지고 나서부터 사용되었다. 이 이론은 가족 시스템을 개방하고 또 지지하는 것과 같은 건강 유지 시스템이나 근린 사회 등의 생태학상의 다른 시스템을 명확히 함으로써 가족 시스템 이론에 광범한 시야를 제공해 주었다.

생활양식(style of life) 개인의 독특한 생활방식과 장기적 목표 추구적 방식. 즉 개인의 행동을 특징지으며 그에 일관성을 부여하는 특성, 동기, 인지방식, 그리고 적응하는 기술의 독특한 양식. Adler가 말하는 생활양식은 인간 삶의 외면성을 말하는 것이 아니다.

이는 인간 각 개인의 생활전체에 근원과 삶의 모습 전부에 의미를 부여 할 수 있는 성격 구조와 깊은 관련이 있다.

선취적 구성개념(preemptive construct) 구성개념의 요소가 자기의 영역 내로 들어오는 자격을 배타적으로 동결(선취)시켜 버리는 구성 개념의 유형을 말한다.

선택추론(choice corollary) 선택에 직면했을 때, 개인은 그의 현실이 해를 증진시켜 주거나 그의 현재 구성개념체계를 명확하게 해 줄 가능성이 있는 그러한 대안을 선택할 것이라는 주장이다.

성격(personality) 인간이 주어진 환경에 대하여 개별적인 특정한 행동 형태로 적응하고 반응하면서 그것을 유지하고 발전시켜온 개인의 독특한 심리적 체계. 각 개인이 가지고 있는 성격은 다른 사람과 구별되게 자기만의 행동양식이다. 이 성격은 선천적인 요인과 후천적인 영향에 의하여 형성된다. 성격은 한 개인의 기질적인 면, 환경적면, 무의식측면, 학습적인 측면에서 다양한 접근이 필요하다.

성격심리학(personality psychology) 인간의 개인차를 다루는 이론, 연구, 평가로 이루어진 심리학의 한 분야이다. 즉 인간의 개인차에 대한 일반적인 법칙과 특정한 개인을 이해하는데 필요한 지식과 기법을 다룬다.

성격 외장(character armour) 정신 분석가 빌헬름 라이히(Wilhelm Reich)가 제안한 개념으로 개인은 자신의 자아를 보호하기 위해 자신의 성격 전체를 위장하는 강력한 겉옷을 입을 수 있다는 것이다. 예를 들어, 배우자나 부모를 대할 때 미움을 사랑으로 위장하는 것 등을 말한다. 라이히는 정신 분석의 가장 중요한 과제가 이 갑옷을 꿰뚫는 것이라고 생각한다.

성격이론(personality theories) 현실세계에서 나타나는 인간의 복잡성과 다양성을 설명하기 위해 만들어진 내적으로 일관성 있는 개념들의 체계이다.

성격장애(personality disorder) 인간이 미성숙과 성인생활에 대한 무능력으로 대표되는 행동 장애이다. 즉 인간의 적응능력을 심각하게 제한하는 행동 및 습관을 포함하는 경직된 성격유형, 때때로 당사자는 자신의 행동을 부적응(maladjustment)으로 보지 않는 경우도 있다. 예를 들면, 알코올 중독, 마약 중독이나 범죄 행동과 같은 사회 문제의 형태를 띤다. 성격장애는 '인격장애(character disorders)'라고 불리기도 하는데, 성격경향이 대부분의 사람에서 발견되는 평균 범위의 수준을 벗어난 편향된 상태라 할 수 있으며 이로 인한 지속적인 일정한 행동양상 때문에 현실에 적응하는데 있어서 어려움을 초래하는 장애라 할 수 있다. 성격장애는 심한 정서장애를 유발하는 원인으로 작용하기도 하며, 우리는 주변에서 흔하게 이런 사람들을 만날 수 있다. 지나치게 의존적이거나 매우 공격적이고 도전적인 사람, 또는 수줍어서 대인접촉이 거의 없는 사람, 다른 사람에게 속마음을 전혀 털어놓지 않는 고립된 사람도 있다 이와 같은 성향이 매우 광범위하게 장기적으로 지속될 때에 성격장애로 진단될 수 있다. 『진단 및 통계편람』(DSM-IV)에는 다음과 같이 기술 되어 있다. 성격특질이 융통성이 없고 부적응적이며 사회적, 직업적 기능상에서 중대한 손상을 가져오거나 주관적 고통을 야기시킬 때, 이 특질들은 성격장애를 구성한다. 성격장애는 일반적으로 청소년기나 그 이전에 드러나서, 중년기나 노년기에는 덜 뚜렷해지는 경우가 흔하지만, 거의 성인기 내내 지속된다. 다양한 성격장애의 많은 특징들은 주요 우울증 같은 다른 정신장애의 일화(episode)중에도 관찰될 수 있다. 진단은 그런 특징들이 개인의 장기적 기능방식(functioning)을 대표하고 단기간에 국한되지 않을 때에만 내려진다.

성격장애의 유형(personality disorder type) 성격장애의 유형은 크게 A, B, C형으로 크게 분류하는데, A형의 3가지 성격장애의 소유자들은 특이한 괴짜들이어서 명백하게 기이하고 이상한 모습을 보인다. B형의 3가지 장애의 소유자는 극적(dramatic)이고 감정적이거나 변덕스러운 표현과 행동을 하는 사람들이며, 마지막 C형의 4가지 장애의 소유자는 불안과 두려움을 가진 사람들로 특징 지워진다. A형은 편집성, 정신분열성, 정신분열형 성격장애이다. 1) 편집성 성격장애(paranoid personality disorder) 편집성 성격은 사람들을 의심한다. 다른 사람들이 말하고 행하는 모든 것이 자신을 향한 것이라고 해석하며, 타인의 행동이 아무 부정적인 뜻이 없을 때조차도 숨겨진 나쁜 의미를 찾으려고 한다. 자신이 다른 사람들에 의해 부당하게 취급되고 있다고 생각하기 때문에 비밀스러운 것을 좋아하고 속임을 당하거나 이용당하지 않나 하고 계속적으로 그 증거를 탐색한다. 이런 사람들을 질투심이 대단히 많고 그들 자신이 잘못했을 때에도 다른 사람을 비난하는 경향이 있다. 그래서 가장 일반적으로 관찰되는 특성은 배우자나 친한 친구가 자신을 이용한다고 질시하거나 확신하는 것이며, 타인을 불신한다. 또한 과도하게 예민하고, 쉽게 성내며, 논쟁적이고, 긴장되어 있다. 이들의 정서적인 반응은 깊지 못하여, 다른 사람에게는 차갑고 무뚝뚝하게 보인다. 2) 정신분열성 성격장애(schizoid personality disorder) 정신분열성 성격은 사교적 관계의 형성에 어려움을 겪고 있어서 통상 가까운 친구가 거의 없다. 이들은 가족을 포함해서 타인에 관련된 어느 것에도 흥미를 보이지 않으며, 그러한 무관심이 성 행동을 포함한 모든 측면의 대인관계에 적용된다. 이들은 감각이 둔하고, 무관심해 보이며, 타인에 대한 따뜻하고 부드러운 감정이 없어 보이며, 칭찬, 비난 및 다른 사람의 감정에는 무관심하며 '고립주의자' 로서 혼자만의 취미를 추구한다. 그들은 많은 시간을 백일몽에 잠기고 때때로 '정신이 나간' 것처럼 보이며 그들 자신의 삶을 스스로 운영할 수 없는 것처럼 보이지만, 정신분열증환자와는 달리 근본적으로 현실과 잘 접촉하고 있다. 3) 정신분열형 성격장애(schizotypal personality disorder) 이 성격장애는 정신분열성 성격장애와 마찬가지로 대인관계상의 곤란을 갖는 것이 보통이다. 그러나 별난 사람으로 보이기도 하고 기타 많은 증상들을 갖고 있어서 정신분열증의 많은 특성들을 가지고 있다고 할 수 있지만, 정신분열증으로 진단 내릴 정도로 증세가 심하지 않다. 이들의 주요특성은 사고가 기이하다는 것으로 '마술적 사고(magical thinking)' 즉, 미신을 극단적으로 믿고, 자신들이 천리안이나 텔레파시 능력을 갖고 있다는 믿는다. 또한 과학적으로 알 수 없는 현상에 대한 굳은 믿음을 가지고 있어서 실제로 존재하지 않는 힘이나 사람이 있다고 감지하는 지각장애를 갖고 있을 수도 있다. 말속에도 특이하고 불명확하게 사용되는 단어들이 포함되어 있을 수가 있다. 스트레스를 받게 되면 이런 사람들은 정신증적(psychotic)증상을 나타낼 수도 있으며, 정신분열형 성격장애와 정신분열증은 소질이 유전된다는 점에서 서로 관련되어 있을 수 있다. 정신분열증환자의 가까운 친척들은 정상인의 친척의 경우에서 보다 '정신분열증'으로 진단 받는 비율이 높다. 따라서 이 성격장애는 정신분열증의 경미한 유형이라고도 할 수 있다. B형은 경계선적, 히스테리성, 자기도취적, 반사회적 성격장애이다. 1) 경계선적 성격장애(borderline personality disorder): 이 장애의 소유자는 대인관계, 무드, 그리고 자아상이 불안정하다. 예를 들면, 타인에 대한 태도 및 감정들이 짧은 시간 동안에도 상당히 많이 바뀌며, 이해하기 어렵게 변할 수 있다. 또한 감정의 기복이 심해서 변덕스러우며, 특히 화를 잘 내기 쉽다. 이 장애의 소유자들은 논쟁적이고, 화를 잘 내며, 비꼬기를 잘하며, 도박, 낭비벽, 성행위, 그리고 진탕 술 마시기 같이 예측할 수 없고 충동적인 행동으로 스스로의 행동에 대해 많은 대가를 지불하게 되기도 한다. 이들의 자아상 역시 명확하고 일관성 있지 않으며, 자신의 가치관, 성실성, 그리고 진로선택에 대해서 확고하지 못하다. 이 장애의 소유자들은 고독을 견디어 낼 수가 없다. 따라서 이들은 통상적으로 격렬하고, 일시적이며, 짧은 기간 동안의 강렬한 1대1 관계를 반복하는 경향이 있다. 왜냐하면, 이들은 다른 사람들을 평가할 능력을 거의 갖고 있지 못하며, 타인에 대해서 진실된 관심을 갖지 않기 때문이다. 때때로 우울함과 공허감에 빠지면, 자살을 시도하기도 한다. 정신분열형 성격장애자와 마찬가지로, 이들은 정서적 스트레스를 받게 되면 정신병적인 상태를 나타낼 수 있다. 원래 '경계선'이라는 용어 속에는 신경증과 정신분열증 사이의 경계선상에 있다는 뜻이 함축되어 있었지만, 최근에는 이런 입장을 지지하지 않고 있으며 그 진단에는 아직도 많은 논란이 있다. 왜냐하면 경계선적 성격의 소유자들이 기타 다른 정신 장애 증상들을 공유하는 경우가 많기 때문이다. 아무튼 이 장애는 흔하면서 심각하기도 한 흥미로운 장애로서 관심의 대상이 되고 있으며, 주로 사춘기에 시작되며, 남성보다는 여성에게서 보다 빈번히 발생한다. 또한 이 장애는 가족 전체로 퍼져서, 아주 가까운 친척들 사이에서 발생률이 높다. 끝으로, 이 장애의 예후(prognosis: 발병후의 치료효과)는 좋지 않다. 2) 히스테리 성격장애(histrionic personality disorder): 이 장애는 관심을 끌기 위한 현란한 치장이 결정적인 특징인 성격장애이다. 항상 자기 자신에 대하여 관심을 끌려고 하며 매 순간 자신을 무대의 중심으로 보고 자신이 무시되는 것을 참지 못하는 사람들이 이에 적용되며, 이들은 정서 표현이 통상수준을 넘어서서 사소한 짜증거리에도 화를 내는 등 과잉반응을 보이고, 일상적인 일에 대해서 금방 권태를 느낀다. 대인관계상의 문제들도 빈번하며, 관중에게 지속적으로 연기를 보여주기 때문에 진실하지 못하고 천박해 보이며, 타인을 조종하려 하고, 유혹하며, 의존적이고, 남에게 지속적으로 요구하는 등의 모습을 보인다. 이 성격장애는 남성보다는 여성에게서 훨씬 많이 발견되는데, 다른 사람들의 눈에는 외견상 매력적으로 보일 때가 가끔 있지만 허영심이 많고, 천박하며, 솔직하지 못하고, 신중하지 않은 것으로 보인다. 3) 자기애적 성격장애(narcissistic personality disorder): 자기애적 성격은 자신의 독특성과 능력을 과장되게 지각하는 자기중심성이 특징이다. 이들은 자신이 크게 성공할 것이라는 비현실적 환상으로 가득차 있어서, 끊임없이 다른 사람들의 찬사와 존경을 추구하고 기대한다. 이들의 대인관계는 타인의 감정에 대한 공감의 부

즉, 다른 사람들 이용하려는 태도, 자격지심, 남들이 자기에게 특별한 호의를 무조건적으로 베풀어주기를 기대하는 태도 때문에 좋지 않은 편이며, 이들은 전형적으로 비평에 과잉반응하고 자신에게 주어지는 비평을 부당하다고 생각한다. 정신분석에서는 이 성격장애가 냉정하고 무관심한 부모를 향해 아동이 느끼는 분노에 대한 방어기제로서 발전시킨 것으로, 혹은 부모들이 지지와 공감을 보여주지 않은 데에 기인한 자아 속의 결점에 대처하기 위한 방편으로서 아동이 발달시킨 것으로 해석되기도 한다. 4) 반사회적 성격장애(antisocial personality disorder): 반사회적 성격장애는 자주 사용 되는 진단으로, 지금까지는 반사회적 성격장애, 정신병질 및 사회병질이란 용어로 서로 구분되지 않고 거의 같은 의미로 사용 되어 오다가 최근 들어 구분되어 사용되고 있는데, 반사회적 성격장애에서 두 가지 큰 행동특성을 살펴보면 다음과 같다. 첫째, 이유 없이 결석 하거나 빈번히 거짓말을 한다. 그리고 빈번히 물건을 훔치고 고의적으로 파괴적 행동을 하는 15세 이전의 행위 장애 둘째, 성인기까지 지속되는 반사회적 행동으로 무책임하며 법을 어기며, 또한 공격적이고 문제를 청산하지 않고 매우 충동적으로 행동하며, 무모한 행동을 서슴지 않으며 수치심이 결여되어 있다. 그리고 사전에 계획을 세우는 일이 없이 일하는 것이 특징인데, 미국 남성의 4%와 여성의 1%가 반사회적 성격장애로 진단된다(즉 여자보다 남자가 4배나 많다). 반사회적 성격장애는 정신병질과 유사한 점도 많고 다른 점도 있는데, 특히 반사회적 성격장애의 진단은 그들의 행동 특징을 바탕으로 해야 한다. 흉악 범죄자의 행동특징 가운데 75~80%는 반사회적 성격장애의 행동특징과 유사하지만 정신병질자의 행동 특징 가운데 15~25%만이 반사회적 성격장애의 행동특징과 유사하다. 그렇다고 범죄자와 반사회적 성격장애를 동일시해서는 안 된다. 반사회적 성격장애의 학습능력은 낮고 학습 결과는 쉽게 소실된다. 이들은 경험을 통하여 새로운 행동습관을 획득하기가 어려우며 사회학습 능력이 크게 결여되어 있다. 반사회적 성격장애는 가정과 사회에 물의를 일으키기 때문에 교도소나 교정기관에 수감되는 일도 빈번하며, 일반적으로 범법자의 과반수 이상이 반사회적 성격장애에 해당한다. 이들은 지능도 정상이고, 사고의 장애도 없으며 외모를 보면 아주 영리해 보인다. 또 위험한 장면에 처해서도 불안해하거나 긴장을 느끼는 일이 전혀 없다. 그러나 내면적으로는 신의와 성실성이 없고, 거짓말을 잘하여 그의 행동은 아무도 예측 할 수 없다. 그들은 자신의 잘못한 행동에 대해 뉘우칠 줄도 모르고 적당히 거짓말을 해서 어려운 고비를 넘기면 그것으로 끝난다. 한 반사회적 성격장애자의 특징은 자기중심적이며 자기애적이어서 자기의 욕심만 충족되면 그것으로 만족해하므로 대인관계가 원만 할 수가 없다. 이들은 자기가 어려운 처지에 처하면 그 이유를 알기는 하지만 자기의 잘못을 솔직하게 시인하지 않으며, 자기의 욕망이 성취되지 않으면 난폭한 행동도 서슴지 않는다. 또 전혀 계획성 없는 생활을 하며, 계획이 있다고 해도 그것을 잘 분석해 보면 실현가능성이 결여된 것들이기 쉽다. 반사회적 성격장애의 증후는 학령기 혹은 사춘기에 나타나 중년기까지 지속되는데, 경우에 따라서는 평생 지속되는 수도 있다. 학령기나 사춘기의 반사회적 행동 무대는 일반사회가 되기 때문에 문제는 더욱 심각해진다. 학령기 혹은 사춘기에는 물건을 훔치고 멋대로 행동하며, 결석을 자주하며 가출도 잦다. 또 나쁜 친구들을 사귀며 밤늦게 돌아다니거나 폭력을 쓰며 겁 없이 행동하기도 하며, 책임감이 없고 옷차림이 단정치 못한 것 등이 두드러지게 나타난다. 학령기의 반사회적 행동특징이 반드시 성인이 되었을 때 반사회적 성격장애자로 나타나는 것은 아니지만, 상당수의 반사회적 성격장애자의 반사회적 행동특징이 학령기의 비행과 깊은 관계가 있다. 반사회적 성격장애자의 직업적응은 매우 어렵다. 일정한 직장에 종사할 수 없어 자주 직장을 바꾼다든지, 직장에서는 상사 및 동료와의 관계가 원만하지 못하다. 경제적으로 독립을 하지 못하며, 친척에게 의존하여 살며, 결혼생활도 평탄하지 못하다. 별거하고 이혼

하는 일이 자주 있으며 같은 유형의 성격장애와 결혼하는 일이 많고, 술이나 약물에 대한 의존성이 크다. 지능은 별로 낮지 않은데도 학업성적이 나쁘고 충동적으로 결혼하고 성생활도 문란하다. 사춘기에는 행동이 매우 난폭하고 목적 없이 방랑하는 일도 있다. 그러나 중년의 위기에 처했을 때는 어느 정도의 개인적 슬픔을 다소 보이며, 이 시기에 그들은 긴장되고 우울하고 사람들이 그들에게 적대적이라고 확신한다. 3. C형은 회피적, 의존적, 강박적, 수동적-공격적 성격장애이다. 1) 회피적 성격장애(avoidant personality disorder): 회피적 성격은 개입이 두려워서 피하며, 애정을 갈망하고 다른 사람이 자기를 수용해 주기를 원하며, 타인의 애정과 친밀감을 동경하면서도 상처받지 않을 것이라는 보장이 없으면 관계 속에 들어가지 않는다. 이들은 사회적으로 배척과 모욕을 받을 가능성에 매우 민감하여, 새로운 경험을 피하며 대인관계를 맺는 것을 싫어한다. 또한 자존감이 낮아서 자신에 대한 비평에 당황해 하며 자신이 성취한 모든 것을 평가 절하할 정도이다. 2) 의존적 성격장애(dependent personality disorder): 의존적 성격은 자기신뢰와 독립심이 부족하여, 자신이 어디에서 살고, 무슨 일을 하고, 누구와 함께 친하게 지내야 되는지를 결정하는 책임을 피하고 대신 타인에게 의존한다. 이들은 다른 사람들에게 요구를 할 줄 모르며, 기존의 보호적인 관계를 깨뜨리지 않기 위해서 그들 자신의 욕구를 억누른다. 따라서 자기 부정적이고 오로지 자신의 부적절함을 지적하는 데에 목표가 있는 듯이 보일 정도이며, 타인이 이들을 돌보아야 한다. 굴종이 여성의 행동에 대한 전통적 생각이기 때문에 이 장애에 대한 진단은 남성보다 여성에게 많이 내려지고 있다. 3) 강박적 성격장애(compulsive personality disorder): 강박적 성격의 소유자는 세세한 것, 규칙, 스케줄 등에 마음이 사로잡힌 완벽주의자이다. 이들은 너무 높은 목표를 설정하기 때문에 실제 수행은 이들에게 실망스러우나 이러한 실망을 피하기 위해 연기하거나 질질 끌고 하찮은 일들에도 당황해 한다. 또 대인관계도 모든 것이 제대로 되는 것을 요구하기 때문에 형편없는 경우가 흔하며 일반적으로 진지하고 공식적인 태도를 견지하고 온정과 우정을 잘 표현하지 않는다. 쾌락을 추구하기보다는 일하는 것을 추구하며, 의사결정하고 시간을 분배하는데 상당한 어려움을 겪으며, 이렇게 일과 생산성에만 지나치게 주의 집중하는 경향은 당연히 여성보다 남성에게서 보다 자주 발견된다. 4) 수동적-공격적 성격장애(passive-aggressive personality disorder): 수동적-공격적 성격의 소유자는 사교적 상황과 직장 모두에서 다른 사람들의 요구에 대해 간접적으로 저항한다. 이 저항은 공격성, 숨어 있는 적대감을 위장한 것이라고 생각되며 질질 끌거나 잊어버리거나 완강하게 행동하는 것으로 나타낸다. 습관적으로 약속에 늦고, 전화응답도 하지 않고, 늦장부리며, '잊어버린다'. 이런 지속적인 행동 패턴은 보통 결혼생활의 불화, 승진에서 탈락하는 것 같은 문제를 부가적으로 야기 시킨다. 수동적-공격적 성격 장애자의 게으름은 그들 자신의 분노에 대한 책임을 맡지 않으면서 다른 사람들을 적대적인 방식으로 통제하는 방법이라고 생각될 수 있다. 이들은 모든 이유를 동원하여 치료자가 요구하는 것이나 권하는 것을 따르지 않기도 한다.

성격학자(personologist) 성격이론가 및 연구가를 지칭하는 용어이다.

성공회피 동기(motive to avoid success) 성취적 노력이 부정적인 결말을 가져온다라는(예, 여성성(女性性)의 상실, 사회적 거부 등) 공포. 이것은 아동이 성 역할규범(sex role standard)을 동화하는 생애초기에 발달하며 남녀모두에게 나타난다. 성공 공포라고도 부른다.

성 도착증(transsexuality) 자신의 신체적 특성과는 달리 반대되는 성을 가지고 있다고 느끼는 것으로 이들은 성 전환 수술을 받아야 하는 사람들이다.

성서적 상담(biblical counseling) 이 상담은 로렌스 크렙(Lawrence J. Crabb)이 성서와 심리학의 관계를 통합적 접근으로 심리학을 학문

적인 결과를 인정하고 성서의 권위 아래 맞지 않는 요소들을 제거
함으로써 상호보완적 입장을 취하고 있는 목회상담 이론이다.

성실(fidelity) 청소년으로 하여금 모순과 제한에도 불구하고 이념
(ideology)의 견지에서 지각하고 행동하는 것을 가능케 해 주는 자
아정체감으로부터 도출되는 심리 사회적 미덕을 말한다.

성 욕구(need sex) 성관계를 갖고 이를 계속 추구하는 것으로 성적
교섭을 갖고자 한다.

성인 아이(adult children) 이는 원래 알코올 중독자인 아버지나 어머
니 슬하에서 성장한 자녀를 의미하는 용어로 ACOA(adult children
of alcoholics)라고 부른다. 그러나 이 의미는 더 확대하여 역기능적
가정에서 성장한 아이들이 성인이 되어서도 건강한 자존감을 즉,
육체는 성인이지만 그 인격과 마음은 아직 어린아이처럼 처신하는
것으로부터 고통 받는다는 의미에서 명명한 단어이다.

성장 동기(growth motive) 자신의 잠재력을 실현하고자 하는 선천적
충동과 관련된 높은 수준의 요구(meta need). 성장 동기는 기본 요
구가 충족된 후라야 출현한다. 이 성장 동기는 생존 기쁨을 증가
시킨다.

성적 일탈(sexual deviation) 정상적이 아닌 사물이나 행동으로부터
성적인 흥분과 만족을 얻거나 특정 사회의 표준적인 성 행동(性 行
動)에서 현저하게 이탈된 성적 행동의 형태. 예를 들면 피학대 음
란증(masochism), 강간, 주물숭배(fetishism) 등 이다.

성 중독(sex addiction) 성과 관련하여 다양한 병리적 행동이나 관계
및 행위를 말한다. 이와 같은 성 중독은 자신과 타인과의 관계, 그
리고 하나님(신)과의 관계에서 수치감과 죄책감과 무력감을 주는
것이 특징이다.

성취 검사(achievement test) 개인의 과업수행능력을 측정하는 검사
로써 현재의 특정 훈련결과나 지식을 측정한다. 성취검사는 개인이

타인과 비교하여 학습과 경험을 통해 얼마나 도움을 잘 받을 수 있는 가를 측정하는 것이다. 한 가지 검사로써 여러 가지 복잡한 성취 검사가 동기에 사용된다.

성취동기(achievement motive) 1. 성공 또는 원하는 목표의 달성을 위하여 노력하는 경향. 2. 과제에 대한 개인의 자아몰두(自我沒頭). 3. 주어진 과제에 있어서의 성공에 대한 기대. 4. 어려운 일을 신속히 그리고 잘 하려고 노력하거나 또는 장애를 극복하려는 동인(動因)이다. 다시 말해서 성취동기는 자신이 보기에 가치 있고 중요하다고 생각되는 것을 성취하려는 동기이다.

성취욕구(need achievement) 어려운 일을 달성하고자 한다. 물체, 인간, 관념을 가능한 한 신속하고 독립적으로 숙달하고 조작, 조직하려한다. 장애를 극복하고 높은 목표에 도달코자 한다. 자신을 개선하고 탁월케 한다. 성취 욕구는 경쟁하고 타인을 누른다.

세계보건기구(World Health Organization)의 건강의 정의는 건강이란, 육체적 질병이나 결함이 없는 상태와 신체적, 정신적, 사회적으로 안녕한 상태와 인간의 몸의 모든 기능이 독립적으로 본연의 기능을 할 수 있는 상태, 그리고 영적으로 건강한 상태이다.

세로토닌(serotonin) 뇌에서 신경전달물질로 기능하는 화학물질 중 하나이다. 세로토닌은 우울증을 치료하기 위해 SSRI(세로토닌 재흡수 억제제)를 투여하는 과정에서 체중감소효과가 부수적으로 나타나면서 비만치료제로 부각되었다. 세로토닌은 내측 시상하부 중추에 존재하는 신경전달물질로서 세로토닌이 모자라면 우울증, 불안증 등이 생긴다. 또한 세로토닌은 식욕 및 음식물 선택에 있어서 중요한 조절자로 작용하며 탄수화물 섭취와 가장 관련이 있는 것으로 알려져 있다. 국소적으로 세로토닌이 증가하면 식욕이 감소하게 되고, 감소할 경우에는 반대 현상이 나타난다.

세대간 가족상담 이론(transgenerational family counseling therapy) 이 이론은 Murray Bowen에 의해서 만들어진 이론으로서 핵가족

의 영역을 넘어서 확대가족의 영역까지를 다루고 있다. 가족은 분화되지 않은 자아의 덩어리로 가족들은 감정이라는 덩어리에 의해서 얽혀져 있다. 자아가 분화가 많이 되면 될수록 참 자아의 부분이 거짓 자아의 부분보다 늘어난다. 이러한 이론의 틀에 맞추어서 치료하는 기법이다.

소거(extinction) 어떤 학습된 행동이 강화가 제공되지 않으므로 해서 학습 이전의 상태로 되돌아가는 것. 예를 들면 고전적 조건형성에서 UCS를 주지 않을 경우 CR이 감소하는 경향과, 도구적 조건형성에서 강화의 부재로 지렛대 누르는 반응이 감소하여 기저선 이하로 떨어지는 현상. 즉, 소거(소멸extinction)은 더 이상 강화되지 않아서 조건반응이 약화되거나 제거되는 과정이다.

소망(hope) 자기 존재의 의미를 지각하는데 기초가 되는 기본 신뢰감으로부터 수반되는 심리 사회적 미덕이다.

소망성취(wish-fulfillment) 1. 정신분석 이론에서 실제의 꿈(또는 현시적인 내용)은 성적 또는 공격적인 충동, 원망(aggressive drive, wanting)이 위장된 것으로 추측한다. 따라서 꿈은 원망(wanting) 또는 충동의 충족이라고 본다. 2. 긴장으로부터 해방되기 위한 정신적 투쟁(mental struggle), 소망 성취는 꿈. 실언(失言) 신경증적 증상에서 가장 명백하게 나타난다고 프로이드(S. Freud)는 해석한다.

석션(suction) 상담자는 대상으로 하는 가족 시스템에 완전하게 조이닝하고 조절하도록 강한 압력을 받기 때문에 재구조화에 필요한 리더쉽이나 자주성을 상실하는 경우가 많다. 석션이란 치료자가 가족, 시스템의 기능 장애적 현상에 말려드는 경향을 의미한다.

소속욕구(belongingness and love need) 타인과 친한 관계를 맺도록 동기화 시키는 기본 욕구, 친구, 가정생활, 그리고 집단이나 조직을 통해서 이 욕구가 충족된다.

소아 애호증(pedophilia) 성인이 아동에게서 느끼는 성적매력이다.

소외(alienation) 1. 고립된 느낌과 서먹서먹함 2. 타인과의 따뜻한 우호적 관계의 결여 3. 진정한 자아로부터의 분리이다.

솔선성(initiative) 유희기(play age)와 관련이 있으며 타인의 작업에 강한 흥미와 새로운 일을 시험해 보려는 것, 그리고 자기가 그 활동을 맡을 수 있다고 느끼는 것을 뜻한다.

쇠퇴(decay) 망각의 한 요인으로 저장된 정보가 생리적 변화로 인해 부식되어 사라진다고 설명한다.

수동적-공격적 성격(passive-aggressive personality) 수동적인 공격성, 고집, 토라짐 또는 극단의 의존성(依存性)에 의해서 적개심 (hostility)을 표현하는 성격으로 대인관계에서 건강한 자기표현과 자기주장을 하지 못하고 수동적이고 순응적인 면과 공격적이며 저항적인 면이 극단적으로 나타남으로 인하여 어려움을 겪는다. 이는 겉으로 드러나지 않는 방해, 머뭇거림, 다루기 힘든 완고성, 비능률성이 특징이다. 수면 박탈(sleep deprivation) 사람들이 잠을 못 잤을 경우 그들은 부정적인 효과, 환각 및 사고와 행동의 혼돈을 경험한 것을 의미한다.

수면 발작증(narcolepsy) 수면에 대한 통제할 수 없는 욕구이다.

수상돌기(dendrite) 세포체와 함께 다른 뉴런으로부터 정보를 받아들이는 뉴런의 한 부위를 말한다.

수용(acceptance) 긍정적인 태도로 내담자가 가진 가치. 태도에 대해서 중립적인 관심을 나타내며 내담자의 행동에 대해 찬성도 불찬성도 하지 않는다. 그러나 내담자가 현재 그대로 느끼고 행동할 권리가 있음을 인정하는 것이다.

수치(shame) 부모가 아동이 자율성을 행사하지 못하도록 했기 때문에 생긴 아동 자신의 내부로 향한 분노감을 의미한다.

순응(adaptation) 조도의 변화에도 불구하고 시각계가 적응하는 현상으로 어두운 상태로 바뀌어 지면서 적응하는 것을 암순응, 그 반대를 명순응이라고 한다.

순행성 기억상실증(anterograde amnesia) 뇌손상 후 새로운 학습을 하지 못하는 경우를 말한다.

스크립트(script) 시간 계열적 또는 인과적으로 사상을 관련시킨 일반적 사태표상 구조를 말한다.

스키너 상자(Skinner box) 스키너가 조작적 조건형성을 연구하기 위해 개발한 조그마한 실험 상자를 뜻 한다.

스키조이드적 태도(schizoid position) 이것은 경계가 애매하고 확산되어 있는 것으로 부정적 감정과 긍정적 감정이 서로 분리 고립한 것으로서 체험되는 것이다. 또는 가족의 구성원은 서로 완전한 자기의 분신으로서만 다른 구성원을 체험하는 것을 의미한다.

스트레스(stress) 세 가지 관점에서 정의된다. 1. 반응으로서, 신체가 어떤 외부 자극(스트레스)에 대해여 보이는 비특정적 반응. 2. 자극으로서, 생활 변화와 위기적 사건 혹은 일상생활의 문제거리처럼 개인의 재적응을 요구하는 일련의 사건이나 상황. 3. 거래 작용으로서, 개인이 가진 자원을 청구하거나 초과하며, 개인의 안녕 상태를 위협한다고 평가되는 개인과 환경간의 특정한 관계를 말한다.

습관화(habituation) 같은 자극에 계속해서 주의를 기울이면 주의가 감소되는 현상이다.

승화(sublimation) 1. 원욕(libido)이 보다 사회적으로 수용될 수 있는 방향으로 변경되는 무의식적 과정, 정신분석에서는 예술적 작품을 승화의 표현으로 본다(S. Freud). 2. 광의로는 사회적으로 용납될 수 없는 충동을 수용될 수 있는 것으로 바꾸는 것을 의미한다.

시각벼랑(visual cliff) 유아의 깊이 지각 여부를 판단하기 위하여 Gibson등이 창안한 실험을 말한다.

시냅스(synapse) 한 뉴런의 축색 종말이 다른 뉴런의 수상돌기나 세
포체와 기능적으로 연결되는 부위를 말한다.

시체애호증(necrophilia) 시체에게서 성적 매력을 느끼는 이상 심리
이다.

시행착오학습이론(trial and error learning theory) 시행을 많이 하면
할수록 차츰 착오가 줄어들고 탈출 잠복시간이 짧아진다는 학습이
론이다.

신경(nerve) 감각뉴런이나 운동뉴런의 축색 다발을 말한다.

신경쇠약(psychosthenia) 정신적 활동수준의 전반적인 저하, 환경에
적응하기가 어려워지고 현실수용이 불가능해진다. 이는 이간을 무
능하게 만들만큼 심한 신경증을 지칭하는 용어로 병원 치료를 받
아야 한다.

신경 쇠약증(neurasthenia/nervous prostration) 정신으로나 신체적으
로 지나친 피로, 나약함과 전반적 무능을 보이는 신경증적 상태을
의미한다.

신경 심리학(neuropsychology) 신경계와 정신 과정과 행동 간의 관
계를 연구하는 생리 심리학의 측면을 말한다.

신경전달물질(neurotransmitter) 한 뉴런에서 다른 뉴런으로 시냅스
를 건너서 정보를 전달하는 데 사용되는 화학물질을 의미한다.

신경증(neurosis) 주로 불안이나 갈등에 잘 대처하지 못하는 부적응
적 유형이다. 부적응 정도는 정신병보다는 경미하여 심각한 성격의
혼란을 야기하지는 않는다. 이는 신체상 원인 없이 생긴 심리적
기능 장애로 불안, 장기 기억 상실, 히스테리, 강박증 사고, 강박적
행동이나 공포증 등으로 나타난다. 이 신경증은 정서적 갈등이 원
인으로 심리 치료를 통해 치료가 가능하다.

신경증적 불안(neurotic anxiety) 통제할 수 없는 본능적 욕구에 의해 자아가 위협 받을 때 겪는 정서적 공포반응을 뜻한다.

신경충동(nerve impulse) 뉴런의 전파성 전기적 신호로 이 신호가 축색을 따라 다음 뉴런으로 이동된다. 활동전위 또는 신경흥분이라고 한다.

신념 치료(faith healing) 의학적인 방법을 사용하지 않고 비합리적인 믿음을 통해 질병을 치료하려는 시도. 이러한 믿음은 종종 종교와 관련되어 있다. 즉, 성모 마리아가 치료하는 힘이 있다고 믿는 것, 성지 순례를 통한 치료, 이러한 사람들은 의사들에 대한 신념으로 의학적인 어떠한 처치가 없어서도 자신이 회복되었다고 믿기도 한다.

신인동형설(anthropmorphism) 인간의 특성들을 신이나 동물에서 찾는 경향을 말한다.

신조어증(neologism) 자신만이 의미를 알고 있는 새로운 단어를 만들어내는 사고 과정 장애를 말한다.

신중-선취-통제순환(circumspection-preemption-control cycle) 사상의 인지가 외부 행동으로 변역되는 과정을 말한다.

신체상(body image;身體像) 자신의 외모가 다른 사람에게 어떻게 보일까 하는 개인의 생각. 종종 신체의 기능이 어떠한가 하는 관념이 포함된다.

신체적 자아(bodily self) 개인이 자기의 신체를 지각한 것을 토대로 한 고유자아의 측면을 의미 한다.

신체화(somatization) 심리, 신체적 질병처럼, 심리적 스트레스의 결과로 나타나는 신체적 증상을 기술하기 위해 종종 심리 치료에서 사용하는 용어이다. 슈테켈 W. Stekel이 처음으로 사용한 용어 이고 심리적 조건에 따라서 신체증상이 생기는 과정을 가리키고 있

상담심리용어사전

다. Freud가 말하는 전환의 개념과 유사하다. 전환히스테리, 불안신경증 및 심신증에서 볼 수 있는 신체증상의 성립을 의미한다. 혐오감이 일과성 구토라는 형태로 표현되는 수도 있고 정신적 갈등이 소화성궤양과 같은 기질적 질환으로서 신체화 되는 경우도 있다.

신호탐지이론(signal detection theory) 잡음이 섞인 배경 속에서 자극의 존재 유무를 판단하게 만들어 자극에 대한 개인의 민감도 및 반응경향을 연구하는 이론을 말한다.

실무율의 법칙(all or none principle) 신경충동의 크기는 자극 크기와는 독립적이라는 개념. 즉 역치 이상의 자극은 동일한 크기의 신경 충동을 일으키고 역치 이하의 자극은 신경충동을 일으키지 않는다.

실어증(aphasia) 뇌손상에 의해 말을 하거나 말을 이해하는 데 장애를 보이는 증세이다.

실인증(agnosia) 뇌 손상으로 인해 생기는 지각에 대한 실패로 친숙한 사람이나 사물들을 알아보지 못하거나 감각기로부터 들어오는 정보들을 해독하지 못한다.

실존적 신경증(existential neurosis) 진실하지 못함, 책임감의 회피, 선택하지 못함, 그리고 인생의 방향이나 목적의 결여 등으로 인한 공허감, 무가치감, 절망감 및 불안감을 뜻한다.

실존적 심리치료(existential psychotherapy) 실존주의 철학에 바탕을 두고 있는 역동적 심리 치료의 한 형태이다.

실존주의 상담(existential counseling) 이 상담은 Victor E. Frankl의 의미요법 'Logotherapy' 를 기초로 한 것으로 인간은 자기 자신이 삶을 만들며, 창조 할 수 있다는 전제하에 인간의 자유와 책임을 강조하는 방법으로 인생에 의미와 가치를 찾도록 돕는 것이다. 부젠탈(Bugental), 로저스(Rogers), 메이(Rollo May), 매슬러(Abraham

Maslaw).

실존주의 철학(existential philosophy) 각자는 자신의 생활에 책임이 있다는 철학적 견해이다.

실존주의(existentialism) Soren Kierkegaard, Martin Heidegger, Jean Paul Sartre, Karl Jaspers, Martin Buber등과 관련된 철학적 움직임의 표현이다. 실존주의자들은 실제적인 존재의 중요성, 실존이 본질을 앞선다는 사실, 개인의 심리적 실존에 대한 책임과 그것의 결정, 인간관계에서 진실성이 중심이 된다는 것, 지금-여기의 최우선 및 지식탐구에 있어서 실제적 경험을 사용하는 것 등을 강조한다.

실존주의적 삶(existential living) '바로 이 시점'(here and now)에서는 삶의 특성이다. 따라서 인생의 각 순간은 새롭고 이전에 존재했던 것과는 전혀 다르다.

실존철학(existential philosophy) 인간은 자유로운 존재로 자기 결정적이며 항상 변화하는 유기체임을 강조하는 인간관의 철학이다.

실존치료(existential therapy) 심리치료의 한 형태로서 상담자가 있는 그대로의 내담자를 받아들이며 내담자로 하여금 인생에서 의미와 가치를 찾는 방법을 이해하도록 돕는다.

실험신경증(experimental neurosis) 두 조건자극 간의 변별을 학습한 개에서 두 CS간의 차이를 차츰 줄여 두 CS가 비슷해지면 개는 어떤 자극에 반응해야 할지 쩔쩔 매는데 이렇게 심한 정신병리학적 갈등 상태에 있는 현상을 말한다.

실험 심리학(experimental psychology) 실험 심리학의 넓은 의미로는 사회, 성격, 발달, 언어 심리학을 포함하고 있는 심리학이다.

실험적 소거(experimental extinction) 고전적 조건형성에서 조건반응이 획득된 후 CS만 계속 반복하여 제시하면 조건반응이 사라져 원래 상태로 되돌아오는 현상이다.

실험집단(experimental group) 두 집단을 비교하는 실험방안에서 연구하려는 처치가 주어진 집단을 말한다.

실현 경향성(actualizing tendency) 인간이 현상적인 장(field) 속에서 자신을 유지하고 발전시키기 위해 행동하는 경향을 말한다.

심리극(psychodrama) 모레노(Moreno)에 의해 발달된 진단적 치료적 기법으로 개인이 가장 갈등을 많이 겪는 타인과의 관계를 무대 또는 집단상담(group counseling) 장면에서 실연하는 치료 기법이다. 이 심리극은 정신과 의사 임상 및 상담심리학자들이 있는 데서 이루어진다.

심리 발생적 욕구(psychogenic need) 유기체적이나 생리적 만족과 직접적 연관이 없는 욕구 즉, 인정의 욕구, 지배, 자율성의 욕구 등이 여기에 속한다.

심리사회적 위기(psychosocial crisis) 긍정적 또는 부정적 결과를 가져올 수 있는 생리적 성숙과 사회적 요구에 의해 야기된 한 인간의 생애에서 극적인 순간을 의미한다.

심리사회적 유예(psychosocial moratorium) 청소년 후기에 성인의 역할과 책임이 잠시 유예된 시기를 말한다.

심리성욕발달(psychosexual development) S. Freud가 성격발달을 개인의 생물학적 기능상의 변화로써 설명한 이론이다. 각 단계에서 얻은 사회적 경험은 흔적을 남겨 그 단계에서 습득한 태도와 특질, 그리고 가치관에 어떤 영향을 줄 수 있다.

심리역사(psychohistory) 개인의 주요 인생문제를 특정한 역사적 사건과 환경과 연관시켜 보려는 연구방법이다.

심리치료(psychotherapy) 정신질환이나 심리적 적응문제에 전문적인 심리학적 기법을 적용시키는 요법을 말한다. 즉, 심리치료는 인간의 인지, 감정 및 행동 영역에서 나타나는 무능력이나 기능 장애를 개선시키기 위한 목적으로 이루어지는 치료자와 내담자간의 공식적인 상호작용이다. 심리치료란 1) 환자의 증상을 제거하거나 수정, 완화하고 장애행동을 조성하여, 환자의 긍정적인 성격발달을 증진시킬 목적으로 훈련된 전문가와 환자 사이에 의도적인 관계를 형성하고, 정서적 문제를 심리학적 방법으로 치료하는 것이다. 2) 내담자의 자기이해와 의사결정, 그리고 문제해결이 이루어지도록 상담자가 전문적인 기술을 가지고 도와주는 것이다. 3) 인간의 성장을 저해하는 장애물을 제거하거나 극복하여 인간 자원의 최적발달(optimum development)을 성취하도록 도와주는(counseling) 것이다.

심리치료의 역사적 배경(철학적 측면에서) 심리적인 수단에 의해서 치료를 하는 심리치료(psychotherapy)는 '너 자신을 알라'(know thyself)라고 표현한 소크라테스(Socrates: B. C. 469-399)의 철학을 시작으로 플라톤(Plato)의 사랑과 무의식의 본질(nature of the consciousness)의 통찰과 고대의 스토아(Stoa) 철학도들의 심리학적 과정을 이성의 통제 하에 종속시키려는 노력, 그리고 마르쿠스 아우렐리우스(Marcus Aurelius)의 명상록, 초기기독교의 신비주의, 그리고 어거스틴(Augustine: 354-430)의 참회록 등이 심리치료 큰 영향력을 행사했다. 특별히 어거스틴은 철학자 중에서도 가장 깊이 있는 심리학자로 인간의 영혼을 심층(depth)에서 주체(subject)와 객체(object)간의 균열이 극복된다는 그의 사상은 심리요법에 대한 고전적 이해로 높게 평가되고 있다. 중세기에 와서는 데카르트(R. Descartes: 1596-1650)는 인간의 육체적 기능(physical function)에서부터 마음을 분리시키는 것을 시도했다. 스피노자(Spinoza:1632-1677)는 극단적 합리적 방법을 통한 인간자아(human ego)의 심리학적 통제에 관한 체계에 수립하였다. 즉, 인간이 두려워하는 것은 인간의 마음속에만 해가 되는 것이 아니고 모든 전념도 하나의 혼란된 이념이므로 차분한 이해를 통해 정화(catharsis)될 수 있다는 심리학적 이해를 하였다. 18세기에 들어와서는 루소(J. J. Rousseau: 1712-1778)는 자신의 생활과 사색, 그리고 연설을 통해 사회의 억압에 대한 반발(reaction)로써 주정주의와 낭만주의자들이 말하는 '자연으로 돌아가라'(return to the nature)와 생명력에 대한 강조를 두고 있는 생기설, 합리주의(rationalism)에 반동, 개인주의, 자연에의 신뢰, 자기의 완전한 실현(perfect realization), 등은 심리요법에 큰 영향력을 주었다. 19세기 와서는 쇼펜하우어(Schopenhauer :1788-1860)의 '의지와 표상'과 니체(F. Nietzsche)의 꿈의 의미 감지와 통찰을 통한 무의식의 기능은 심리치료에 선구자적 역할을 했다. 니체는 내적 갈등(internal conflict)은 예술이나 권력에의 투쟁으로 승화(sublimation) 될 수 있다고 보았다. 뿐 만 아니라 19세기의 과학의 발전은 심리치료에 지대한 영향력을 주었다. 프로이드의 정신분석학, 융의 분석심리(Analytical Psychology), 애들러의 개인 심리학(Individual Psychology)등을 시작으로 심리치료는 발전되어 오고 있다.

심상적 표상(imaginal representation) 개인이 이전에 관찰한 사건 또는 모방한 행동을 통해서 형성한 정신적 심상(mental image). Bandura는 은 관찰자로 하여금 모델의 행동을 기억해 두어 그것을 행동으로 전환하게 만든다고 생각한다. 예컨대, 관찰자는 그의 정구 코오치가 한 달 전에 써어브를 넣는 방법을 과시한 것의 심상을 볼 수 있다.

심층 심리학(depth psychology) 일상의 의식생활을 무의식적인 심적 기제에 의해서 설명하려는 심리학이다. S. Freud의 정신분석학과 그의 영향을 크게 받은 심리학을 모두 심층 심리학이라고 한다.

ㅇ

아니마(Anima) 남성의 정신 안에 존재하는 여성적인 부분으로써 G. C. Jung의 개념이다. 이는 남성의 삶의 중요한 여성 즉 어머니, 자매, 아주머니 등의 영향과 그 문화와 시대 안에서의 지배적인 여성상들의 영향, 그리고 개인적이고 집단적이며, 구체적인 의식적 상황에 대한 반응으로서 남성의 정신 안에 떠오르는 태고적인 여성성의 상들이 지닌 영향 등의 여러 요소들이 함께 모여 남성 안에의 여성상을 형성한다고 융은 보았다. 그러나 오늘날 생리학에서는 남성 안에는 여성의 호르몬이 존재한다는 것을 알아내었다.

아니무스(Animus) 아니마의 반대되는 개념으로서 여성의 무의식 속에 존재하는 남성적인 부분으로써 역시 G. C. Jung의 개념이다. 여성의 꿈이나 환상 안에서 남성 혹은 남성적인 요소가 나타난다. 이것이 융이 말하는 여성의 정신 안에 존재하는 로고스의 원리의 인격화이다. 한 여성 안에는 남성, 즉 아버지, 남자 형제들로부터 여자의 역사적, 사회적 문화 속에서 특별히 나타나는 남성적인 인물 또는 보다 근원적인 남성적 요소들을 나타내는 바람, 해, 빛 등의 경험들을 포함하고 있다. 오늘날의 생리학에서 역시 여성 속에 남성적인 호르몬이 있음을 알아내었다.

아동 상담(children counseling) 아동상담은 크게 개인 및 집단 상담으로 구분하여 실시된다. 1) 아동성장에 대한 기초적 이해를 통한 아동 중심의 상담에 되어야 한다. 아동 상담을 위해서 제일 먼저 상담자와 아동과의 일치(congruence)된 언어와 행동, 그리고 진실된 감정표현의 교감이 필요하다. 때로는 아동의 정확한 감정표현을 위해서 감정을 표현하는 단어도 가르쳐 줄 필요가 있다. 두 번째는 무조건적인 긍정적 관심(unconditional positive regard)이다. 이는 아동의 감정이나 사고, 그리고 행동을 비판하지 않고 수용하는 태

도를 말한다. 즉 아동을 인격체를 지닌 한 개인으로서 깊고 진실
하게 돌보며, 존중하는 마음으로 대하는 것이다. 따라서 아동 자신
이 자유로이 자신의 감정과 생각을 표현할 수 있게 하여서 상담을
해야 한다. 세 번째는 공감(empathy)으로 아동의 발달심리와 사고,
인지 차원에서 아동과의 관계를 형성하여 상호작용 해야 한다. 또
한 비언어적인 표현과 감정에서도 공감이 절실히 요구된다.

아동지도(child guidance) 어린이들과 그 부모에 대한 상담을 통해
어린이들의 비정상적 행동을 수정하거나 정신신체장애의 진단과
치료까지도 포함한다.

아드레날린(adrenalin) 긴급 사태나 흥분시 신장의 꼭대기에 위치한
아트레날선에서 분비되는 호르몬으로 심장 박동률과 혈당량, 간에
서 혈관으로 공급되는 혈당량을 증가시킨다. 그리고 근육 신경계로
부터 오는 자극에 주의를 쏟아 근육이 스트레스를 느낄 때 유기체
로 하여금 싸우거나 도망가도록 한다.

아들러(Alfred Adler:1870-1937) 인간치료의 있어서 개인 심리치료
(Individual Psychotherapy)를 창시한 Alfred Adler는 1870년 2월
7일 오스트리아 비엔나 교외 펜지히에서 곡물상을 하던 유대 상인
레오폴트 Adler의 육남매 중 둘째 아들로 출생하여, 1937년 5월
28일 스코틀랜드 애버딘에서 강연을 앞두고 산책하던 중 심장마비
로 사망했다. 대학시절 Adler는 심리학, 철학, 정치학, 경제학 및
사회학에 관심 있게 공부했으며, 특별히 의학을 공부하면서 사회제
반 문제에 관심을 기울였다. 이 사회적 관심이 후에 '새로운 사회
심리학적 관'을 수립한 시조로 명성을 얻게 된다. 1895년에는 비엔
나 대학에서 의학 학위를 취득하였고, 1897년에는 러시아에서 유학
을 온 레이샤 (T. Raissa)와 결혼하여 4명의 자녀를 낳았으며, 1898
년에는 안과 전문의로 개업하였다. 이때에 아들러의 치료 방법은
정신과 신체적 과정 사이에 깊은 연관성의 이해를 가지고 치료하
여 그 명성을 얻었다. 한편 Adler는 당뇨병 환자를 치료함에 있어

속수무책으로 죽음을 지켜보면서 죽음에 대해 두 번째 무력감을 경험했다. 그 후 그는 병원을 그만 두고 크라프트 에빙(Richard Krafft Ebing: 1840-1903)의 강의에 힘입어 신경학과 정신의학을 공부하였다. 이러한 상황 속에서도 아들러는 심리학과 철학, 그리고 사회과학에 계속 해서 관심을 가지고 있었다. 그 결과 1898년에 『재단사를 위한 건강서』 (Health Book for the Tailor Trade)에 관한 책을 펴냈고, Adler는 이 책에서 사회에 대한 깊은 관심으로 이웃 사랑을 언급했다. 후에 이것으로 인하여 Adler는 사회 지향적인 관점의 시작과 산업 의학의 시조라는 칭송을 받았다. 성인이 되어서 Adler는 유대교에서 기독교로 개종을 했으며, 이 개종으로 인하여 Adler의 심리학은 기독교적인 경향을 갖게 된다. Adler가 인간을 의학적인 존재 이상으로 영적인 존재로 보고 있는 것과 사회적 관심과 공동체 의식, 그리고 이웃 사랑의 개념들은 이를 설명하는 것이다. 또한 Adler는 자신의 심리학에서 중요한 개념인 완전성(perfection), 위대성(greatness), 우월성(superiority)의 관념이 구체화된 것으로 하나님에 대한 관념을 설명했다. 1900년에 Adler가 프로이드(Sigmund Freud: 1856-1939)의 저서인 『꿈의 해석』 (The Interpretation of Dreams)에 대한 평론을 하면서 두 사람의 만남은 시작되었다. 자신의 저서에 대한 평론에 감명 받은 Freud가 1902년에 자신의 모임인 수요 집회에 아들러를 초대하면서 정식으로 만났다. 그러나 아들러는 1907년 『기관 열등감과 신체적 보상에 관한 연구』 (The Study of Organ Inferiority)란 책을 출판 한 계기로 견해 차이를 가지면서 프로이드의 모임에 탈퇴했다. 그 후 프로이드의 요청으로 수요 모임에 다시 함께 했고, 1910년에는 비엔나 정신분석학회의 회장이 되었다. 그러나 아들러는 1911년 1-2월 사이에 '정신생활에 대한 프로이드의 성 이론에 대한 비평'이라는 제목으로 네 번을 강의 한 결과 학회로부터 지지를 받지 못하여 1911년 회장직을 사임하고 9명의 회원들과 함께 자유정신 분석 협회(Society for Free Psychoanalytic Research)를 결성하면서 프로이드와 결별했다. 1912년에 아들러는 『신경증적 성격에 관하여』란 책에서 인간 각 개인을 유일하고 분리할 수 없는 개체로써 규정하면서 자아가 통일된 인간을 설명했다. 이러한 자기의 이론을 주장하기 위해서 1913년에는 학회의 명칭을 개인심리학 협회(Society for Individual Psychology)로 변경하였다. 이 결별에 대해서 칼 융 (C. G. Jung: 1875-1961)은 두 심리학자의 인생관 사이에 거리감과 종교에 대한 적대감이 있는 프로이드와 호의적인 태도의 Adler에 입장을 지적했다. 1926년 아들러는 미국을 처음 방문한 이후 1928년까지 정기적으로 방문하면서 주로 강연과 가르침과 치료에 시간을 보냈고, 1929-1930년까지 컬럼비아 대학에서 강의를 했다. 히틀러와 함께 등장한 전체주의에 대해서 아들러는 전세의 격변을 예상하여 개인심리학이 정착할 수 있는 곳은 미국이라는 결론을 내리고, 1934년에 미국으로 이주하였다. 이 시기에 아들러는 뉴욕의 한 강연에서 사랑에 관한 주제로 강연을 하면서 인간의 성욕과 쾌감의 원칙보다 사랑과 행복의 원칙을 더 강조함으로써 간접적으로 프로이드의 이론에 반격을 가했다. 아들러는 1932년부터 1937년까지 롱 아일랜드 의과대학(현재 뉴욕 주립대학의 다운 스테이트의 의학센터)에서 의학심리학 교수로 재직하면서 정신과 의사로 치료하는 일과 강연을 했다. 아들러 개인심리학의 중심사상은 프로이드의 이론과 대조하면 더욱 잘 이해 할 수 있다. 프로이드가 인간 행동을 이해하는데 있어서 본능적으로 쾌락에의 의지(will to pleasure)를 추구하는 것으로 성적 충동을 강조했다면, 아들러는 인간 마음속에 존재하는 공격적 충동으로 권력에의 의지(will to power)를 강조 했다. 이 개념 속에서 Adler는 여성의 약함과 남성의 힘을 동일시하고, 남녀가 부족감과 열등감(inferiority)을 극복하려는 추구로 과잉보상의 한 형태인 남성적 항의(masculine protest)를 창안했다. 그러나 1912년에 Adler는 남성적 항의에 개념이 정상인의 동기유발을 충분히 설명하지 못 한다는 이유로 거부하고, 그 대신 우월에의 추구 권력에의 의지: Adler는 Nietzsche의 '권력에 대한 의지'라는 개념으로부터 아이디어를 얻어서 유능성을 정상적으로 추구한다는 관점에서 '권력에의 의지'를 강조했다. 이 개념에서 Nietzsche는 초인을 강조한 반면에, Adler는 동등성을 강조했다. 열등감: Adler는 Pierre Janet의 불완전한 감정(feeling of imcompletion)의 개념으로부터 아이디어를 얻어서 열등감의 개념을 긍정적인면에서 정립했다. 남성적 항의: 남녀 모두가 남성다움을 추구하는 것으로 여성은 여성적 역할에 대한 매우 폭 넓은 불만감으로 표현한다. 즉 여성이라는 불리한 상황에 대해서 투쟁하고 있는 남성이라는 긴장감을 의미한다. 따라서 어떤 때에는 단지 남성을 혐오하고 피하며, 어떤 때에는 남성을 좋아하기는 하지만 함께 있으면 부끄러워서 말도 하지 못하는 행동으로 나타난다. 반면에 남성에게는 남성의 중요성을 과대평가하는 것으로 남성다움을 이상화시키며, 이것을 달성 하는가 달성하지 못하는가의 여부에 의해 자신의 평가받는다고 믿는 감정과 행동으로 나타난다. 아들러는 이 남성적 항의는 현대 우리들의 문화 속에서 남성이 과대평가됨으로써 더욱 크게 촉진된다고 강조했다. 아들러에 의하면, 인간 누구나 선천적으로 우월에의 추구를 한다는 것이다. 그러므로 이 우월에의 추구는 모든 인간 생활의 기초와 인생의 모든 문제에 해결의 기초가 된다고 주장했다. 아들러는 인간을 선천적으로 사회적 존재로 보고 있다. 따라서 인간의 행동은 선천적 본능에 의해서 움직인다는 프로이드의 주장과는 대조적으로 인간은 주로 사회적 요구(social urges)에 의한 동기로 행동한다고 가정했다. 다시 말해서 인간의 행동은 성적인 관심에 의해서 움직이는 것이 아니라 사회적 관심(social interest)에 의해 움직인다(motivate)는 것이다. 이 사회적 관심은 모든 인간 각 개인의 자연적인 약점에 대한 보상(compensation)으로 인생의 문제를 성공적으로 해결하기 위해서 절대적으로 필요하다. 이처럼 Adler는 인간 모두가 선천적으로 가지고 있는 열등감(inferiority feeling)을 극복하려는 과정에서 우월에의 추구와 사회적 관심에 대한 것을 이론화했다. 또한 아들러의 최고에 업적은 인간 각 개인이 독특한 성격형성과 생활양식의 형성, 그리고 인생의 목표를 추구하는 원초적인 힘으로 창조적 자아(creative-self)를 발견 한 것이다. 창조적 자아의 용어는 Adler가 사용하지 않았다. 아들러의 원래의 표현은 '자아의 창조적인 힘'(creative power of the self)이었다. 그러나 1957년에 홀(C. S. Hall)과 린지(G. Lindzey)가 아들러에 관한 논문을 쓰면서 폭 넓게 소개된 용어이다(Adler, 1964: 6). 따라서 본 연구에 있어서도 보편화된 창조적 자아의 용어를 사용하여 연구 하고자 한다. 아들러의 개인심리학의 중심사상은 현대임상, 심리치료, 성격 심리학 및 사회 심리학으로 프로이드와는 별도로 가장 큰 영향을 준 심리학자로 평가된다. 1939년에 바텀머(Phyllis Bottome)는 아들러가 인간은 자신의 삶을 만들어 가며, 자유와 책임을 지는 존재로 보고 있다는 이유로 실존심리학의 창시자로 주장하였다. 1970년에 엘리스(Albert Ellis)는 아들러의 이론이 정신분석학에서 크게 손상시킨 인간의 존엄성을 회복 시켰다는 이유로 최초의 인본주의 심리학자로 평가했다. 메이(Rollo May)와 알포트(Gordon Allport)와 아브라함 매슬로(Abraham H. Maslow)와 엘리스(Albert Eillis)와 프랭클(Viktor E. Frankl)은 아들러의 성격이론 중 자발적이고 창조적인 면에 직접 간접으로 영향을 받은 심리학자나 정신치료가들 이다. 또한 호나이(Karen Horney)와 프롬(Erich Fromm)과 설리반(Harry Stack Sullivan)은 아들러의 사회심리학적 견해를 가지고 사회심리학적 이론들을 전개한 대표적인 학자들이다. 구체적으로 프랭클의 의미치료, 매슬로의 인본주의, 메이의 실존주의 및 엘리스의 합리적-정서적 접근과 글래써(William Glasser)의 현실요법, 새티어(Virginia Satir)의 가족치료 등이 아들러의 개인심리학의 중심 사상과 그 치료 기법들을 근거하여 이론을 전개 한 것이다. 아들러가 인간을 우월에의 추구와 사회적인 관심의 요구에 움직이는 존재로 보았다면, 新 Freud 심리학자인 설리반도 일생 동안 움직이는 존재로 인간을 보고 있다. Adler가 심리치료에 있어서 개인의 창조적 자아의 역동적인 힘을 깊이 신뢰하여 개인의 잘못된 생활양식에 변화를 말한 것처럼 호나이는 개인에게 나타나는 이상적인 자아의 변화를 주어야 한다고 주장했다. Adler가 인간을 자아 일치로 주관적인 존재로써 아동의 협동심과 열등감, 그리고 사회적 관심에 영향을 주는 것으로 부모의 역할을 강조했다면, 프롬은 인간을 선택하는 존재로 보면서 아동 양육에 있어 부모의 태도에 중요성을 강조했다. 또한 아들러와 로저스(Carl Rogers)는 인간을 현상학적이고 목표 지향적인 총체로써 일관성 있는 인간과 창조적인 변화를 요구하는 존재로 보는 입장에서 그 맥을 같이 한다. 아들러와 엘리스는 인지심리학으로 유사하며, 인간은 자신의 정서에 창조자라는 것에 동의한다. 따라서 아들러의 영향을 받은 엘리스는 자신의 심리학을 합리적-정서적 심리학으로 정의했다.

아세틸콜린(acetycholine: ACH) 가장 잘 알려진 신경전달물질의 한 종류이다. 운동신경과 골격근 사이에서 흥분성 전달물질로 작용한다.

아홉 유형도(enneagram) 지금까지 구전으로 전해온 인간이해의 방법으로서 인간을 아홉 가지 유형으로 나누어서 이해하는 도형 및 접근방법이다. 제1유형 개혁자(reformer), 제2유형 돕는자(helper) 제3유형 지휘 추구자(status seeker or motivator), 제4유형 예술가(artist), 제5유형 사상가(thinker), 제6유형 로얄리스트(royalist), 제7유형 제너럴리스트(generalist), 제8유형 지도자(lader), 제9유형 평화주의자(peacemaker)이다. 이 각가지의 유형은 건강한 특징과 보통의 특징과 병리적인 특징을 가지고 있다.

안전욕구(safety need) 개인으로 하여금 그의 환경에서 적당한 양의 질서, 구조, 예측성을 획득하도록 동기부여 하는 기본 욕구이다.

안정전위(resting potential) 신경세포막이 안정하고 있을 때 뉴런 세포의 막 안팎에서 나타나는 전위차를 의미한다.

알츠하이머병(Alzheimer's disease) 치매의 퇴행적인 형태로 그 증상이 노인 치매와 비슷하지만 중년기에도 생길 수 있다.

알파압력(alpha press) 한 개인의 직접적인 환경(immediate envir-onment) 내에 객관적으로 존재하는 사람, 사물, 사건이다. 즉, 알파는 이완된 각성상태에서 나타나는 뇌전도로 8~12Hz의 주파수를 가진다.

암시(suggestion) 사고나 태도를 무비판적으로 수용하도록 하는 것을 의미한다. 심리치료에서는 신경증상의 일시적 회복을 특히 히스테리(hysteria) 증상에서 사용된다. 태도와 믿음을 바꾸거나 그대로 유지시키기 위해서 광고인이 사용되기도 한다.

압력(press) 환경자극이 인간에게 주는 영향을 나타내는 용어이다.

애니미즘(animism) 자연물이 살아 있다고 믿거나 그것이 정신적인 힘이 있다고 신뢰하는 것이다.

애통과정(grief process) 인간이 어떤 의미 있는 사람이나 사물을 상실하게 되었을 때 나타나는 반응이다. 퀴블러-로스는 죽음을 앞둔 사람들의 5과정을 언급했다. 1단계 충격(shock)과 무감각(numbnes-s), 2단계 분노감(anger), 3단계 흥정(bargaining), 4단계 우울증(depression), 5단계 수용(acceptance)이다. 한편 사랑하는 사람을 잃은 경우에도 거의 이와 같은 단계를 걸친다.

애착(attachment) 특정 대상에 가까이 있으려 하고 그런 대상과 함께 있을 때 더 안전하고 편안함을 느끼는 경향이다. 즉, 애착은 영아와 그를 돌보는 사람 사이의 밀접한 심리적 유대관계이다.

야뇨증(bed-wetting, enuresis) 4~5세가 지난 후에도 수면 중에 자기도 모르게 방뇨하는 증세, 때로는 정신적 미성숙과 관련되기도 한다. 몽유병: Somnambulism을 참조하라.

양가감정(ambivalent feelings) 서로 상반되는 가치를 지닌 감정들로 암투병 하는 부모를 잃었을 때 슬프기도 하지만 안도감이 있는 것을 말한다. 즉 어떤 사물이나 개인에 대하여 긍정적 감정과 부정적 감정을 동시에 가짐. 1. 한 사람 속에 사랑과 미움 등 서로 상반되는 감정이나 태도가 존재함. 2. 두 가지 서로 상반되는 목표를 향해 동시에 충동하는 상태(K. Lewin) 3. 타인에 대한 감정적 태도를 신속하게 바꾸는 경향으로 설명된다.

양심(conscience) 내면화한 완성의 기준에 맞게 행동하지 못했을 때의 처벌적 자기 평가, 도덕적 금지, 죄책감을 지칭하는 정신분석학적 용어를 말한다.

양안 부등(binocular disparity) 두 눈의 위치가 다르기 때문에 특히 가까운 곳의 물체의 상이 약간 다른 망막의 위치에 투영된 현상으로 거리나 깊이 지각단서가 된다.

양호욕구(need nurturance) 의지할 곳 없는 사람을 동정하고 이들의 욕구를 만족시켜준다. 위험 속에 있는 사람을 돕는다. 먹여주고, 돕고, 지지하고, 위로하고, 보호 하고, 안락하게 하고 감추어 준다.

억압(repression) 1. 고통스럽거나 창피스럽고 고도의 불만을 유발시키는 충동. 기억이다. 즉 1. 경험을 의식으로부터 강력하게 밀어내는 것 2. 정신분석에 의하면 원초아(id)로부터의 용납될 수 없는 충동을 현실원칙에 따라 작용하려는 자아(ego)와 초자아(superego)의 욕구에 의해서 억압된다. 3. 억압은 자제(suppression)나 억제(inhibition)와 구별되어야 하는데 이것들은 자발적인 것인 반면 억압은 무의식적 이며 비자발적이다. 다시 말해서 억압은 위협적인 충동이나 생각을 의식 밖으로 밀어내는 것을 말하는 것으로, 가장 기본적이면서 중요한 방어기제로 원치 않은 생각이나 충동이 의식에 떠오르는 것을 막는 방어기제이다.

억제(inhibition) 1. 정신적 방해 또는 행동상의 망설임을 의미 한다. 2. 초자아(superego)에 방해의 의해 본능적인 충동이 의식되는 것을 막음을 뜻한다.

억제성 시냅스후전위(inhibitory postsynaptic potential: IPSP) 시냅

스후 뉴런의 과 분극전위로 이 전위는 시냅스 후 뉴런이 신경충동을 일으킬 확률을 감소시킨다.

언어 심리학(psycholinguistics) 언어 심리학은 사람의 언어 행동을 다루는 분야로 사회 심리학의 일부로 출발했으나 지금은 독립적인 분야로 취급된다. 여기에서는 인간의 언어의 습득, 언어의 사용, 언어와 인지와의 관계 등을 다룬다.

언어양식(speech mode) 인간 유아가 갖고 태어나는 것으로 가정 하고 있는 일상 언어에서 사용되는 음의 변별을 가능케 하는 지각 상태를 의미한다.

언어적 부호화(verbal coding) 개인이 후에 모델의 행동을 하기 위해 묵시적으로 리허설 하는 내적 표상과정을 뜻한다.

에릭슨(Erik Erikson: 1902-1979) 자아를 강조한 신프로이드 학파의 정신분석가로 인간의 정체감의 많은 관심을 가진 학자이다. 에릭슨 은 아동기와 사회에서 후성설(epigenesis)을 제시한 바, 인간 발달 을 8단계로 구분하여 인간이 각 단계에서 성취해야 할 중요한 심리적 과제를 설명하였다.

에릭슨의 사회발달 이론 1) 영아기(infancy: 0-1세) 기본 신뢰감-소망 대 기본 불신감-폭식(basic trust-hope vs basic mistrust-gluttony) 무엇이든지 받아들이는 특성 때문에 부모의 신뢰감이 있는 행동이 중요하다. 자기 주위에 있는 사람 즉 자기를 위한 사람을 자연 스 럽게 신뢰한다. 따라서 어머니의 일관된 언행지침이 중요하며, 차 이를 통해서 차별을 하지 말아야 한다. 기본신뢰감 발달의 심한 결합이 있을 때에 유아에게는 급성 우울증이 생기고, 어른에게는 편집증(paranoia)이 나타난다. 2) 초기 아동기(2-3세) 자율성-의지력 대 수치와 의심-분노(autonomy-will vs shame and doubt-anger) 기본신뢰감이 획득된 아이는 자율성과 자기조절(self-control)획득이 가능해지며 사회적 양식(social mode) 즉 소유와 관용에 대한 선택 을 하는 시기이다. 사회적 양식은 보유와 방출(holding on and letting go)의 과정을 통해서 호의(good will)와 고집(willfulness)의 비율이 결정된다. 이 시기에 자신의 뜻대로 잘 되지 않을 때 수치감이 생긴다. 3) 후기 아동기(4-5세) 솔선성(주도성)-목적 대 죄의식-탐욕(initiative-purpose vs guilt-greed) 자기가 다 알아서 행동하는 적극적 행동을 하는데 이를 제재하면 죄의식을 가지거나 수동적인 아이가 된다. 잘 가꾸면 성취동기가 높은 사람이 된다. 즉, 아이 스스로가 자신의 일을 할 수 있도록 기회를 줄 때 죄의식을 갖지 않는 아이로 성장하게 된다는 것이다. 에릭슨은 지속적인 죄의식은 소극성, 성적 무기력, 불감증, 정신병리적 행동으로도 발전된다고 경고했다. 4) 학동기(6-11세) 근면성-능력 대 열등감-질투(industry-competence vs inferiority-envy) 자신의 행동의 보상을 받게 되면 근면성이 되고, 또래 집단에서 뒤는 것이 있으면 열등감이 생긴다. 이 시기에는 형식적인 교육을 통해서 문화에 대한 기초기능을 배우는 것으로 자기 수양의 능력과 연역적인 추리력을 향상시킬 수 있는 시기로 사기 향상과 기를 살려 주어야 한다. 5) 청소년기(12-18세) 자아정체감-충성심 대 역할 혼도-비정상적인 자부심(iden-ntity-fidelity vs confusion-pride) 내가 누구냐와 어떤 일을 하면서 살아야 하느냐를 생각하면서 자립심을 키워 가는 시기이다. 인생의 목표의 명확성을 추구하는 시기이다. 에릭슨에 의하면, 이 시기는 자신이 해야 할 과업 즉 자녀로서, 학생으로서, 운동, 음악, 컬(보이) 스카우트 합창단 종교 활동 등등에 모든 지식을 고정시키고, 이것들로부터 과거와 미래에 대한 인식을 나태 내는 개인적 정체에 통합시킨다. 6) 성인초기(20-35/40세) 친밀감-사랑 대 고립관계-관능(intimacy-love vs isolation-lust) 이 시기부터는 공식적인 성인생활이 시작되는 시기로 대인관계를 중요시하는 단계로 다른 사람을 이해와 사랑으로 바라보는 시기이다. 이 시기에는 안락하고 친밀한 인간관계를 맺을 수 없으면 사회적 공허감이나 소외감을 느끼게 된다. 또한 자기 도취된 사람들은 단순히 공식적이고 피상적인 인간관계를 추구한다. 7) 성인중기(25-65세) 생성-보살핌 대정체-냉대함(generativity-care vs stagnation-indifference) 자기 인생에 있어서 업적을 남기고 싶어 하는 시기로 후손들에 대한 관심 집중과 대외적으로는 자연보호 운동으로 생성감을 발달시킨다. 이러한 생성이 결여되면 사회적 일원으로 삶을 살지 못하며 개인적 욕구를 위해서만 살아가면서 인간관계의 황폐를 가져온다. 이것이 바로 중년 위기인 절망과 인생무상을 느끼는 것으로 발전되는 것이다. 개인적으로는 몸에 좋은 것은 다 먹고 싶어 하는 자아 탐익의 시기이기도 하다. 8) 성숙기(60세-이후) 자아통합-지혜 대 절망-우울증(integrity-wisdom vs despair-melancholy) 자기 자신의 지난 날의 인생을 점거하는 시기로 감사와 화해로 자아통합을 하게 되면 결혼, 자녀, 손자, 직업, 취미 등에 만족을 갖는다. 그러나 자아가 통합이 안 되면, 인생의 불만족한 것이 자신의 문제로 된 것이 아니라 타인 때문에 된 것이라는 신념으로 절망감을 갖는다. 이 시기에 노인의 지혜가 실현되어야 하는 시기이다. 프로이드와 에릭슨의 같은 점은 아동기가 중요하다는 것이고, 차이점은 에릭슨이 인간의 사회성을 강조한 것이다.

에스트로겐(estrogen) 여성의 성선에서 분비되는 성호르몬을 의미한다. 주로 동물의 난소 안에 있는 여포와 황체에서 주로 분비 되며, 태반에서도 분비되어 생식주기에 영향을 주므로 여성 호르몬으로 알려져 있다. 에스트론, 에스트라디올, 에스트리올의 세 종류가 있다. 에스트로겐은 여성의 난소 안에 있는 여포와 황체에서 주로 분비되고, 태반에서도 분비되기 때문에 여성호르몬으로 잘 알려져 있다. 하지만 부신피질이나 남성의 정소에서도 약간 분비되기 때문에 여성에게만 존재 하는 호르몬은 아니다. 벤젠 고리를 가지고 있는 스테로이드 호르몬이기 때문에 화학적으로 매우 안정되어 있다. 일반적으로 에스트론(E1), 에스트라디올(E2), 에스트리올(E3) 세 종류가 잘 알려져 있다. 에스트로겐의 역할: 에스트로겐은 사춘기 이후에 많은 양이 분비되어 여성의 성적 활동에 많은 영향을 끼친다. 사춘기에 일어나는 여성의 2차 성징의 원인이 되어 가슴을 나오게 하고 성기를 성숙하게 하며 몸매에도 영향을 준다. 또한 여포자극 호르몬(FSH), 황체형성 호르몬(LH), 프로게스테론과 함께 작용 하여 자궁벽의 두께를 조절하고 배란에 관여한다. 즉, 생식주기를 조절하는 역할을 한다. 에스트로겐의 조절 여포와 황체에서 분비되는 에스트로겐의 양은 여포자극호르몬에 의해 조절된다. 이렇게 해서 분비된 에스트로겐은 피드백 작용을 통해 여포자극 호르몬 분비를 줄이고 황체형성호르몬의 분비는 늘린다. 사용이 끝난 에스트로겐은 간에서 그 구조를 배출에 알맞도록 변화시킨 후 오줌을 통해 내보낸다. 여성의 오줌에는 많은 양의 에스트로겐이 포함되어 있기 때문에 하수처리에서 환경호르몬 문제가 되기도 하였다. 에스트로겐의 활용: 에스트로겐은 생식주기에 직접적인 영향을 주기 때문에 월경에 이상이 왔을 때의 치료법으로 사용된다. 또한 같은 이유로 먹는 피임약에도 사용된다. 여성이 폐경에 이르게 되면 나타나는 갱년기장애의 주된 원인은 에스트로겐 부족이기 때문에 갱년기장애에 대한 호르몬 요법으로 사용된다. 가슴을 크게 하거나 몸매를 좋게 하기 위해서 에스트로겐이나 그 유사 물질을 사용하는 경우도 있지만 이런 경우는 호르몬 분비에 문제가 생기기 때문에 부작용이 일어날 수 있다. 남성에서는 남성호르몬인 테스토스테론이 변화하여 에스트로겐이 만들어지는데 사춘기에 이 균형이 잘못되어 가슴이 나오게 되는 경우도 있다.

엔트로피(entropy) 에너지는 평형상태를 추구한다는 열역학 법칙. 정신분석학이론에서 엔트로피는 모든 살아 있는 유기체내에는 유기체가 형성되었던 본래의 무생물 상태로 되돌아가고픈 충동이 있음을 뜻한다.

엘렉트라 콤플렉스(electra complex) 프로이드학파 이론의 남자 외디프스 콤플렉스(oedipus complex)에 대응하는 여자의 콤플렉스를 의미 한다.

여자 성 강박증(nymphomaniac) 성에 광적으로 관심을 가지고 있는 여자를 의미한다.

여기스 도슨 법칙(Yerkes-Dodson law) 동기와 학습 간의 관계에 대한 아이디어로 이 법칙에 따르면 강한 동기는 복잡한 관제의 학습을 방해하지만 단순한 과제 학습은 촉진시킨다.

역기능적 가정(dysfunctional family) 건강한 가정 혹은 기능적인 가정과의 대조되는 개념으로 가족구성원 간의 건강한 의사소통과 감정교류가 일어나지 않는 가정을 의미한다. 즉 부부 관계와 건강하지 못한 가정을 말한다. 버지니아 시티어(Virginia Satir)는 네 가지 영역에서 가정의 건강을 파악했다. 즉 가족 구성원의 자기 가치감, 의사소통, 가족 내의 규칙의 융통성, 그리고 외부사회와의 개방적인 관계성을 언급했다.

역동 심리학(dynamic psychology) 심층 심리(depth psychology) 또는 행동의 무의식적 원인이나 동기를 강조하는 심리학의 체계를 말한다.

역설(paradox) 상담에 있어서 역설은 고차원의 의미 레벨과는 모순하는 메시지, 예를 들면 자발적으로 하라는 명령과 증상을 계획적으로 실시하는 것, 전통적인 형을 파기한 개입의 총칭, 내담자가 역설적인 점에 눈치 챔으로써 변화가 유발되도록 하는 개입, 어떤 이유를 붙여 내담자에게 형편이 좋아지지 않는 것이 최상이라고 하는 것 등을 의미한다.

역전이(counter transference) 내담자의 태도 및 외현적 행동(Exteraal behavior)에 대한 상담자(또는 치료자)의 개인적인 정서적 반응과 투사(投射)를 의미한다.

역조건 형성(counter-conditioning) 현재의 반응성향(反應性向)과 양립할 수 없는 새로운 반응을 강화시킴으로써 현재의 반응을 소거시키는 방법, 즉 이전에는 내담자에게 공포나 부적절한 반응을 일으키게 했던 장면에 그러한 반응보다 강한 바람직한 반응을 도입

함으로써 부적절한 반응을 소거하는 것이다.

역치(threshold) 축색기시부에서 신경충동을 일으키는 데 충분한 자극의 강도를 의미한다.

역할 놀이(role playing) 심리치료적인 상황이나 실험상황에서 다른 사람의 역할을 하는 것이나 의도한 효과를 얻기 위해 역할을 하는 것의 두 가지 의미로 쓰인다.

역할 연기(role acting) 심리치료나 리더십 훈련에서 내담자 혹은 구성원에게 갈등이 되는 장면으로 구성된 극의 한 역할을 연기하도록 함으로써 대인관계에 중요한 태도와 행동을 가르치는 방법이다.

역할수행연습(role playing, 役割遂行演習) 심리치료나 지도자훈련에서 내담자로 하여금 자발적인 행동을 수행하게 함으로써 대인관계에서의 중요한 태도나 행동을 지도하는 방법이다.

역행성 기억상실증(retrograde amnesia) 뇌손상 후 그 이전의 일을 기억하지 못하는 경우를 뜻한다.

연산적 방식(algorithm) 문제해결 과제에서 문제해결을 위한 모든 조작을 단계 별로 상세히 기술하는 절차이다.

연상의 해이(loosening of association) 개인이 말하고 있는 주제와 무관한 주제를 말하고 있으면서도 그 사실을 깨닫지 못하는 사고과정의 장애 중의 하나를 말한다.

연역적 추리(deductive reasoning) 일반적 진술로부터 특수한 사례를 이끌어 내는 추론방법이다.

연합(association) 학습을 통하여 형성되는 연결을 말할 때 사용되는 일반적인 용어 학습이나 경험을 통하여 확립된 둘 이상의 심리적 현상과 관념 간의 기능적 관계나 유대 연결을 의미 한다.

연합영역(association area) 대뇌피질의 영역 중 감각이나 운동에 직접 관여하지 않는 영역들이다.

열등감(inferiority feelings) 유아기에 나타나는 부적절, 부족, 무능력의 느낌으로 우월을 향한 추구에 근본이 된다. 이는 근면부족으로 생긴 자기의심과 무능의 느낌, 낮은 자존심으로도 보는 측면이 있다. Adler에 의하면, 모든 인간은 선천적으로 열등감의 극복 위해서 완전과 우월에의 추구를 하는 존재이다. 즉 인간의 열등감은 인생에 있어서 신장과 성장, 창조성을 주는 원천이 된다는 설명이다. 열등감이란 말은 Adler의 의해 창안된 용어이다. 아들러는 인간이라면 누구나 선천적으로 열등감이 있다고 주장했다. 따라서 아들러는 인생을 실패로 이끄는 병적 열등감(inferiority complex)의 원인으로 신체 기관 열등감, 응석받이 열등감, 무시 열등감을 언급했다. 1) 신체 기관의 열등감: 아들러는 신체 기관의 열등감에 대해서 선천적으로 불완전한 신체기관을 가지고 태어나거나, 후천적으로 유아기에 병이나 허약한 체질로 고생한 아이들의 상황을 언급하고 있다. 2) 응석받이 열등감: 아들러에 의하면, 응석받이는 열등감의 원인으로 어머니가 아이와의 관계만 치중하는 것과 어렸을 때에 중병을 앓은 후에 생긴다. 3) 무시의 열등감: 아들러는 무시를 받으면서 자란 아이들은 자라면서 사랑이나 협력하는 일들을 알 기회가 없는 것으로 열등감에 빠지기 쉽다고 보았다. 대체로 고아나 사랑이 없는 환경에서 자란 아이와 많은 문제가 있는 가정에서 자란 아이들이 무시를 받으면서 자라는 경우가 많은데, 이들은 사랑이나 협력 등의 힘을 도외시하면서 인생을 해석하고 살아간다. 더 나아가서 아들러는 인간들의 생활양식에서 발전된 다양한 콤플렉스들을 10가지로 설명했다. 1) 열등 콤플렉스(inferiority complex): 사회적으로 유익한 방식으로 인생의 문제를 해결하지 못한다고 느끼는 것으로 모든 생각, 감정, 행동에 변덕을 부리는 콤플렉스 이다. 따라서 이 콤플렉스는 모든 일에 실패의 원인이 된다. 2) 외디프스 콤플렉스(oedipus complex): 어렸을 때에 응석받이로 자라서 어머니의 애정에 집착하여 변화를 싫어하는 것으로 프로이드의 성적충동에 이론과는 구분된다. 즉 프로이드는 외디프스 콤플렉스를 정신

생활의 발달에 기초로 가정했지만 아들러는 어머니가 아이들을 양육 하는 과정에서 생기는 인위적인 현상으로 보았다. 3) 구원자 콤플렉스(redeemer complex) 다른 사람들이 가지고 있을지도 모르는 결함을 구원해 주기 위해서 일생을 보내며, 자신의 문제들에 대해서는 비정상적인 해결을 하고 있는 콤플렉스 이다. 이러한 현상은 신경증 환자와 정신병 환자들에게 자주 나타나는 것으로 아들러는 보았다. 4) 증명 콤플렉스(proof complex): 자신의 삶에 오류를 하는 것을 두려워하며, 다른 사람이 말하는 것은 무엇이든지 즉각적으로 증명하기를 요구함으로써 다른 사람들을 위협하는 콤플렉스이다. 즉 다른 사람들의 행위에 대해서 완벽을 요구하고 자신 또한 인정받기 원하는 것으로 그들의 삶은 언제나 방어적 입장에서 살아가고 있다. 5) 플로니어스 콤플렉스(Polonius complex): 이 콤플렉스는 어떠한 현상에 대해 자신의 주관성을 버리고 피상적으로 무의미한 응답을 함으로써 인위적인 의미를 부가하는 것이다. 이는 현대 심리학에서 기시감 현상과 비슷한 의미로 설명된다. 6) 배타성 콤플렉스(exclusion complex) 대다수의 사람들이 가지고 있는 배타성 콤플렉스의 현상은 그들의 행동영역에서 다양한 변화를 가지며, 인생의 모든 문제에 대해서 변화를 통해 해결하려는 것으로 현실에 직면하기보다는 무시하는 형태를 취한다. 7) 운명 콤플렉스(predestination complex): 대다수의 사람들이 고수하고 있는 것으로 자기에게는 어떤 일도 일어나지 않을 것이라고 믿기 때문에 아무 것도 두려워하지 않거나 결국에는 모든 것이 마찬가지로 끝난다고 믿기 때문에 전혀 계획을 세우지 않는 콤플렉스이다. 그야말로 인생에 모든 것을 팔자소관으로 생각하고 살아가는 현상을 의미한다. 8) 지도자 콤플렉스(leader complex): 자기 자신을 선구자로 믿기 때문에 고집을 피우거나 허세를 부리는 것으로 천재들에게 자주 나타나는데 불행하게도 그들은 지도력의 충분한 능력이 없다는 것이다. 9) 관망자 콤플렉스(spectator complex): 이 콤플렉스는 인생의 현장에 있고 싶기는 하지만 참여를 하거나 행동을 취하지는 않는 것으로 응석받이로 자란 사람이 종종 여기에 머문다. 10) 거부 콤플렉스(no complex): 이 콤플렉스는 그들이 지닌 보수성과 두려움 때문에 모든 변화를 반대하여, 듣는 말마다 반박을 하는 콤플렉스이다.

열등복합(inferiority complex, 劣等複合) 1. 아들러(Adler)에 의해 만들어진 개념으로 우월성을 향한 투쟁에서 좌절을 겪음으로서 생겨난 중심적 태도(열등감이라고 함). 2. 무의미, 무력, 미완감(未完感). 삶을 영위하는 능력이 없다는 등의 불안정한 느낌을 말한다.

영상기억(iconic memory) 시각적 감각기억으로 매우 빨리 사라지는 특징을 가진다.

영적 지도(spiritual direction) 영적 자질을 갖춘 지도자(director)가 피지도자(directee)의 특별한 영적인 은사와 장점들을 발견하고 양육 및 발달시킬 목적으로 이루어지는 관계 및 과정이다. 영적 지도자는 성경적이면서도 신학적인 지식과 심리학이며, 직관적인 통찰력을 사용하며, 기도의 과정을 통하여 피지도자의 영적인 건강성과 성숙을 돕는다.

예견적 애통(anticipatory grief) 실제적인 상실 사건을 예측할 수 있는 상황에서 경험하는 전인격적인 반응이다. 예를 들면 사랑하는 사람이 암 선고로 6개월 밖에 살지 못한다는 이야기를 듣게 될 때에 아직은 실제적으로 죽지 않았지만 예견적 애통을 겪게 되는 것을 의미한다.

예기 불안(anticipatory anxiety) 불안을 유발하는 단순공포 상황에 할 수 없이 처하게 될 때 나타나는 불안을 말한다.

예기된 결과(anticipated consequence) 이전 경험을 토대로 어떤 행동의 이 어떤 결말을 가져오리라고 기대한 것이다.

예측의 비율성(predictive efficiency) 한 구성개념이 개인으로 하여금 그의 환경 내에 있는 어떤 사상을 정확하게 예측하고 기대하게 해

주는 유익한 성도를 의미한다.

예후(prognosis, 豫後) 질병이나 정신질환의 결과에 대한 예언을 의미한다.

완전주의(perfectionism) 자신에 대하여 비상하게 높은 수준을 요구하고 모든 것을 철저하게 처리하고자 하거나 또한 사소한 실수에 대해 강박적으로 걱정하는 경향이다.

완전히 기능 하는 사람(fully functioning person) 로저스가 자기의 잠재력을 최대로 활용하는 사람을 나타내는 말이다.

왓슨(J. B. Watson: 1878-1958) 행동주의 창시자이며, 이후 학계를 떠나 화려한 경력을 남겼다.

외디푸스 복합(oedipus complex) 정신분석적 성격이론에서 가정 하는 증상으로 이성 (異性)의 부모에 대한 어린이의 억압된 성적 욕망 및 심리적 유대감을 가리킨다. 외디프스 콤플렉스는 또는 엘렉트라 콤플렉스(electra complex)남근기 단계에서 일어나는 과정으로 어린이는 이성부모와의 성적 접촉을 바라며 동성부모에게서 위협 받는 것처럼 느끼는 것. 그러나 결국 동성부모와의 동일시를 통하여 이 갈등을 해소한다. 아동은 이성부모에게 성애적 감정을, 동성 부모에게는 미움과 질투의 감정을 갖는다.

외부강화(external reinforcement) 어떤 행동이 있은 후에 즉시 뒤따르는 강화를 의미 한다. (예, 사회적 인정, 돈, 주목 등)

외부적 종교 오리엔테이션(extrinsic religious orientation) 올포드가 종교는 자기의 안전, 안락, 신분, 그리고 사회적 안정의 욕구를 만족시키는 수단으로 이용하는 사람의 특성을 나타내기 위해 사용한 용어이다.

외부적 종교 오리엔테이션(intrinsic religious orientation) 올포트가 종교적 가치관을 자기 인상의 통합적인 부분으로 간주하고 그에 따라 자기의 생활을 해 나가는 사람의 특징을 나타내기 위해 사용한 용어이다.

외상(trauma) 헬라어로 트라우마는 원래 상처이다 신약성경 갈라디아서 6장 17절에 "내가 내 몸에 예수의 흔적을 가졌노라"라고 말할 때 흔적이라는 단어를 지칭한다. 트라우마는 불에 달군 쇠로 살을 태워서 자국을 남겼다는 것으로 인간의 심한 정서적, 감정적, 신체적 충격을 주는 스트레스의 상황을 의미한다.

외상 후 스트레스 장애(post-traumatic stress disorder) 삶의 있어서 정신적으로 충격을 심하게 주는 사건이나 환경을 경험한 후 찾아오는 스트레스로 전쟁터에서 살아 돌아와 살면서 겪는 시련 등이 있다.

외적 진행(external proceeding) 개인의 운동이나 언어 행동(예컨대, 차를 수리하거나 친구와)과 같이 환경에 적극 가담하는 순간이다.

외측열(lateral fissure) 각 대뇌반구에서 측면에 있는 깊은 골짜기로 이것을 기준으로 그 아래에는 측두엽이 있다.

외향성(extroversion) 개인의 관심을 바깥쪽으로 돌리는 것. 자기 자신보다 주위환경에나 다른 사람에게 더 관심을 기울인다. 외적, 사회적 활동에 관심을 보이는 것. 외향적인 사람은 특별히 외향성을 나타내는 사람을 말한다. 외향적인 사람은 사교적이며, 태평스럽고, 안정성이 있고, 낙관적이며 실천성이 있다. **(내향성:introversion)을을 참고.**

요구(need) 유기체 내에 결핍을 수반한 신체적 상태를 의미한다.

요소주의(elementalism) 인간 행동의 구체적이고 기본적인 성질을 각각 다른 것과 무관하게 독립적으로 연구함으로써 인간행동의 이해가 가능하다는 기본 가정이다.

욕구(need) 뇌 부위에 있는 어떤 힘을 나타내는 가설적 개념으로 이

힘은 모든 심리학적 과정을 조직해서 어떤 방법으로든 현재의 불만족스러운 상황을 변형시킨다.

욕구감소이론(theory of drive reduction) 신체가 최적 상태에서 벗어나면 신체내부에 긴장이 생기며 유기체에게는 이 긴장을 감소시키려는 욕구가 일어난다고 보는 이론이다.

욕구불만(frustration) 욕구나 욕망이 좌절되는 것이다. 또난 기본적인 요구와 충동을 충족시키려는 노력을 방해하는 것이다. 정신기체 **(mental mechanism)**를 사용하도록 유도한다.

욕구의 단계(hierarchy of needs theory) 인간의 요구의 중요성에 따라 이를 하급에서 고급으로 순서 지어 놓은 단계를 의미한다. 매슬로(Abraham Harold Maslow)가 주창한 인간의 기본적 욕구에 대해 계층 서열을 기초로 해석한 이론이다. 인간의 기본적 욕구는 아래에서 위로 (1) 생리적 욕구(먹을 것, 수면 등), (2) 안전의 욕구(위험의 회피), (3) 소속과 애정의 욕구(타인과의 만족스러운 관계를 추구한다), (4) 자존의 욕구(가치 있는 인간으로서의 평가를 추구한다), (5) 자기실현의 욕구(이상의 실현)의 5단계로 분류된다. 생리적 욕구는 가장 하위에 있으며 가장 강하다. 이것이 만족되지 않을 때는 다른 어떠한 비생리적인 욕구가 있어도 그것을 만족하는 것이 선결 과제가 된다. 그리고 하위에 있는 욕구가 만족되면 그것보다 상위의 욕구가 나타나게 된다. 그리고 인간의 인격적으로 완성된 최고위의 자기실현 욕구는 다른 욕구가 모두 만족되지 않는 한 나타나지 않는다. 이 이론은 사회적 동기부여의 해석으로서 이용되는 경우가 많다. 예를 들면 배고픈 민중은 정치활동으로 먹을 것을 얻을 기회가 있어도 그 장에서 정치에 관심을 가질 여유가 없다. 또한 타인의 애정이나 수용을 느낄 수 없는 인간은 정치 행동에서 자기실현을 도모하거나 자존을 배양할 수 없다. 그러나 이미 정치에 관계하고 있는 사람이 그 상태에 빠진다면 정당이나 지지자에 의해 소속과 애정의 욕구를 만족하려고 할지도 모른다.

이와 같이 이 욕구의 계층 구분은 정치참가의 동기부여를 해석할 때에도 응용된다. 또한 다비에스(James Chowning Davies)는 경제, 사회적인 측면에서 실질적인 수확의 시기를 거쳐 상황이 원래의 상태로 돌아와도 대중의 기대만큼은 계속 상승하기 때문에 그 결과, 욕구와 획득의 격차가 확대됨으로써 욕구불만이 정치적인 동란의 기초가 된다는 이론을 주창하였다. 이 이론의 심리학적 기반은 기본적 욕구에 대한 욕구불만에 있지만 여기에서 이용된 욕구의 리스트도 매슬로의 이론에서 인용되고 있다.

욕구이론(need theory) 머레이가 인간행동을 충동하고 결정짓는 힘을 강조하기 위해 세운 성격이론. 외적 욕구(over need)사회가 그 표현을 허용하는 욕구 이론이다. (예, 친화 욕구)

욕구좌절-공격이론 원하는 목표의 달성이 좌절되었을 때 공격충동이 발생하여 욕구좌절을 일으킨 대상에 대하여 공격행동을 하게 된다는 이론이다.

융해(fusion) 부부 간이나 부모와 자녀사이의 자기 개별화의 수준이 낮아짐으로 인하여 각 구성원의 개체성의 경계선이 흐려지고 밀착되는 것을 의미한다.

우반구(right hemishpere) 오른쪽 대뇌반구. 몸의 왼쪽을 통제하며 대부분의 사람들에게서 공간지각, 형태지각에 중요하다.

우울증(depression) 적합치 않은 슬픔, 실의, 침울, 무가치하다고 생각하며, 죄의식을 가지고 걱정도 한다. 주로 내적, 정서적 원인에 의해 우울증이 생기며 외상적 원인은 많지 않다. 불안이 비현실적인 공포인 것과 마찬가지로 우울증은 비현실적인 슬픔이다. 어떤 사람은 성격상 약간의 우울증 증세를 보여 염세주의로 흐르기도 한다. 이런 사람들은 단지 우울한 사람일뿐이다. 보다 심각한 우울증은 신경성과 정신병의 증세이기도 하다. 때로는 자살을 하게 하는 수도 있다. **조울증(manic-depressive psychosis: 참조)**

우월에의 추구(striving for superiority) 자신의 약점을 극복하고 자신의 잠재력을 극대화하려는 노력. 아들러는 이 노력이 인간행동을 추진하는 역동적 힘이라고 본다.

우위성(prepotency) 긴급성(urgency)의 계층에 따라 욕구가 배열되는 원칙을 뜻한다.

운동뉴런(motor neuron) 뇌나 척수에서 오는 정보를 근육이나 분비선으로 전달하는 뉴런을 의미한다.

운동시차(movement parallax) 움직이는 장소에서 고정된 물체를 바라보면, 예를 들면, 기차 속에서 밖을 내다보면, 먼 곳의 물체는 천천히 움직이는 것처럼 지각되나 가까운 곳의 물체는 매우 빠르게 움직이는 것처럼 지각되는 현상으로 고정된 물체에 대한 거리를 추정하는 단서가 된다.

운동재생 과정(motor reproduction processes) 상징적으로 부호화한 모델의 행동에 대한 기억을 그에 일치하는 행동으로 전환시키는 것을 나타내는 것으로 이는 관찰 학습에 개재하는 요소이다. 반두라는 모델의 행동을 조용히 연습을 하여 숙달 시키는 것은 차 운전과 같은 운동기술을 완전히 학습하는데 결정적인 도움을 준다고 본다.

운동피질(motor cortex) 대뇌피질에서 중심열의 바로 앞에 있는 뇌부위로 여기를 전기 자극하면 해당하는 신체부위가 움직이거나 운동이 일어난다.

원시 치료(primal therapy) 미국의 아더 자노브(Arthur Janov)가 개발한 심리 치료의 한 기법으로 치료사는 먼저 환자가 매우 불행한 느낌을 갖도록 한다. 아동기에 경험했지만 표현된 적이 없는 비참한 느낌을 해소하도록 만든다. 이 환자는 이러한 초기의 고통스런 경험을 풀어놓을 때에 관련 정서가 해소되어 건강한 성인기의 발달을 위 한 길을 열어 놓는다고 본다.

원욕(libido) 1. 행동을 유발하는 본능적인 추동(趨動) 또는 에너지 2. 성본능 3. 성적 욕망 또는 성적 쾌락 4. 정신분석에서 말하는 삶의 본능(Eros)과 죽음의 본능(thanatos)의 결합 상태를 의미한다.

원초아(Id, 原超我) 정신분석이론의 성격구조의 한 부분으로 원욕(Libido)이 위치하는 곳이다. 이 정신세계는 쾌락원칙에 의해 지배되고 동기의 즉각적인 만족을 꾀 하여 현실에 대한 배려를 하지 않는다. -정신분석적 상담을 참조하라.

원형(archetype) 옛날부터 전해 내려온 관념과 소인(素因) 등으로 구성된 종족적 무의식의 내용을 말한다. C. G. Jung은 원형이 집단 무의식의 초석이 되는 원시적 심상. 그 예로는 현인, 대지, 아니마, 아니무스, 그림자 등이 있다. 무의식의 구조적 요소로서 보편적 심상이나 상징을 의미한다고 했다.

웨니크(wernicke) 영역 언어의 이해에 관련되는 좌반구의 한 영역을 뜻한다.

위기(crisis) 욕구가 충족되는 긍정적 경험과 좌절되는 부정적 경험이 교차되는 속에서 자아 양식이 겪는 양극적 갈등을 뜻한다.

위기상담(crisis counseling) 중요한 삶의 목표의 좌절과 역경을 극복하는 상담방법, 위기 상황에 처한 내담자의 무능력을 돕는 상담이다. 위기의 성질에 관계없이 상담자는 내담자로 하여금 우선 자신감과 내적인 안정을 유지하도록 하게 해야 한다.

위약 효과(placebo effect) 위약이 마치 효과가 있는 것처럼 느끼는 사람들의 반응이다. 즉, 환자들은 설탕으로 된 환약을 먹은 후 건강이 좋아진 것처럼 느낀다. 자신이 다른 사람들로부터 주의를 받고 있다고 느낄 때 사람들이 보이는 긍정적인 반응을 지치 하기 위해 좀 더 폭 넓은 의미에서 이 용어를 사용한다.

위인 이론(great-man theory) 일의 진행은 결정적 시기에 뛰어난 사람의 행동에 의해 영향을 받는다는 생각을 의미한다.

위협(threat) 개인 인격에 위험하다고 느껴지는 상황(종종 무의식적으로 느낄 때도 있다)이다. 인간이 위협을 받게 되면 자연히 방어적이 되며 정신기체(mental mechanism)의 어느 하나를 요구하게 된다. 이는 자기의 구성개념체계가 전반적으로 변화되어야 함을 의식한 것이다.

유기체적 신뢰(organismic trusting) 중요한 결정을 내리는데 대한 기초로써 자신의 내적 경험의 느낌과 상의하고 의존할 수 있는 능력을 말한다.

유기체적 평가과정(organismic valuing process) 자신을 유지시키고 증진시키는 것으로 지각되는 경험은 추구되고 긍정적으로 평가 하는 반면 개인의 유지와 증진을 거부하고 반대하는 것으로 지각 되는 경험은 부정적으로 평가하고 거부한다는 로저스의 원칙이론.

유아 기억 상실증(infantile amnesia) 초기 아동기의 기억 상실로, 정신 분석에서는 이를 억압으로 설명한다. 단순히 신경계의 미성숙처럼 경험을 기억 속에 고정시키는 언어의 부재가 그 원인으로 제안되기도 한다.

유전(heredity) 부모로부터 물려받는 성격과 가능성의 양식(樣式), 머리색, 눈의 색과 같은 신체적인 성질은 주로 유전에 의해 결정되며 지능이나 적성 등에 가능성 도 유전에 의해 결정된다. 성격은 일부는 유전에 의해 일부는 환경에 의해 형성 된다. 그리스도인들에게 하나님이 새로운 유전, 영적인 성질을 주시기 때문에 그리스도인은 새로 태어나며(요 3: 5) 하나님의 자녀가 되는 것이다.(요 1: 12, 13)

유전가능비(heretability) 개인이나 집단 간 전체 지능의 차이 중에서 유전에 의한 차이가 차지하는 비율을 말한다.

유전자형(genotype) 유전인자들이 결합되어 이루어진 잠재적인 유전인자구조를 의미한다.

유희 요법(play therapy) 1. 어린이의 성격 연구와 행동문제의 치료를 위해 사용되는 기쁨으로서 어린이가 놀이하는 가운데 자신의 갈등을 표현하도록 한다. 2. 내적인 부적응을 일으키게 하는 감정과 정서를 표현할 수 있도록 유희를 정화(Catharsis)의 형태로 이용하는 것. 3. 이 요법은 어린이의 적응문제를 진단하는 기법으로도 유효하게 사용된다.

유친 욕구(need for affiliation) 사회 심리학에서 다른 사람과 함께 있고 싶은 욕구로, 특히 다른 이들과 똑같이 불쾌한 경험에 직면했을 때 강하게 나타난다. 이러한 욕구는 출생순서와 관련이 있을 수 있는데, 맏이는 가장 유친 욕구를 지닌 반면에 막내는 가장 약하다.

유희 욕구(need play) 어떤 목적 없이 재미있게 논다. 재미있는 일, 유쾌한 일, 가장무도회를 좋아한다. 시간이 있으면 스포츠, 춤, 파아티, 카드놀이 등을 한다.

융(Carl Gustav Jung: 1875-1961) 스위스의 정신 분석가이며 프로이드의 초기 동료이다. 융은 지위가 높은 정신과 의사이며, 신교 목사의 아들로서 기독교인이었다. 융은 연금술에 요가에 이르기 까지 거의 모든 것에 관심을 가졌고, 원형과 집단 무의식과 내향성을 주장했다.

융합(fusion) 단일 행동을 통해 두 개 이상의 욕구가 동시에 만족되는 것으로 한 사람이 다른 사람과 정서적으로 매우 접근하고 자기의 감각이나 경계가 타인에게 의존한 것처럼 되는 경향을 의미한다. 융합은 개인의 지적 정서적 시스템을 애매하게 하는 것이며, 자기 분화와 대립하는 특징이 있다.

음성학적 규칙(phone-logical rule) 언어에서 소리의 결합을 지배하는 규칙을 의미한다.

음소(phoneme) 언어에서 일련의 구별되는 소리의 표상을 뜻한다.

음악치료(music therapy) 내담자에게 음악을 듣게 하거나 적절한 연주 행동을 통하여 치료적 효과를 보게 하는 특수한 심리치료법이다. 그 효과는 내담자의 기분에 뿐만 아니라 신체적 기능까지도 작용한다.

응보규범 자신에게 도움을 준 사람에게는 도움으로 보답을 해야 한다는 신념 체계이다.

응용 심리학(appled psychology) 심리학적 이론과 발견들을 상담하고 교육하는데, 산업 관계 등 일상적인 생활에서의 특별한 문제들을 다루는데 적용시키고자 노력하는 심리학 분야들을 지칭하기 위해 사용하는 일반적인 용어이다.

응종(compliance) 타인의 부탁을 쫓아서 생각이나 행동을 요구하는 대로 따라 주는 것을 의미한다.

의미기억(semantic memory) 세상에 대한 일반적인 지식을 뜻한다.

의미치료(logotherapy) 빅터 프랭클(V. E. Frankl)에 의해 시작되었는데 의지력에 의한 환경 극복과 인생의 대한 의미를 자각하도록 하는 것으로 자유와 책임감을 강조한다. 프랭클이 자신의 유태인 수용소 생활경험을 토대로 발전시킨 치료법이다. 아래의 책을 참조하라 V. E. Frankl, 'Man's Search for meaning' -Anintroduction to logotherapy (Washington Square Inc, U. S. A. 1961).

의식(consciousness) 개인이 가장 높은 가치를 두고 가장 가지고 싶어 하는 자아개념으로 C. R. Rogers의 개념이다.

의사소통 가족상담 이론(communication family therapy theory) 이 이론은 1960년대 Palo Aito의 정신세계 연구소에서 Gregory과 Bateson Don Jackson의 주도하에 진행된 연구를 통해서 발달 하였다. 이 이론은 가족 내에서 대화의 역할에 중요성과 가족들의 관계적 병리와 개인의 병리현상 등을 발견하여 치료하는 가족 치료 기법이다.

의상 도착증(transvestism) 반대되는 성의 옷을 입고자 하는 강박적 행동이나 그러한 옷을 입었을 때 경험하는 성적 흥분을 의미한다. 성도착증과 비교하여 잘 이해해야 한다.

의존성 인격장애(dependent personality disorder) 대인관계에서 타인의 평가에 민감하고, 자신의 삶의 중요한 결정과 책임을 타인에게 미루며 자신과의 관계에서는 자존감이 낮으며 독립심이 약하여 혼자 있는 것을 두려워하는 인격장애를 의미한다.

의지(conscious) 어떤 순간에도 의식할 수 있는 생각이나 느낌을 뜻한다. 프로이드의 무의식과 대조 되는 의식이다.

의지력(will power) 아동으로 하여금 자유선택을 연습하게 해 주고 동시에 자기억제도 연습시키게 해주는 자율성에 수반되는 심리 사회적 미덕이다.

이마고(Imago) 주체의 내부 상태와 역동에 따라서 다른 사람들에 대한 주관적인 이미지들이 생성된다는 사실을 강조하기 위해 이미지(image) 대신 사용되는 용어. 원상은 많은 이미지들(예를 들어, 부모의 이미지)이 부모와의 실제적인 개인 경험에서 생기는 것이 아니라 무의식적 환상에 기초하거나 원형들의 활동에서 유래한다는 사실을 강조한다. 원상은 얼마 동안 어떤 범주의 사람들을 지각하는 과정에 포함된 여과 장치로서 또는 기대치로서 기능한다. 따라서 원상은 타인에 대한 감정과 행동에 영향을 미치며 다른 사람들을 어떻게 지각할 것인가를 결정한다. 원상은 콤플렉스를 구성한다. 예를 들어, 어머니 원상은 자신의 취약한 초기 경험들을 긍정적인 축과 부정적인 축을 둘러싸고 조직하려는 유아의 선천적인 경향성을 나타낸다. 긍정적인 축에는 '모성적 돌봄과 공감, 여성의 마술적 권위, 이성을 초월하는 지혜와 영적 고양 그리고 도움을 주는 본능이나 충동들이 모인다. 이것들은 모두 긍정적이고, 소중히 여기고, 지지해주며, 성장과 풍성함을 가져다준다.' 부정적인 축에는 '비밀스럽고, 숨겨져 있고, 어두운 어떤 것; 심연, 죽음의 세계, 삼켜버리고 유혹하며 타락시키는 어떤 것, 운명과 같이 두렵고 피할 수 없는 것'이 모인다(Jung). 발달적 관점에서 보면, 이것은 어머니의 이미지가 좋은 측면과 나쁜 측면으로 분열되는 것을 의미 한다. 융은 지적하기를, 이러한 대조적인 이미지가 문화적으로 널리 퍼져 있기 때문에, 인류 전체가 분열된 어머니 원상(imago)을 갖고 있다고 말하는 것은 이상한 일이 아니라고 했다. 하지만 이상적일 경우, 유아는 자신의 어머니가 분리될 수 없는 하나의 전체라는 사실을 받아들이며, 그녀에 대한 상반된 지각을 하나로 통합시킨다.

이상적 자아(ideal self) 한 개인이 되어야 한다고, 될 수 있다고, 되고 있다고 생각하는 인간상을 의미한다.

이상화 기둥(idealizing pole) 5세 이후의 아이들이 부모와 의미 있는 주변의 사람들 특히 아버지의 행동을 보면서 이상적인 자아 및 행동을 키워 가는 과정 속에 생기는 정신 및 심리 또는 정서적 기둥을 의미한다.

이성애(htrosexuality) 남녀 간의 정상적인 성관계로서 성적 매력과 관심, 그리고 신체적인 접촉관계를 가지는 것을 의미한다. 동성애(homesexuality)의 반대개념이다.

이완 훈련(relaxation training) 근육긴장을 이완시키기 위해 여러 기법들을 훈련하는 것이다. 이 절차는 Jacobson의 점차적 이완법에 기초되어 있다. 이것은 근육 이완이 정서적 이완을 일으키는 데에 효과적이라는 가정에 기초를 두고 있다.

이완 요법(relaxation therapy) 1. 정신적 긴장과 육체적 피곤을 감소시키기 위한 심리치료법, 최면 또는 암시적 기법과 자기훈련(自己訓練) 등을 활용한다. 2. 주로 근육이완을 위한 신체치료법의 하나로 근육이완 훈련이라고도 부른다.

이중구속(double bind) 부모가 자녀에게 한 가지 사실을 말하고 있으면서 실제로는 정반대의 의사를 표현하는 의사전달 방식을 말한다. 이는 서로 상충되는 메시지나 요구는 심한 스트레스와 심지어 정신분열증을 야기 시킬 수 있다고 본다.

이중인격(ambivalance) 사물에 대해 갈등하는 태도로서 한 가지 이상의 감정이 일어나는 것으로 인간, 사상, 사물에 대해 사랑과 증오가 동시에 나타난다. 적극적 감정과 소극적 감정이 거의 동일하다. 결심을 지속시키는 것이 실제적으로 불가능 하며, 양자 사이에서 동요한다.(신역성경 야고보서 1장 8절 참조) 적극적인 면이나 소극적인 면 중의 하나를 억압한 연후에만 결단적인 행동을 취할수가 있다. 이중인격을 가진 사람들은 종종 그들의 갈등을 해소하기 위해 일시적인 충동에 따라 행동하기는 하지만, 오히려 정상적인 행위를 전혀 할 수 없는 결과를 초래한다.

이차과정(secondary process) 자아가 본능의 욕구를 현실과 구분 지어 절충하면서 복잡한 사고나 미래를 예측하는 데 영향을 주는 기능을 말한다. 정신분석학이론에서 자신 혹은 타인의 안전을 해치지 않고서 본능적 욕구를 만족시키게 하는 인지-지각적 기술이다. 이는 유기체의 과거 조건 역사에서 일차적 강화와 밀접하게 연관됨으로써 강화속성을 획득한 자극이다.

이타주의(altruism) 이타주의는 자신의 욕구나 욕망은 억누르고 남의 욕구나 욕망에 관심을 가지는 것이다.

이혼 치료(divorce therapy) 이혼 치료는 이혼의 전, 중간, 이후에 가족 시스템 구축과 조정을 원조하는 것이 그 중심적인 치료과정이다. 우선 이혼 직전에는 원래의 관계에 대한 집착이나 헤어지고 싶다. 헤어지고 싶지 않다고 하는 양가감정, 그리고 대체로 보여 지는 육체적인 관계의 거절 등에 관한 대응이 원조의 중심으로 된다. 그리고 마침내 이혼의 실행 시에는 법률적인 문제가 정면으로 나와서 부부간의 감정적인 어긋남이나 아이들의 양육 문제가 자주 극적인 것으로 된다. 이혼 후에는 네트웍의 재건, 더 나아가서 예를 들면, 아이들과의 면회라고 하는 전 배우자와의 새로운 조정 관계, 그리고 재혼이라는 문제로 중심이 이동해 간다.

인간-중심치료 Carl rogers에 의해서 개발된 심리치료의 한 방법으로서, 치료자는 비지식적 태도를 취하며, 거울처럼 반영적이고 해석하거나 충고하지 않는다. 치료적 가정은 내담자가 자기 자신의 문제들에 대해서 가장 훌륭한 전문가이며 문제들에 대해 비판적이고 수용적 분위기 속에서 해답을 내놓을 수 있다는 것이다.

인간학적 심리학(humanistic psychology) 인간학적 심리학은 알프레드 아들러(Alfred Alder: 1870-1937)의 사상을 중심으로 아브라함 매슬로(A. Maslaw1908-)와 칼 로저스(Carl Rogers: 1902-)와 롤로 메이(Rolo May) 심리학에서는 인간을 근본적으로 선하고 창의적인 존재로 보면서 인간의 존엄성, 가치 그리고 내재적 가능성의 온전한 개발에 관심을 갖고 인간을 치료한다. 각 개인을 통일된 독특한 총체로 보면서 사랑, 증오, 공포, 희망, 유머, 행복, 인생의 의미, 책임감 등 인간의 모든 경험을 연구하여 병의 치료보다는 건강과 성장을 강조한다.

인격(personality) 사람의 특성을 통일적, 총체적(總體的)으로 표현 하는 말과 인격이라 하면 태도, 충동, 야망, 금지, 적성, 지능 등이 포함 된다. 심리학적인 인격의 개념 은 일반적으로 한 개인의 좋으면 만을 묘사하는 '인격' 이라는 용어와는 개념이 다르다. 심리학적 측면에서 볼 때는 사람은 누구나 다 동일한 양의 '인격을' 가지고 있다. 그러나 그 인격을 구성하는 것은 사람에 따라 다른 것이다. 이는 도덕적 기준 또는 가치관으로서 이를 통해 개인의 행동이 평가되는 것이다.

인격 장애(personality disorder) 이는 평균 범위에서 벗어난 인격으로 지속적이며 예측가능하며 현실적응에 있어서 자신 및 사회와의 관계성에서 주요한 기능장애를 초래하는 이상성격의 양상이다. 인격장애자들은 스스로 치료를 받으려고 하지 않는다. 원인으로는 유전적 혹은 생리적, 도는 환경적인 것이 있다. 정신의학자들이 상용하는 DSM-IV(Diagnostic and Statistical Manual)에는 11가지의 인격장애를 진단한다. 즉, 편집성(paranoid), 분열성(schizoid), 분열형(schizotypal), 표면성(histrionic), 자기애적(narcissistic), 반사회적(antisocial), 경계성(borderline), 회피성(avoidant), 의존성(dependent), 강박성(obsessive-compulsive) 인격장애로 나누어서 설명하고 있다. (성격장애와 유형참조)

인공지능(artificial intelligence) 컴퓨터로 수행되는 인지과정으로 형태 인식이나 문제 해결을 수행하는 컴퓨터 프로그램을 말한다. AI은 컴퓨터 과학과 인지 심리학을 연결하여 연구하는 분야이다.

인본주의 심리학(humanistic psychology) 인간 존재의 독자성을 강조하는 하나의 심리학적 접근으로서 주관적 경험과 인간적 가치를 중시한다. 흔히 행동주의나 정신분석에 대비시켜서 심리학에서의 제삼의 세력이라고 한다. 건강하고 창의적인 인간의 연구를 강조하는 심리학. 인본주의 심리학은 개인의 특유성, 가치와 의미의 추구, 그리고 자기 통제와 자기 충족에 내재하는 자유를 강조한다. 즉 인본주의적 심리학은 인간의 잠재력과 독특성을 강조하는 심리학적 접근, 주관적 경험과 인간의 가치를 존중한다. 인간을 목적적인 존재로 보기 때문에 개인의 이념, 목적, 가치 및 자유의지가 인간행동을 결정한다고 본다.

인상형성(impression formation) 타인의 성격특성이나 행동경향성에 관한 지각으로 우리가 어떤 한 사람에 대한 다양한 종류의 정보를 이해하고 그 사람에 대한 전반적인 판단을 형성하는 것이다.

인정압력(press recognition) 보상과 명예에 대한 경쟁을 의미한다.

인지 심리학(cognitive psychology) 행동을 연구하는 데 정신과정의 역할을 강조하는 심리학이다. 이 심리학은 보통 지각, 기억, 사고, 및 언어의 네 분야를 다룬다.

인지-행동 치료(cognitive behavior therapy) 사람의 신념, 사고 및 행동에 대한 자기 진술의 영향을 강조하는 하나의 심리 치료적 접근으로 행동 치료의 확장이라고 할 수 있다. 이 접근법을 대표하는 사람으로는 Aaron Beck, Albert Ellis및 Donald Meichenbaum을 들 수 있다.

인지과정(cognitive process) 지각하고 기억하는 정신과정과 정보를 획득하고 계획을 세우고 문제를 푸는 정보처리과정을 뜻한다.

인지과학(cognitive science) 사람이 어떻게 지식을 획득하고 조직 하는가에 주의의 초점을 맞추어 인지를 이해하고자 하는 과학이다.

인지구조(cognitive structure) 외적 행동을 가능하게 하는 내재적인 지적 구조를 의미한다.

인지도(cognitive map) 어떤 행위가 목표에 접근해 갈 때 뇌 속에 지도가 그려진다고 보는 견해이다.

인지적 과정(cognitive processes) 우리에게 통찰력과 예견력을 제공 해 주는 정신과정을 말한다.

인지적 부조화(cognitive dissonance, 認知的 不調和) 1. 개인이 양 립 할 수 없는 두개의 신념이나 인지를 경험할 때 느끼는 불편한 심리 상태 2. 동시에 일어난 인지(認知)들 사이에 또는 인지와 행 동 사이의 불일치에 의해 일어나는 동기적 상태(動機的 狀態)을 의 미한다.

인지적 시연(cognitive rehearsal) 인지 행동 치료에서 사용되는 방법 으로 과제를 수행 하는 데 필요한 각 단계에서 성공하는 모습을 순서대로 상상하게 하는 것이다.

인지적 평가(cognitive appraisal) 스트레스에 관한인지 현상학적 입 장에서 주장하는 바로, 어떤 사건에 당면하였을 때, 사람들은 그 사건을 자신의 안녕의 관점에 서 평가하여 그것의 스트레스성 여부를 결정하고(일차적 평가), 그리고 그것을 다 루어 갈 수 있는 대처 차원의 관점에서 평가하여(이차적 평가) 대처에 준비한다는 것을 뜻한다.

인지 정서 치료(rational-emotive therapy) 미국의 심리학자 앨버트 엘리스(Albert Ellis)가 개발한 심리치료의 한 형태로 행동 치료와 밀접한 관련이 있다. 이 방법은 정서, 행동적 장애를 일으키는 머리 속의 비합리적 생각을 합리적인 생각으로 바꾸려고 하는 치료이다.

인지 치료(cognitive therapy) 인지 심리학의 관점으로 이뤄지는 모든 형태의 심리 치료이다. 인지 치료에서는 사람들이 자신의 경험을 이해하는 방식을 가장 중요한 치료 요인으로 생각하며, 사람들로 하여금 자신의 불행 뒤에 놓여 있는 신념과 기대를 인식하도록 도와준다. 그런 다음 이들에게 부정적인 신념이나 기대를 긍정적인 것으로 대치하도록 권장한다.

인지 학습 이론(cognitive learning theory) 자극은 신경계를 경유해서 나타나는 반응과 직접적으로 연결되어 있다는 행동주의자의 입장에 반대하는 심리학의 학파이다. 이들은 복잡한 학습은 뇌에서 지식이나 생각을 재구조화하고 재조직화 함으로써 이뤄진다고 보고 있다.

인출(retrieval) 기억에서 정보를 찾는 탐색과정이다.

인출단서(retrieval cue) 정보를 인출하는 데 도움을 주는 단서를 의미한다.

일반적 적응 증후군(General Adaptation Syn-drome:GAS) Seyle가 제시한 개념으로, 어떤 새로운 자극 형태가 나타났을 때 신체에서 이에 대응하려는 방어의 틀 을 갖게 되는 것으로 경고 반응, 저항 및 소진의 세 단계로 구성되어 있다.

일상생활의 문제꺼리(problem of daily life) 일상적인 생활을 통하여 경험하는 사소하지만 심리적 부담을 주는 사건들을 말한다. 이는 배우자와 언쟁을 한다든지, 자녀가 아프다든지, 일이 너무 많다든지 등으로 이혼이나 실직과 같은 인생의 중요한 변화보다도 적응과 정신 건강의 면에서는 더 중요할 수 있다.

일시적 조건형성(temporal conditioning) 고전적 조건형성에서 CS가 전혀 없이 UCS만 일정한 가격으로 제시하는 절차인데 언뜻 보면 흔적 조건형성과 비슷하지만 CS가 없는 것이 특징이다.

일차 강화(primary reinforcement) 본래부터 고유한 강화속성을 가진 사건이나 대상물을 말한다. 무조건 강화라고도 불리 운다.

일차 과정(primary process) 원초아가 좌절을 참지 못하고 실제 행동이나 상상을 통해서 현실과 무관하게 만족을 추구하려는 경향을 말한다. 일치추리 외부적인 압력이 없는데도 남들이 하기 싫어하는 것을 하는 경우 내부귀인이 일어난다는 것을 의미한다. 환상을 통한 본능적 욕구의 만족을 뜻한다. 이전에 기본욕구의 만족과 연합되었던 사물의 심상을 머릿속에 그림으로써 긴장을 해소하려는 심리적 현상을 뜻한다.

일차 대상(primary object) 대상관계 이론에서 사용되는 용어로 자기에게 영향을 끼쳐 내면화됨으로써 유아의 인격발달에 일차적으로 영향을 주는 부모 특히 어머니의 역할을 말한다.

일치성(congruence) 1. 자아의 일부가 되도록 경험을 의식적으로 통합하는 것이다. 2. 상담자가 자신의 내부의 경험을 알아차리고 상담 관계에서 자신의 내면적 경험을 명백하게 할 수 있는 기본능력이다. 상담자의 내면적 경험의 태도와 행동에 나타나려면 상담자의 말과 행동이 자신의 경험과 일치해야 하며 내면적 감정의 변화에 민감해야 하고 자신을 투명하게 드러낼 수 있으며 있는 그대로의 자기 자신이어야 한다(C. R. Rogers).

일화기억(episodic memory) 일상생활에서 경험하는 자기에 대한 기억을 의미한다.

임상 심리학(clinical psychology) 임상 심리학에서의 장면은 일하는 사람, 정신질환이나 적응문제를 가진 사람을 돕는 사람은 정신의학자, 정신분석학자, 임상심리학자 이상의 세 사람이 있다. 이는 주로 종합 병원의 정신병동과 정신 위생에 관련하여 일을 하게 된다.

임상목회교육(clinical pastoral education) 미국에서 1920년대 중반부터 시작된 신학교육의 한 방법으로서 주로 병원을 임상센터로 해서 슈퍼바이저의 감독 아래 임상적인 목회상담훈련을 시키는 교육 과정으로 기본이 400시간이다. 한국에는 1970년대에 소개되어 임상시간이 축소된 형태로 각 신학관련대학교에서 실시되고 있다.

입방체 이론(cube theory) 사람들은 합의, 특이, 및 일관성 정보를 종합적으로 검토하여 귀인의 방향을 결정짓는다는 것을 뜻한다.

ㅈ

자극 변별(stimulus discrimination) 여러 환경자극 각각에 대해 어떻게 적당하게 반응할 것인가를 학습하는 과정이다.

자극 일단화(stimulus generalization) 강화된 행동이 여러 다양한 비슷한 상황으로 확장되는 경향성을 의미한다.

자극 일반화(stimulus generalization) 고전적 조건형성에서 원래의 조건자극이 아닌 다른 자극에 반응하는 경향성으로, 원래의 조건자극과 유사할수록 이러한 경향성은 크다. 도구적 조건형성에서도 이와 같은 비슷한 현상이 일어나는데, 즉 원래의 변별자극이 아닌 다른 자극에도 반응을 하는 경향이 있다.

자극통제(stimulus control) 행동 치료에서 특정 반응이 좀 더 많이 일어나거나 좀 더 적게 일어나도록 환경을 배열하는 것이다. 예컨대, 흡연의 가능성을 줄이기 위하여 하루에 담배를 한 갑만 사는 것이다.

자기 강화(self-reinforcement) 자기가 통제할 수 있는 보상을 스스로 자기에게 보상을 줌으로써 자기행동을 개선하거나 유지하는 과정이다.

자기 개별화(differentiation of self) 머레이 보웬의 가족 시스템 이론에서 가장 중요한 개념으로써 가족 체계 속에 있는 개인이 그 가족전체로부터 자신을 구별 지울 수 있는 자율성을 확보할 수 있는 능력수준을 의미한다.

자기 규제(self regulation) 자기 자신의 행동에 영향력을 행사할 수 있는 개인의 능력을 의미한다.

자기 발견적(heuristic value) 한 이론의 가치를 평가하는 기준. 훌륭한 이론은 새로운 연구 주제를 계속 끌어낼 수 있어야 한다.

자기중심성(ego-centricism) 개인이 자신의 욕구와 관심에 지배되어 생각하거나 행동함으로서 타인의 입장을 이해하지 못하는 경향이다. 즉, 자신의 관점에서만 대상을 이해하는 유아기 조망수용능력의 한계를 의미한다.

자기 지시적 훈련 Donald Meichenbaum이 기술 한 기법. 자기 파괴적 사고를 자기 향상적 인지로 대치하는 것이다.

자기 효능감(self-efficacy) 개인이 스스로 생활을 극복할 수 있고 자신의 노력으로 자신이 원하는 결과를 얻을 수 있다는 신념 또는 기대를 말한다.

자기(ego, 자아) 특히 개인이 갖는 자기 자신에 대한 개념 정신분석에서는 원초아(id)로부터 발전된 의식기능(consciousness function)으로 본다. 즉 자기와 현실사이를 구별하는 것을 학습하고 원초아의 욕구와 비판적이고 도덕적인 면을 추구하는 초자아(Superego) 사이를 조정하는 역할을 한다.

자기(self) 1. 자신의 고유한 성격에 대한 자각 또는 지각 2. 의식적인 존재로서의 개인 3. 자신의 정체와 계속성과 노력, 그리고 자기상(self-image)등에 대한 개인의 인식을 뜻한다. 칼 융은 자기를 자아(ego)와 구분하여 진정한 자기, 본래의 자기, 개성화 과정의 마지막을 의미로 인격의 중심에 정신과 마음을 설명했다.

자기개념(self-concept) 유아가 성장함에 따라 자신을 환경과 분리하여 소유할 줄 알게 된다. 이러한 인식과 기능이 발달함에 따라 환경적 경험으로부터 자아에 대한 인식이 생기게 되는데 이것이 자아개념(자기개념)의 발달이다. 자아개념의 발달은 유기체가 자신의 경험을 어떻게 지각(知覺) 하느냐에 따라 많이 좌우된다. 이는 사람들에 대해서 갖는 생각, 감정 및 태도의 종합. 어떤 이론가들에 대해서, 자기개념은 자기와 동의어이다.

자기도취(narcissism: 自己陶醉) 자기 자신의 신체적 속성이나 행위에 부적절하게 과도한 가치를 부여하는 특성을 말한다. 정신분석에서는 자아가 타인이 아닌 자기 자신을 사랑의 대상으로 삼을 수 있으며 이러한 자애적(自愛的)인 사랑은 생의 전반을 통해 어느 정도 유지되는 것으로 극단적으로 정신분열증세(schizophrenia)로 발전하기도 한다.

자기 분석(self-analysis) 1. 자기 자신에 대한 정신분석의 실시 2. 보다 일반적으로는 개인이 자신의 동인(動因), 정서, 잠재력의 한계에 관해 이해하려는 시도를 의미한다. 자기분석은 정신분석을 포함하는 것으로 상담에서는 교육 분석으로 지칭한다.

자기 분화(differentiation of self) 자신이 속하는 시스템에 대한 자기의 자유도를 나타내는 술어이다. 이것은 특히 문제를 가진 시스템의 압력 하에서 자기의 건강도를 나타낼 때 사용되어 진다. 또한 특정한 시스템 내에서 다른 구성원에 대한 상대적인 의존도와 자율성의 정도를 나타내는 것이기도 하다. 이는 보웬이 사용한 것으로 개인 치료의 경향도 강하며 개인의 지성과 감정의 분화 정도를 나타낼 때에도 이 용어가 사용된다. 그리고 그의 가족 치료는 개인 치료와 시스템으로 가족 치료의 다리를 건너는 역할을 하고 있는 것 같은 인식을 받는다. 그러나 반대로 말하면 시스템의 이해에서 개인 이해의 방향으로 추진해 가는 것도 가능하다는 특색이 있다고도 할 수 있다. 이론의 중심적 개념으로 정신내적 측면과 대인관계에 관련되어 있다. 보웬에게 있어서 자아분화는 치료목표인 동시에 성장목표가 된다. 자아분화는 부모의 정서적 융합으로부터 각 개인이 자유로워지는 과정이다. Bowen에 의하면, 자아분화 된 사람은 사고와 감정을 분리할 수 있는 능력과 동시에 이 둘 사이에 균형을 이룰 수 있다는 것이다. Bowen은 부모로부터 자아가 건강하게 분화된다는 사실은 정신내적 측면보다는 대인 관계적 측면을 좀 더 중시했다. 정신 내적인 측면에서 자아분화는 지적기능이 정서적인 기능에서 얼마나 분리되어 있는가의 정도를 의미한다.

Bowen은 단일 연속선상에서 범주화 하는 방법을 사용하여 자아분화 정도를 측정하기 위한 척도를 개발하였다. Bowen에 의하면, 자아분화가 가장 낮은 상태를 0으로 하고 가장 높게 나타나는 상태를 100이라고 하여 어떤 개인이든지 이 연속선상의 한 지점에 위치하고 있다는 것이다. 자아분화 수준은 0-25는 아주 낮은 사람, 25-30은 대체로 낮은 사람, 50-75는 보통 사람, 75-100은 높은 사람으로 나누어 설명하였다. 1) 아주 낮은 사람(0-25): 가족 및 다른 사람에게 정서적으로 융합 되어있는 상태로 자신의 생각이나 느낌을 남에게 표현하는 것이 어려우며 자신의 감정 상태에 따라 즉흥적인 행동을 한다. 그리고 주위사람의 감정이나 반응에 민감하고 의존적이며 사회적 적응력이 부족하다. 즉 정서적으로 매우 의존적이며 일상생활을 거의 유지하지 못한다. 2) 대체로 낮은 사람(25-50): 여전히 아주 낮은 사람 (0-25)과 마찬가지로 다른 사람의 정서체계와 반응에 민감하게 영향을 받는다. 자기신념과 의견은 있으나 긴장과 스트레스상황에서는 쉽게 영향을 받는다. 즉, 다른 사람의 인정을 받기 위해 목표지향적인 행동을 하기 때문에 다른 사람의 인정을 받는 경우에는 매우 안정적이지만 좌절을 경험할 때는 매우 불안한 모습을 보인다. 3) 보통사람(50-75): 다른 사람과 융합되지 않으면서 밀접한 관계를 유지하며 불안증가에도 지적체계와 정서적체계의 적절한 기능을 함으로써 독립적 의사결정과 자율적 기능이 가능하다. 자신의 신념과 의견을 분명히 가지고 있으며 아주 독립적이며 목표 지향적인 관계체계를 중요시한다. 또한 스트레스가 발생해도 감정에 지배되지 않을 정도로 사고가 충분히 발달되어 있다. 4) 높은 사람(75-100): 사고와 감정이 적절히 분화되어있고 정서적으로 안정되어 있으며 타인과 친근한 정서적 관계를 맺으면서도 확고한 자아정체감을 유지해 나간다. 자신의 가치관과 신념이 뚜렷하며 타인의 관점을 존중하면서 타인의 반응에 크게 좌우되지 않으며 목표 지향적 삶을 산다. 또한 자신의 삶에 대한 분명한 신뢰와 확신이 있으며 높은 불안에 대한 대처능력이

뛰어나다. 이 척도의 기준이 Bowen이 제시하고 있는 개인의 자아가 가족의 자아집합체에서 얼마나 분화되어 있는가를 사정하기 위한 자아분화의 척도이다. 연구자는 이 척도를 활용하여 상담과정에서 내담자 부부의 자아분화 상태에 따른 애착불안을 분석하고자 한다.

자기상(自己像, self-image) 개인이 자신에게 바라는 생각의 내용 또는 현재의 자기에 대한 긍정적 또는 부정적 평가내용을 의미한다.

자기수용(self-acceptance) 자기와 자신의 특질 및 기호에 대해 본질적으로 만족하고, 자신의 한계를 깨닫는 것이다.

자기실현(self-actualization) 자아(ego)는 정신분석 측면에서 의식적 인격이 중심이고, 자기(self)는 의식과 무의식을 합친 전체정신의 중심을 통합하는 것이다. 융이 말하는 자기실현은 인간의 심적 전체성의 완전한 실현을 향하는 노력이다. 의식과 무의식, 빛과 어두움, 남성원리와 여성원리 등의 근본적인 대립이 조화되고 통합되는 자기 전체성이 자기실현이다. 이 자기에서 갈등이 멈추고 모든 것이 정지되며 식별불능의 조화로운 원초적 상태가 나타난다. 자기는 최고의 정신적인 권위이며 자아를 자기에게 복종시키는 것이다. 자기는 주로 내면적이며 경험적인 신(deity)으로 묘사되는 것으로서 신의 형상과 같은 것이다. 개성화의 마지막 지점에서 자기의 실현, 탄생은 완전한 의의변환을 뜻한다. 자기는 우리의 삶의 목표이며 궁극적인 목표이다. C. R. Rogers는 유기체(有機體)가 자신을 유지시키고 향상시키는 방향으로 자신의 능력을 발달시키려는 타고난 경향. Maslow는 인간의 욕구계열(Serial of wanting)에서 가장 고차원적인 것으로 자기실현은 한 사람이 자기 자신의 잠재력을 최대로 실현시키려고 하는 기본적 경향성이다. 자기실현은 자기가 뜻하는 바 모든 것을 이루고자 하는 욕망으로서 자기가 바라는 사람이 되는 것과 따라서 뜻있고 충만한 인생을 사는 것으로 설명된다. 이는 Maslow나 Rogers등에 의해서 발전된 인본주의적 이론들의 기본 개념이다.

자기조절(self-regulation) 행동치료에서 부적응적 행동을 수정하기 위해서 자기 자신의 행동을 감시하고 자기 강화와 같은 방법을 사용하거나 자극 조건을 통제하는 것이다.

자기통제(self-control) 자신의 행동을 통제(統制)하는 능력, 충동적인 행동이나 감정을 억압하거나 저지하는 능력이다.

자기표현훈련(assertive training) 일반적으로 직접적인 대인관계 처리 과정에서 유발된 불안을 해소하는데 사용된다. 상담자는 내담자의 공포와 불안이 근거 없다는 것과 공포가 그를 어떻게 무능력하게 만들었는지를 지적. 설명해 주며 자기주장 이 처음에는 어렵지만 점점 쉬어짐을 자각시켜 줌으로써 억제된 의사와 감정을 표현 하도록 훈련하는 방법이다. 일단 자기 자신을 표현하기 시작 하면 좀 더 어려운 상황에서도 구체적으로 행동할 수 있다.

자동적 사고(automatic thought) 어떤 일을 경험할 때 순간적으로 일어나는 생각이다.

자발적 회복(spontaneous recovery) 일단 학습된 반응이 소거된 후 다시 원래 학습할 당시의 상황에 있게 하면 학습된 반응이 일시적으로 나타나는 현상이다.

자신감(competency) 근면성으로부터 초래되는 심리적인 힘으로서 이것은 개인으로 하여금 환경을 효과적으로 이겨 나갈 수 있다는 느낌을 갖게 한다.

자아(self) 이 자아는 칼 융의 개념으로 자아는 진정한 자기의 모습, 즉, 진정한 인간을 찾아내는 것이다. 이를 찾아가는 과정을 융은 개성화 과정이라고 언급했다.

자아개념(self-concept) 개인 자신이 생각하고 있는 자아-지각의 전체적 형태 또는 양상. 구체적으로, 개인이 자신은 어떤 인간인가를 지각한 것을 말한다.

자아 심리학(ego psychology) 정신분석학이론에 그 근원을 갖는 성격에 대한 이론적 견해이나 프로이드의 원래 이론과는 큰 차를 갖는 인간행동에 관한 새로운 조망(perspectives)과 이해방법이다. 인간행동과 그 행동기능의 기초로서 본능(id)보다는 자아(합리성)를 강조한다. 자아(ego) 정신분석학 이론에 있어서 성격구조의 현실지향적 측면이다. 사회세계와 효과적으로 상호작용 하는 필요한 모든 지적 활동, 지각, 학습, 추리 등을 포함한다.

자아기능(ego-function) 자아가 현실에 적응. 조작하는 활동으로 지각. 사고, 현실검증(reality testing). 판단능력 등이 포함된다.

자아실현 경향성(self-actualizing tendency) 로저스 이론에서 자신을 유지하고 증진시켜 주는 인생에서 가장 근본적인 동기로서 소질이 자신에게 허용 하는 바 최고가 되고자 하는 동기이다. 자아실현 경향성은 복합성, 자기-충족, 성숙 그리고 능력을 더 증진하는 방향으로 자기를 개발하려는 개인의 경향성을 의미한다. 이는 자신을 지지하고 발전시키고자 하는 인간의 기본적 동기를 알아내기 위해 인본주의 심리학자들이 때때로 사용하는 개념이다.

자아실현자(self-actualizers) 자기의 결핍동기를 충족하고 충분히 건강한 인간으로 간주될 수 있을 정도로 자기의 잠재력을 개발한 사람을 뜻한다.

자아 이상(ego-ideal) 부모가 자녀에게 가르치는 완성의 기준을 포함한 초자아의 측면이다. 또 이것은 개인으로 하여금 자존심과 자부심을 주는 목표를 설정하도록 만든다.

자아 정체성(ego identity) 자기지각의 전체성(totalities)으로서 이것은 개인에게 유일감(uniqueness)과 시간상의 연계성(continuity)을 제공한다. 이는 자신의 자아가 연속성과 동일성을 갖는 것으로, 경험하고 그렇게 행동하도록 확립해가는 청년기 탐색능력이다.

자아 존중감(self-esteem) 한 개인이 자신을 얼마나 좋아하는가와 다른 사람들이 자신을 가치 있다고 생각하는 정도를 말한다.

자아 통합(ego integrity) 개인이 직업, 성취, 자녀를 포함해 인생을 축적함에 따라 그의 인생주기의 최정상에서 느끼는 만족감을 의미한다.

자위(masturbation) 성기를 스스로 자극하는 것으로 성년은 일반적으로 가지는 행동이고 가끔 어린아이들도 하는 수가 있다. 일반적으로 생각하는 것과는 달리 자위자체가 정신적이나 신체적 질병의 원인이 되지는 않는다. 그러나 자위행위에 대한 죄의식이나 불안 등은 행위자의 감정을 심각하게 위협할 수도 있다.

자유론(freedom) 인간은 자기 행동의 주체 자로서 행동에 미치는 환경적 영향력을 초월 할 수 있다는 기본 가정이다.

자유연상(free association) 정신분석에서 사용하는 기본적 기법으로, 환자에게 마음에 떠오르는 생각은 무엇이든지 구성하거나 검열하지 말고 보고하도록 요청하는 것이다. 이는 환자의 연상으로부터 그의 무의식 세계 속에 잠재한 갈등과 장애에 대한 단서를 지각할 수 있다고 보는 기법이다. 1. 정신분석적 심리치료(Psychoanalytic psychological therapy)에서 사용하는 기법으로서 환자가 마음에 떠오르는 것은 아무리 부적절하고 부끄러운 것이라도 모두 이야기하도록 한다. 2. 피험자 반응의 속성에 제한을 가하지 않고 주어진 단어에 대한 자유로운 생각을 표현하도록 한다. 다시 말해서 자유연상은 허무맹랑한 것이든, 엉터리 같은 것이든, 그리고 외설적이든 간에 환자의 마음에 떠오르는 모든 것을 자유롭게 이야기하게 함으로써 무의식을 밝혀내려는 정신분석적 과정이다.

자유 연상법(free association method) 단어가 주어졌을 때 그 자극 단어에 대한 반응을 생각하는 단어 연상 실험의 방법이다. 정신분석에서 의식되어지는 모든 것을 수정 없이 보고하려는 노력이다.

자율성(autonomy) 개인이 자주적임을 내적으로 느끼는 것으로서 그의 인생에 영향을 주는 외부사건에 어느 정도 영향력을 행사할 수 있다.

자율신경계(autonomic nervous system) 신체내부기관의 민무늬근이나 내분비선과 신경연결을 이루는 말초신경계의 한 부분. 교감신경계와 부교감신경계로 구분된다.

자의식(self-consciousness) 개인의 자신에 대한 다른 사람들의 반응에 관심을 가질 때 나타나는 자각(自覺) 상태이다. 1. 자신의 행동에 대한 과민성, 2. 자신의 심리적 과정에 대한 인식, 3. 독특한 개인으로서의 자신의 존재의식을 말한다.

자제(self-control) 자기통제를 참고.

자존심 욕구(self-esteem need) 다른 사람으로부터 인정과 존중을 받으려는 개인의 기본 요구이다.

자존심(self-esteem) 자신을 수용하고 적어도 어느 면에서는 자신이 가치 있는 사람이라고 느끼며, 자신을 존중할 수 있는 것. 자아 긍정(自我肯定)과 비슷한 개념이다.

자폐증(autism) 1. 개인적인 욕구나 환상에 의해서 지배되는 폐쇄적 인사고, 2. 현실을 무시한 원망(願望)으로서 세계를 자각하는 증상, 3. 자신의 사고와 공상에 극단적으로 지배되는 증상이다.

잔상(after-image) 밝은 빛을 본 후 눈을 감을 때처럼, 어떤 자극이 제거된 후에도 지속적으로 남아 있는 시간적 인상을 말한다.

잔상 효과(after-image effect) 어떤 형태를 지각한 후 다른 형태를 지각할 때 나타나는 지각적 왜곡으로 첫 번째 형태를 볼 때 나타나는 전경(figure)과 배경(background)의 관계가 두 번째 형태를 볼 때도 똑같이 지각된다.

잔향 기억(echoic memory) 청각 정보에 대한 감각 기억이다.

잠복기(latency period) 리비도적인 에너지가 잠복되고 관심은 주로 동성 친구들과의 교제를 통한 흥미와 기술발달을 꾀하는 시기이다.

잠재학습(latent learning) 어떤 것에 대하여 학습은 되었지만 행동으로 표현되지 못하고 잠재되어 있는 인지학습의 한 유형이다.

장기 발생적 욕구(viscerogenic need) 개인의 생물학적인 필요성과 연관된 욕구이다. 잠, 음식, 배뇨욕구 등이다.

장기기억(long-term memory) 비교적 오랫동안 정보를 담고 있는 기억으로 저장용량은 거의 무한하다.

장 이론(field theory) 형태 심리학파가 주장하는 이론 가운데 가장 잘 알려진 유형으로 인간과 고등 동물의 행동 그리고 뇌의 기능에 있어서 전체는 부분의 합 이상이며, 뇌는 단순한 신경 세포의 합보다 전체적인 장으로써 더 잘 이해될 수 있고, 어떤 특정 행동의 원인은 가장 분명한 외부적 자극보다는 상호 작용하는 요인들의 전체적인 장 속에 존재한다는 이론이다.

재조건형성(reconditioning) 일단 조건반응이 소거된 동물에게 CS에 뒤이어 강화인자인 UCS를 다시 짝 지우면 다시 조건반응이 획득된다. 이때의 재 조건형성은 처음 조건형성 시보다 빠르게 이루어진다.

재활(rehabilitation) 신체적, 정서적, 사회적 무능력을 예방, 제거, 감소시키며 자신의 신체적•정신적 능력을 자신의 생활 목적과 사회적 요구에 부응하게 하도록 회복•증진시키는 과정을 말한다.

저용량성 갈증 세포외액의 용량이 감소한 데 대하여 일어나는 갈증으로 삼투압성 갈증과 대조된다.

저항(resistance) 1. 상담관계에서 나타나는 내담자의 방어는 상담자에게는 저항으로 나타나는데 무의식적인 자료가 인식되는 것을 피하려는 시도이다. 2. 과거에 있었던 중요한 사건을 기억하지 못한

다든가 불안을 일으키는 주제에 대해 말하지 못하는 것이다. 이
저항은 정신분석에서 자유연상이 막히는 것이다. 또한 무의식적 충
동이 인식 수준으로 오는 것을 막는 심리적 장벽으로 저항은 억압
을 유지시키는 과정의 일부분이다.

적성(aptitude) 어느 특수한 종류의 행위를 터득할 수 있는 선천적
잠재능력, 적성의 유형에는 기계적, 사무적, 수학적, 사색적, 언어
적, 기학적, 적성 등 여러 가지가 있다. 성격을 적성과 혼동해서는
안 된다. 적성은 다만 가능성(possibility)일 뿐이다. 어느 누구도
자신의 적성을 다 성취시킬 수는 없다. 하나님은 인간에게 주신 적
성을 최대한 이용할 책임을 인간에게 주셨다. (마 25:14~20)

적응(adjustment) 1. 장애를 극복하고 욕구를 만족시키기 위한 유기
체의 활동과정 및 변화, 2. 신체적. 사회적 환경과 조화 있는 관계
를 수립하는 것이다. 이 정의는 기술이나 학습을 강조하지 않고 사
회적 순응, 동조(同調)의 의미에 치중한 것이다. 적응은 개인과 대
상 혹은 사회 환경이 조화를 이루는 것. 혹은 이 조화로운 관계가
획득될 수 있는 과정을 말한다. 정신건강의 척도가 된다.

전경-배경(figure-background) 외부세계를 이해하기 위해서는 형태
를 인식해야 하는데, 그 형태가 배경과 분리되어야 가능하다는 것
을 설명하려는 원리이다. 전경과 배경이 뒤바뀔 수 있지만, 일반적
으로 전경이 장의 일부로서 지각자의 주의를 환기시킨다. 사람이
어떤 일에 집착하여 있는 것이 전경이라면, 그 외에 것은 배경이
된다. 그러나 그 외에 것의 하나를 선택하면, 전경이 배경으로 된
다는 원리이다.

전두엽(frontal lobe) 대뇌반구의 일부로 중심구(中心溝)보다 전방에
있는 부분으로 기억력·사고력 등의 고등행동을 관장한다. 포유류
중에서 고등한 것일수록 잘 발달되어 있고 인간은 특히 현저하게
발달해 있다. 기억력·사고력 등의 고등행동을 관장한다. 비교 해부
학상으로는 이 부분이 포유류 중에서 고등한 것일수록 잘 발달되

어 있다. 인간은 전두엽의 발달이 특히 현저하다. 원숭이류나 유인
원류의 대뇌와 비교하면 인뇌(人腦)의 전두엽은 전상방으로 둥글게
튀어나와 있다. 그것은 머리의 전방부, 즉 이마의 외형에도 잘 나
타나 있다. 전두엽의 하면은 안와(眼窩:눈구멍)의 천장을 이루는
골판 바로 위에 붙어 있다. 또, 전두엽의 뒤쪽은 두정엽(頭頂葉)으
로 계속되고, 후하방은 측두엽(側頭葉)의 앞부분과 접하고 있다. 전
두엽은 고등한 정신작용이 있는 곳이라고 예로부터 생각되었으나
근래 이 부분을 광범위하게 상처를 입히는 수술이 시행된 결과로
는 반드시 그 점을 입증하지 않는 듯하다. 그러나 전두엽은 매우
넓은 범위에 이르고 있으므로 그 중 어딘가에 높은 단계의 중추가
있다는 설이 있어 오늘날까지도 아직 결론을 내리지 못하고 있다.

전략적 가족 치료(strategic family therapy) 상담자가 특정한 문제에
초점을 맞추어 개입을 계획하는 가족 치료의 접근방법이다. 이 치
료 과정은 현재 가족이 문제에 대해서 어떻게 대처 해 왔는가를
묻고, 가족의 상호 교류를 관찰한다. 또한 이것에 의하여 문제가
지금까지 어떻게 유지되어 왔는가를 파악한다. 그리고 마지막으로
리프레이밍 증상에 대한 긍정적 의미 부여나 해결을 방해하는 악
순환적인 상호 교류의 연쇄를 해체한다.

전략적 개입 치료(strategic intervention) Don Jackson과 관련된 가
족치료의 한 접근법. 행동을 변화시키기 위하여 역설과 같은 특수
한 전략을 사용한다.

전보문(telegraphic speech) 아동의 두 단어시기를 기술하는 용어로
서 기능어를 생략하고 내용어만을 표현하는 특징을 가진다.

전위(displacement) 1. 원래의 대상으로부터 정서적 표적을 대리적
대상으로 옮기는 것이다. 2. 방어기제(defense mechanism)의 하나
로써 직접적으로 표현될 수 없는 동기를 더 잘 받아들이기 쉬운
형태로 바꾸어 나가는 것이다.

전의식(preconsciousness) 개인이 어떤 순간에 의식하지 못하지만

쉽게 의식화 될 수 있는 사고, 의식과 무의식(consciousness, and unconciousness)의 중간지대로 있는 인간 의식의 한 부분으로 프로이드가 설명했다. 이 전의식은 어떤 순간에나 기억할 수는 없지만 조금만 노력하면 쉽게 의식할 수 있는 생각이나 느낌이다. (예컨대 당신의 생일은 언제인가?)

전이(transference, 轉移) 1. 내담자가 이전의 대인관계 중 중요했던 사람에게 가졌던 감정을 상담자에게 전달하는 것으로 주로 부모-아동간의 정서적 관계를 재현함이다. 2. 정신분석에서는 상담자가 전이의 대상이 되며 전이감정(轉移感情)을 내담자로 하여금 상담자 및 타인에 대해서 가졌던 감정을 표현할 수 있도록 하기 때문에 분석에 도움이 된다. 3. 일반적으로는 한 대상에서 다른 대상으로의 감정전위 (感情轉位)는 못한다. 전이는 환자가 과거 중요한 인물(주로 부모)에게 향했던 감정을 치료자에게로 전향시키는 것으로 정신분석학적 요법에서 중요시하는 현상이다.

전이 신경증(transference neurosis) 내담자가 부모 대신 분석가에게 애착을 느끼는 것처럼 대체적(代替的)인 기제(mechanism)에 의해 본 능적인 만족이 얻어지는 신경증을 말한다.

전쟁피로증후군(battle fatigue) 전환성 히스테리(conversion hysteria)의 한 형태인 심리적 장애의 한 형태로 탈진 및 스트레스와 전쟁에 대한 불안 때문에 생긴다. 이러한 환자들은 보통 전쟁 장면으로부터 벗어나게 한 후에 치료가 가능하다.

전체적 강화(total reinforcement) 어떤 올바른 행동을 할 때마다 100% 강화를 받는 경우, 계속적 강화(continuous reinforcement)라고도 한다.

전체주의(holism) 인간 행동을 이해하려면 인간을 전체성의 측면에서 연구해야 한다는 기본 가정이다.

전환(conversion) 무의식적인 진행과정, 장래의기의 진행과정으로 인해 내적 갈등이 불안을 유발시키지 않고 그 대신에 신체적, 생리적, 심리적 증세로 전환된다. 이는 비교적 성숙된 방어기제이다. 심리학에서 사용하는 conversion을 신학상 용어인 conversion(개심)과 혼동해서는 안 된다.

전환 신경증(conversion hysteria) 여러 가지 형태를 취하는 복잡한 신경증으로 일반적으로 정서적 불안정, 억압, 해리(解離), 피암시성(被暗示性) 등이 장애로써 나타난다. 이는 히스테리의 일종으로 심리적 갈등을 마비와 같은 심각한 신체적 문제로 전환시킨다.

절감 원리(discounting principle) 귀인에서 어떤 행동이 외부적인 압력에 의해 일어났다는 정보를 갖게 되면 내부귀인이 감소한다는 것이다.

절대 식역(absolute threshold) 한 자극을 탐지하는데 필요한 최소한의 물질적인 강도를 말한다.

절망(despair) 노인들이 자기 인생은 불만족스러운 기회와 잘못된 방향으로 일관되어 있었다고 느끼는 감정이다.

절약성(parsimony) 이론의 가치를 평가하는 기준. 훌륭한 이론은 그 이론의 범주 안에 속하는 현상을 설명하기 위하여 꼭 필요한 개념과 가정만이 포함되어 있어야 한다.

절정경험(peak experience) 강한 흥분과 이완을 느끼는 상황을 의미한다. 이러한 상황에서 개인은 흔히 달성 못할 것이 없고 극복하지 못할 것이 없다는 강한 자신감과 능력감을 느끼게 된다.

점성원리(epigenetic principle) 인간발달은 모든 인간에게 보편적인 일련의 불변의 단계를 통해 진행하고 각 단계에는 생리적인 성숙과 각 단계에서 개인에게 부과된 사회적 요구로부터 발생하는 위기가 수반된다는 가정이다.

접근, 접근갈등(approach-approach conflict) 1. 양립할 수 없는 두

가지 다른 목표에 동시에 접근하도록 유인되는 갈등상태, 2. 똑같은 매력을 지니나 상호불용적 (相互不容的)목표를 사이에 개인이 놓인 상황을 말한다.

정서(emotion) 강력한 감정적인 경험 또는 정신상태로서 종종 아주 격한 감정폭발을 유발하기도 한다. 심리적이든 신체적이든 간에 여러 가지 콤플렉스(complex) 반응에서 나타나는 제결과(諸結果)들은 정서에 속하며 공포, 분노, 사랑, 증오 등 과 같은 것이 있다. 정신질환 환자의 경우 정서의 원인을 환자 자신은 모르는 경우가 많다.

정서 재교육(emotional reeducation) 환자가 얻은 통찰을 일상생활에 적용하도록 그를 격려함으로써 치료를 기하는 정신분석학적 기술로서 치료의 마지막 단계에서 이용한다. 정서적 원인은 내적인 것이므로 외적 방어는 전혀 효과가 없으며 신체의 활력에 치명적인 손상을 가한다.

정서에 대한 제임스 랑게 이론(James-Lange theory of emotion) 미국의 철학자 윌리엄 제임스와 네덜란드 생리학자 랑게 G. G. Lange가 내 놓은 두 개의 비슷한 정서 이론의 융합, 본질적으로 그들은 우리가 정서라고 언급하는 것이 흥분을 야기 시키는 사건 뒤에 발생하는 신체적 변화의 의식적 인식이라고 제안했다. 따라서 슬프기 때문에 운다라고 말하는 것보다 울기 때문에 슬프다라고 말하는 것이 더 정확할 것이다. 이는 바드 캐논 이론과 대조적이다.

정서-중심의 대처(affective focused coping) 스트레스를 일으키는 상황을 직접 다루기보다는 그 당시에 경험하는 정서적 고통을 조정하여 삶과 환경의 관계에 변화를 가져오는 것이다. 회피, 최소화, 거리 두기, 선택적 주의 등의 인지적 전략과 마음의 괴로움을 덜기 위해서 명상, 술 마시기, 분노를 발산하기, 정서적 지지를 구하기 등의 행동적 전략을 사용할 수 있다.

정서장애(affective disorder) 정서의 혼란을 가진 정신병으로서 조증

(躁症), 우울증, 조울증(manic depressive psychosis)등이 여기서 속한다.

정서적 긴장(emotional tension) 행동으로 옮기기 전의 감정상태가 지속되는 것을 말한다. 정서적 긴장에 대한 대응 행동(노여움, 화를 내어 풀어버림, 공포- 도망 함)을 억제하면 정상상태로 되돌아가는 것이 아니라 신체적으로 위기상태가 계속 되는 경향이 있다.

정서적 미성숙(emotional immaturity) 정서의 통제력이 불완전하게 발달해 있는 것, 독립심, 자기 의존심이 정상적인 성인과 같이 발달되어 있지 않고 보통 사람은 충분히 견딜 수 있는 스트레스에도 평정을 유지할 수 없다. 어린 아이와 같이 짜증 을 내거나 잘 토라지거나, 잘 울거나 주의를 끌려고 하는 일련의 행동들은 정서적 미성숙에 기인한다. 심한 정서적 미성숙은 가벼운 정신병의 일종이기는 하나 피해 범위는 좁아서 통상적으로 연루된 사람과 친구들에게 국한되기 마련이다.

정서적 이혼(emotional divorce) 부부간에 반응의 면에서 마음이 떨어져 나가도 있는 상태를 의미한다. 부부 간의 화제나 과잉된 불안이나 정서적 반응으로 인하여 대화를 할 수 없게 되는 과정이다(Bowen, 1978). 부부가 상대에 불만을 느끼면서 결혼 생활이 무너지게 되는 것을 의식하면서 정서적으로 멀어지게 된다. 정서적 이혼의 단계가 되면 서로의 관계에서 적극적인 측면보다도 단점 쪽으로 주의를 집중하게 되고 과잉으로 받아들여 상대를 비판하게 된다. 이들은 상황이 바뀌지 않으면 별도리가 없다고 생각하게 된다. 이 시점에서 가족치료를 받거나 상대가 싫어하는 언행을 바꾸거나, 서로에게 기대 하는 바를 다 채울 수 없다는 생각을 가지고 바꾸기 시작하면 치료가 시작된다. 부부의 정서적 이혼을 치료하지 않으면 각방을 쓰거나, 습관적인 성관계를 맺거나, 단순히 심리적인 거리를 줄이려고 성 행위를 갖게 된다. 즉, 부부가 가능한 할 수만 있다면 같은 공간에 동거를 피하며, 서로에게 불필요한 생각이나 중요시되지 않는 느낌을 품은 채 대화하고 관계하게 된다.

정서적 차단(emotional cutoff) 한 개인과 원 가족과의 현저한 정서적 분리 패턴이다. 정서적 차단은 단절에 의한 고립은 출생 가족 이외의 타인(예를 들면 배우자)와의 강력한 융합을 가져온다. 이 결과로 정적 차단은 오랫동안 지속되지는 않는다(Bowen, 1978) 대부분의 사람은 원가족의 양친과 과도하게 융합된 경우 떨어지고 접촉해도 짧은 시간으로 반복된다. 정서적 접촉을 요구하는 것과 같은 가족 관계를 피하는 등, 정서적으로 자신을 원가족으로 부터 떠나려고 한다. 성장과정에서 융합이 강하면 강할수록 청소년기의 자립시기에 차단이 일어날 가능성이 크다. 정서적 차단은 세대간의 과도한 융합을 반영하고 있지만 정서적 접촉을 피하는 데에서 불안을 감소할 수도 있다. 부모와 자녀 관계의 차단이 일어나면 대개는 가족의 이외의 사람과 종래과 똑같은 강한 융합에 빠지기 쉽고 차단은 일시적 문제에 그치기 쉽다. 양친의 곁에 있고 싶은 욕구를 계속 가지고 자란 아이는 청년기가 되면서 강한 융합에서 떨어지려고 하여 새롭게 같은 정도의 강한 관계를 이성이나 친구에게서 구하고 부모 자녀 융합의 강도에 따라서 타인의 융합 욕구도 강하게 나타난다. 다시 말해서 욕구를 만족시키기 위해 점차적으로 상대를 바꾸어 깊은 관계를 맺지만 그 관계가 지나치게 강하면 또다시 그 관계를 차단하고 싶어 한다. 결혼생활에서 부부가 소원하게 되거나 정서적으로 떨어져 있는 부부의 사랑(정사:情事)에 집중하게 되는 패턴도 나타난다.

정서적 태도(emotionalized Attitudes) 이성적 원인보다 감정적 원인에 의해 움직여지는 태도, 그러한 태도는 완강하다 할지라도 이론적으로 변증할 수가 없다. 보통 합리화하려고 시도하지만 불가능하다. 이러한 원인은 유년시절로 거슬러 올라간 다. 이성적 판단을 하기에는 너무 어린 유아시절에 부모에게서 그러한 태도를 전 수받은 것이다.

정신 결정론(psychic determinism) 인간의 생각, 감정에는 목적이 있으며 과거의 경험에 의해 이미 결정되어 있다는 정신분석이론의 한 개념이다.

정신분석학적 심리학(psychoanalgsistic psychology) 정신분석학은 1885-년부터 1939년 사이에 지그문드 프로이드(Sigmund Freud)에 의해서 발달된 학문으로서 신경증(neurosis)의 연구로 시작되어 성격론 이론 발전된 학문이다. 이 심리학에서는 잠재의식적 동기(sub-conscious motive), 갈등, 행동, 징후(symptom)의 연구에 관심이 집중된다. 즉 인간의 이성적인 부분보다는 비이성적인 잠재의식을 강조한다. 따라서 인간을 이해하는 방법으로 자유 연상법(free association method)과 꿈 분석의 방법 등이 잠재의식을 연구하는데 중요한 기술이 된다. 그러므로 자연히 인간의 의식적인 면보다는 잠재의식을 더 강조하여 인간을 분석하고 이해한다.

정신 측정법(psychometrics) 심리적 변인과 개념의 측정방법이다.

정신기제(mental mechanism) 억압된 욕망을 보상(補償)하려는 간접적인 특히 잠재 의식층의 의식작용으로서 갈등을 취급하는 여러 가지 방법들이 정신기제에 속한다. 이 정신기제(精神機制)들은 개인의 자아의식을 보호하고 높이려는 시도이다. 기제(Mechanism)는 누구나 다가지고 있으나 정도가 다를 뿐이다. 사람에 따라서 한 가지 특정 기제만을 너무 많이 사용하는 수도 있다. 이럴 경우 정신 건강에 손상을 끼치는 것이다. (방어기제를 참고)

정신물리학(psychophysics) 정신과정과 물리적 세계 사이의 관계에 관한 과학으로 Fechner에 의해 명명된 이름. 지금은 보통 물리적 자극에 대한 감각의 결과에 관한 연구를 일컫는다.

정신박약(mentally defective) IQ가 70 이하일 때 정신박약이라고 한다. 이러한 상태는 1. 유전적으로 2. 외상(外傷)에 의해 3. 질병으로 인해 일어나는 수가 있다. 일반적으로 정신박약은 다음 3가지수준으로 분류한다. 1. 노둔(mordon): IQ 50~ 69 2.치매(Imbecile): IQ

20~ 49 3.백치(Idiot): IQ 20이하 이 상태는 일반적으로 영구적이다. IQ가 약간 높은 정신박약은 특수 교육을 받아서 도움을 얻을 수 있다. 그러나 보다 낮은 정신박약은 특수기관에 송치해야 한다.

정신병(psychosis) 사고 과정의 와해, 정서혼란, 시간, 장소, 사람에 대한 방향감각의 상실, 때로는 망상과 환상으로 특징 지워지는 심한 정신질환이다.

정신병질적 인격(psychopathic personality) 정서적으로 불안하며 올바른 판단력을 가지지 못하는 사람, 경험을 통해서 배우지 못하기 때문에 벌을 주겠다고 위협해도 겁낼 줄을 모른다. 이런 환자는 충동적이며 괴팍하며 책임감이 결여되어 있고 자기행동이 어떠한 결과를 가져 올 지에 대해서 무관심하며, 나쁜 짓을 하고서도 죄의식이 전혀 없고 자기가 원하면 어떤 방법으로든지 욕망을 채운다. (타인의 희생을 지불하고라도) 거의 다 그렇지는 않지만 대부분의 범죄자들, 성범죄자들은 정신병질적인 사람들이 많다.

정신분석(psychoanalysis) 프로이드(S. Freud)에 의해 발달된 심리치료의 한 방법이며 성격의 구조와 발달에 대한 이론이기도 하다. 또한 무의식적인 동기와 갈등을 파헤쳐 인간행동의 근원을 찾으려는 심리학의 역동적인 기제(dynamic mechanism of the psychology)이다. 치료로서의 정신분석은 억압을 제거하고 무 의식적 동기를 의식화시키는 전문적인 작업이며 자유연상(free-association)과 꿈의 분석(analysis of dream) 전이현상(transference phenomenon)을 활용한다. Sigmund Freud와 그의 추종자들에 의해 이루어진 심리치료 체계, 정신 분석의 기법은 자유연상, 꿈의 해석, 전이문제의 훈습 등을 포함 한이 정신분석은 프로이드가 세운 성격의 구조, 발달, 역동성, 변화의 이론, 정신분석이론은 행동의 결정요인으로서 생물학적 그리고 무의식적 요인의 역할을 크게 강조한다. 그리고 이 이론은 인간행동은 근본적으로 비합리적이고 그 행동은 id, 자아, 초자아간의 상호작용의 결과임을 주장한다.

정신분석학적 상담(psychoanalytic counseling) 이 상담은 프로이드의 이론을 기초로 한 상담으로 내담자의 아동기와 성장과정에서 억압되었던 무의식 세계에 초점을 두고 치료하는 상담이다(G. Carl Jung, Otto Rank, Erich Fromm, Karen Horney, Harry Stack Sullivan).

정신분열증(schizophrenia) 성격기능의 여러 국면 중 특히 정서와 행동 간에 조화를 잃거나 분리되어있는 기능적 정신질환, 증상으로는 자폐증(autism), 환각(hallucination), 망상(delusion)이 나타난다.

정신 신체질환(psychosomatic disorder) 심리적인 원인으로 야기되는 신체적 질환이다.

정신 연령(mental age) 발달수준이 정상적이라고 판단되는 생활연령의 단위로 정신적인 발달이 표현되는 수준이다.

정신요법(psychotherapy) 심리치료를 참조하라.

정신위생(mental hygiene) 정신건강을 유지하고 또 증진시키는 데 필요한 적합한 지식 및 연구 활동, 환자로 하여금 정신장애를 극복하도록 돕거나 그의 환경에 가장 잘 적응할 수 있도록 하는 것들을 포함한다.

정신 역동적 가족 치료(psychodynamic family therapy) 가족 구성원의 생활사를 중시하는 대상관계의 이론에 입각한 수많은 접근 방법을 총칭한다. 이 치료의 목표는 가족 내에서 과거의 역할 중 반복되는 것을 회피하면서 희망을 갖고 과거를 통찰하는데 있다.

정체(stagnation) 개인의 사적 요구가 가장 관심의 초점이 되는 자기탐익(self-absorption) 상태이다.

정체위기(identity crisis) Erickson이론 중 청소년이 "나는 누구인가?", "나는 어디로 가는가?" 와 같은 의문과 투쟁하는 시기가 있다. 정체위기에 고민하는 청소년은 자기의 사회적 역할이 무엇인가를 분명히 몰라 어떤 상황에서 아무 역할이나 해도 괜찮다고 잘못 생각 한다.

정향반사(orienting reflex) 유기체가 특정한 자극에 대해여 반사적으로 주의를 집중하는 반사이다.

정화(catharsis) 직접적이거나 간접적인 표현을 통해 충동 및 고조된 정서 상태를 감소시키는 것. 보통 언어적이거나 환상적인 표현을 하도록 한다. 정화는 공격충동을 어떤 식으로든 발산함으로써 이를 해소하는 것으로 환자가 자신의 불안이나 증상에 관해 터놓고 얘기함으로써 그것을 완화시키는 치료과정이다.

제이차 성징(secondary sexual characteristics) 일차적인 성 기관의 발육 외에 사춘기 성호르몬이 분비되면서 나타나는 신체적 변화이다.

제임스 랭지(James-Lange) 이론 고전적인 정서 이론의 일종으로 이 이론에 의하면 자극에 의해 먼저 신체 변화가 일어나고 뇌가 여기에 관한 정보를 받아서 정서 경험을 일으킨다고 본다.

조건강화(conditioned reinforcement) 일차적 강화가 아닌 중립자극이 강화의 기능을 하는 것으로 이차적 강화라고도 한다.

조건반사(conditioned response) 무조건 반응과 비슷한 것으로서 조건 반응은 애초에는 중립적 자극이었던 것에 의해 유발된다.

조건 반응(conditioned response:CR) 원래는 중립자극이었던 조건자극이 무조건 자극과 짝 지워진 결과로 조건자극에 의하여 방출된 반응을 뜻 한다.

조건 자극(conditioned stimulus:CS) 고전적 조건형성에서 무조건 자극과 짝 지워짐으로써 새로운 반응을 방출하게 하는 자극을 의미한다. 조건자극은 어떤 반응을 자연적으로 일으키는 자극과 자주 연합됨으로써 그 반응을 일으킬 수 있는 능력을 갖춘 자극이다.

조건적 긍정적 대우(conditional positive regard) 어떤 사람이 다른 사람의 기대에 일치하는 행동을 함으로써 칭찬, 주목, 인정을 받는 상황을 말한다.

조건형성(Conditioning) 조건반응(자극과 또 다른 자극. 반응의 연합)이 학습되는 과정으로 고전적 조건형성(classical conditioning)과 조작적 조건형성(operant conditioning)이 있다. 행동수정(behavior therapy)을 참조.

조상화 기법(sculping) 심리극의 응용으로 가족 구성원이 그들의 사이에 있는 감정적인 원근감에 대해 표명하도록 요구된다. 심리극과 다른 점은 감정의 해방보다는 가족 시스템내의 상호 작용 차원이 강조되는 것이다. 가족 구성원은 각각 교대로 다른 구성원을 조상(彫像)해 보고 어떤 행동이나 감정을 나타내듯이 일정한 자세를 취한다. 그리고 그들은 방의 자유로운 위치에 배치한다. 그 구도는 숨겨진 관계, 연합, 갈등 등을 시각, 감각, 상징적인 형태로 표현하고 있다고 생각된다. 치료자의 역할 중 하나는 가족 시스템의 시각에서 거기에 나타나져 있는 의미를 파악하고 분석, 통합하는데 있지만 그것을 기초로 하면서 각 구성원으로 하여금 마음의 움직임, 감정 등을 읽고, 토의하게 한다. 또한 이 기법은 각 구성원이 자기 자신의 개인적 경험을 추상할 필요가 있기 때문에 그것을 개별화하여 관찰하고 해석하도록 하는 지혜를 제공하게 된다. 동시에 그러한 자기는 가족 시스템 중의 하나의 단위로서의 자기, 서로 영향을 미치는 단위로서의 자기라는 것을 생각하게 하는 것으로도 된다.

조울증(manic depressive psychosis) 정서 및 기분의 주기적 변화로 특징 지워지는 심한 정신질환. 조증(躁症) 상태에서는 과대 흥분, 고조된 기분, 지나친 운동, 사고의 도약 등이 나타나고 울증(鬱症) 상태에서는 우울, 소극성, 둔감성, 사고의 부 진, 불안, 슬픔, 자살 충동 등이 나타난다.

조작 행동(operant behavior) 유기체가 자유롭게 방출한 반응. 그 반응의 빈도는 여러 가지 강화 스케줄에 따라 크게 영향을 받는다.

조작적 정의(operational definition) 개념을 규정함에 있어서 경험적인 소여와 그 논리적 조작에 의하여 정의함을 말한다.

조작적 조건형성 혹은 조건화(operant conditioning) 특정행동의 결과를 체계적으로 조작함으로써 이 행동의 발생 빈도가 증가 또는 감소되는 현상, 상담과정에서 내담자가 바람직한 행동을 했을 때 그 행동에 대해 상담자가 관심이나 찬성을 표현하면 그런 행동 유형을 계속하게 된다. 옳은 반응 또는 행동의 변화가 강화되고 발생 빈도가 높아지는 학습형태로 도구적 조건형성이라고도 한다.

조절(accommodation) 눈 속의 수정체가 물체의 거리에 따라서 초점을 변화시키기 위해서 두께를 조정하는 작용이다. 자신이 가진 기존의 도식이나 구조를 새로운 대상에 맞게 바꾸어 가는 인지과정이다.

조정추론(modulation corollary) 개인의 구성개념체계는 그가 새로운 것을 구성하는 또는 오래된 것을 재구성하는 능력에 따라 변한다는 가정이다.

조직추론(organization corollary) 개인의 구성개념과 불일치를 최소로 하기 위해서 계층적으로 배열되어 있다는 주장이다.

조증(mania) 특별한 종류의 행동을 하고자 하는 충동을 동반하는 통제 불가능한 흥분의 상태이다.

조형(shaping) 목표행동에 가까워질 때마다 적절한 보상을 주어 특정한 행동을 학습시키는 방법이다.

조화(congruence) 개인의 경험과 그의 자아개념 간에 불화가 없으므로 인해서 생기는 상태이다.

종결(termination) 상담의 제일 마지막 단계로서 매우 중요한 단계이다.

종단적 연구방법(longitudial method) 같은 집단을 일정기간 계속 추적하여 어떤 특징의 변화과정을 연구하는 방법이다.

종말단추(terminal button) 축색의 끝에 있는 단추모양으로 된 부위로 신경충동이 오면 신경전달물질을 시냅스로 방출하여 그 다음 세포에 정보를 전달한다.

종속(subsidization) 어떤 욕구는 다른 비교적 덜 강한 욕구를 통해 충족됨을 나타내는 욕구상호작용을 지배하는 원칙이다.

종속변인(dependent variable) 독립변인의 변화에 기인하여 측정 변화된 변인 심리 실험에서 종속변인은 자극에 대한 반응을 일컫는다.

종특유 행동(species-specific behavior) 학습되지 않은, 종 특유하게 나타나는 목표 지향적 행동이다.

좌반구(left hemisphere) 좌측 대뇌반구. 몸의 우측의 감각과 운동에 관련되며 대부분의 사람에게서 말하기, 읽기, 쓰기 및 논리적 사고와 관련된다.

좌절(frustration) 목표 지향적 행동에 대한 방해나 그 결과로 생긴 긴장되고 불안한 상태. 즉 좌절은 욕구나 소망이 억압당하는 것 또는 개인적인 목표의 달성이 봉쇄되는 것이다.

죄악감(guilt) 아동이 갖는 무능감과 자기 의심감으로서 이것은 그의 부모가 그에게 스스로 어떤 과업을 완수할 기회를 주지 않음으로써 생긴다.

죄의식(guilt) 자신이 동일시하는 사회적 행동 규범을 위반했다는 인식으로 정신분석에서 죄의식은 초자아가 지나치게 강력할 때 생기는 무의식적 갈등의 결과이며, 이러한 갈등들이 해소되지 않으면 신경증적 증상이 생긴다.

죄책감(guilty feeling) 개인이 다른 사람과 관계를 맺게 해 주는 중요한 역할로부터 이탈된 것의 인식이다.

주 특질(cardinal trait) 영향력이 큰 특질로서 이 특질이 개인의 모든 행동에 영향을 끼친다.

주관성(subjectivity) 개인은 각기 자신의 행동에 중요한 영향을 끼치는 매우 사적이며 주관적인 경험세계 속에 살고 있다는 기본가정이다.

주의집중 과정(attentional processes) 관찰자가 모델의 어떤 측면에 주의를 기울여야 하는가를 결정하는 과정이다. 따라서 관찰자가 무엇을 학습할 것인가를 결정해 주는 모델 행동에서 나타나는 단서를 말한다.

주장 훈련(assertiveness training) 내담자로 하여금 긍정적 감정과 부정적 감정을 모두 공개적이고 효과적으로 표현하도록 가르치는 치료 절차이다.

주제(theme) 자극하는 상황(압력)과 행동적 에피소드(behavioral episode)를 생산하는 어떤 구체적 욕구간의 상호작용을 의미한다.

주제 통각 검사(TAT: thematic apperception test) TAT 약자로서 여러 장의 그림으로 구성된 투사검사(projective test)며 경험자들이 그림을 보고 이야기를 만든다. TAT는 흔히 개인의 무의식적 사고, 환상, 그리고 동기를 조사하는 목적으로 쓰인다. 주제 통각검사는 개인이 갖고 있는 요구-압력관계를 비롯한 여러 가지 심리적 역동관계(psychological dynamic relation)를 분석, 진단, 해석하려는 것으로 여러 그림을 보고 떠오르는 대로 얘기를 엮어 가는 투사법 검사이다.

주지화(intellectualization) 정서적으로 위협이 되는 상황을 추상적이고 지적인 용어를 사용함으로써 초연(超然)하게 보려는 시도로 일종의 방어기제(defence mechanism) 중 하나이다.

준비된 조건화(prepared conditioning) 인간이 태어나면서부터 특정한 종류의 대상이나 상황에 공포를 보이도록 생물학적으로 준비되어 있다는 가정을 말한다.

중개변인(mediating variable) 자극과 반응 사이에 개입될 것이라고 추론되는 변인이다.

중심열(central fissure) 좌우 대뇌반구에서 전두엽과 두정엽을 분리시키는 깊은 중심구라고도 한다.

중심특질(central trait) 여러 다른 상황에서 개인행동에 영향을 주는 개인의 특질로 올포드는 중심특질이 성격을 구성하는 '건축용 벽돌' 이라고 보았다.

중요한 타인(significant other) 이는 의미 있는 타인으로서 미국의 사회학자 미드가 사람들의 자아 이미지와 관련해서 중요한 사람을 지칭하기 위해 사용한 용어로 일반적 타인과 비교된다.

중추신경계(central nervous system) 인간과 동물의 신경계에서 가장 많은 부위를 차지하는 부분으로 뇌와 척수를 포함한다. 말초신경계와 함께 동물의 행동을 제어한다. 척추동물에서는 뇌와 척추가 중추신경계를 이루며 이를 구성하는 신경세포는 연합뉴런이 주가 된다.

지각 심리학(perception psychology) 이는 인간의 감각과 지각의 문제는 물론 사고의 문제까지도 포함하고 있다. 어느 때는 감각 심리학(sensation psychology), 사고 심리학(thinking psychology)으로 구분 지어 사용하기도 한다. 이 심리학은 심리학에서 가장 오랜 역사를 가졌다.

지각적 왜곡(perceptual distortion) 위협을 가져오는 경험을 자신의 현재의 상과 일치하는 형태로 전환하는데 이용된 방어기제의 한 형식을 뜻한다.

지능(intelligence) 생활에 적응할 수 있는 한 개인의 가능성으로서 3가지로 정의된다. 1. 추상적 사고능력: 말, 상징, 단어, 개념 등을 다룰 수 있는 능력 2. 기계적 사고능력(학습능력): 물리적 사물을 취급할 수 있는 능력, 신체적 기술을 발달 시 키는 능력. 3. 환경적 응력(사회적 지능): 사람을 대하고, 영향을 주고, 이해하는 능력 지능을 측정하는 수단을 지능검사라고 한다. 90~110사이의 IQ를 평균지능으로 본다. 정신연령을 참조.

지배성(regnancy) 머레이가 뇌의 신경 생리적 활동과 심리적인 과정 간의 상호 관련성을 나타내기 위해 쓴 말이다.

지배압력(press dominance) 자기를 억제시키거나 금지시키는 사람이나 사물을 뜻한다.

지배욕구(need dominance) 자신의 인간적 환경을 통제한다. 암시, 유혹, 설복 또는 명령을 통해 다른 사람의 행동에 영향을 주거나 그의 행동을 이끈다. 자기 의견 의 정당성을 다른 사람에게 확신시킨다.

지성화(intellectualization) 주지화(主知化)를 참조.

지시적 상담(directive counseling) 이 명칭은 1942년 C. S. 로저스가 새로운 상담체계로 비지시적이라는 명칭을 붙여지면서 그 전래의 것을 지시적이라고 한데서 유래된다. 이 상담의 특성은 내담자의 문제 해결과 상담하는 과정에서 논리적, 지적 도구를 사용하며, 인간의 전인적인 발달을 중시한다. 또한 상담 방법에 있어서는 실험실에서의 엄격한 실험의 결과보다 상식이나 경험을 더욱 의존한다. 따라서 피상담자보다는 상담자 중심으로 상담이 이루어진다. 이 상담은 고전적 상담학자인 윌리암슨(Edmund G. Williamson)이 주장한 상담이다.

지식화(intellectualization) 지식화도 감정과 생각을 분리시키는 방어기제 중 하나다. 상처받은 사건에서 감정을 분리해서 추상적이고 현학적인 것으로 만들어 그 사건에 담겨 있는 감정을 배제시키는 것이다.

지연 조건형성(delayed conditioning) 고전적 조건형성에서 먼저 제시 되고 끝날 즈음에 곧 UCS가 제시되는 절차를 말한다.

지지치료(supportive therapy) 1. 내담자에게 충고나 용기를 주어 일련의 행동방향을 제시해 주고 내담자가 한 일 또는 하려고 하는 것에 대해 확신을 높여주는 치료이다. 2. 치료기간 중 고통스런 시기에 특히 적당하며 증세가 가볍거나 일시적인 장애를 치료하는 데 효과적이다. 3. 통찰치료(insight therapy)와 대비되는 치료이다.

직면(confrontation) 내담자가 인식하지 못하거나 인정하기를 거부하지만 은연중에 내포된 내담자의 생각이나 감정에 주의를 집중시키는 상담기법이다.

직업상담(vocational counseling) 생애의 설계, 진로의 결정, 직업선택의 문제를 주 로 다룬다. 내담자의 적성, 능력, 흥미, 포부, 자질과 함께 취업에 필요한 지식, 성공조건, 보상(補償)기회, 전망 등을 고려한다.

직업적 흥미(vocational interest) 주어진 직업이나 전공(major part), 경력에 쏟는 특별한 관심, 연구 자료에 의하면 주어진 직업에서 성공한 사람들은 거리가 비슷한 부름의 흥미를 가지고 있음이 나타났다. 직업적 흥미를 측정하여 도표로 만들어 놓는다면 상당히 유익할 것이며 특히 적성검사와 더불어 직업 상담을 하는데 매우 도움을 준다.

진단 검사(diagnostic test) 정신적 혹은 심리적 장애의 본질을 알아보기 위해 심리학자들이 사용하는 도구이다. **(투사법을 참고)**

진솔성(frankness) 치료자의 전문적 태도가 그의 감정 및 태도와 일치하는 것을 말한다. 인간 중심 치료에서는 이를 치료적 변화를 위한 필수조건으로 간주한다.

진지성(genuiness) 내담자와의 관계에서 상담자의 경험이나 감정을 솔직하게 표현하는 것으로 상담자가 방어를 줄이고 개방적인 태도를 보이는 것으로 일치성(congruence)과 비슷한 의미로 사용된다.

진행(proceeding) 행동양식(behavior pattern)이 시초부터 끝까지 수행되는 시간의 단편. 머레이는 성격 학자에게 기본 자료가 된다고 본다.

진행기억(procedural memory) 일의 수행에 대한 지식이다.

질서욕구(need order) 사물을 정돈한다. 청결, 정리, 조직, 균형, 단정, 산뜻, 그리고 정확성을 기한다.

집단 무의식(collective unconsciousness) 과거세대의 누적된 경험으로 인간이 공유 하고 있는 사고방식이나 경험 양식, 세계에 대한 인식에 영향을 주는 기본성향 을 말한다. 집단무의식은 종족경험을 통해 모든 인간에게 공통적으로 전해 내려오는 무의식의 일부로 집단무의학(集團無意學)이라고 한다. 이는 C. G. Jung이 주장한 것이다. 집단무의식은 개인의 경험과 상관없이 문화와 종교를 인식할 수 있는 것이나 모든 인류에게 공통적으로 유전되어 온 것으로 조상 대대로 물려받은 잠재적 기억의 저장소이다.

집단극화(group polarization) 집단토론 후 구성원들의 태도가 토론 전보다 더 극단적인 방향으로 변화하는 현상이다.

집단사고(group think) 집단 구성원들 간의 지나치게 높은 응집성이 효과적인 문제해결 모색을 저해하는 현상이다.

집단사고 레밍 효과:극화 현상(extremity shigt or palarizaton) 어떤 행동을 하려고 할 때 혼자서는 못하고 어떤 한 사람이 행동하면, 꼬리에 꼬리를 물고 맹목적으로 행동하는 것

집단 상담/치료(group counseling, group therapy) 상담 또는 정신치료의 집단적 접근으로서 내담자를 집단으로 하여 상담자의 인

도아래 개인문제를 토의 하도록 한다. 타인의 문제와 그들이 어떻게 해결했나를 듣는 것은 정화(淨化) 및 모방 학습의 치료효과가 있다. 심리극(psychodrama)은 집단치료의 특수한 형태이다. 이 치료의 목적은 한 명 이상의 내담자나 환자가 참가하는 하나의 집단 토론이나 기타의 집단 활동을 뜻한다.

집단역학(group dynamics) 1. 집단 간의 개인관계의 형태와 집단사이의 발달과 기능 을 연구하는 분야 2. 집단내의 원인-결과 관계의 탐구 즉 단체구성원 사이의 상호관계를 연구하고 어떻게 그것이 형성되며 어떻게 다른 집단에 반응하는가를 연구한다. 3. 집단역동은 응집력, 통솔력, 의사결정, 하위집단의 형성 및 이들 간의 상호관계를 포함한다.

집단의사결정도식(SDS) 집단이 도달하게 될 최종 결정을 집단 구성원의 사전 의견 분포를 사용하여 예측하는 절차. '그럴 리가 없다. 아니' 라고 우기는 것과 같은 경우가 이에 해당한다.

집착(attachment) 집착이라고 하는 것은 하나의 고정적인 생각에 얽매여 다음 단계로 진행하거나 발전하기를 거절하는 것을 말한다. 그것은 주어진 현실을 이탈하는 것이 무섭고 불안해, 다음 단계로 진행하기를 거절하는 것으로, 현실을 개척해 나가기보다는 현실을 그대로 고수하려 하는 생각 때문에 생긴다. 이것은 유아기나 유년기에 쌓였던 지식이나 관습 속에 그대로 자아가 남아 있기를 원하는 것이다. 예를 들어 대학생이 중학생의 사고를 갖고 있는 경우이다. 마치 자신이 성공한 것처럼 기뻐하고 만족한다. 동일시는 자아 정체성이 매우 낮다.

집합적 구성개념(constellatory construct) 구성개념요소로서 다른 영역에도 동시에 소속되는 유형의 구성개념. 그러나 그 요소가 일단 어떤 구체적 방법으로 확인되면 그 요소는 고정된다. 고정 관념적 사고는 이 유형의 개념이다.

ㅊ

차별강화(differential reinforcement) 어떤 반응은 강화를 주고 어떤 반응은 강화를 주지 않는다.

차이 식역(differential threshold) 두 자극의 차를 변별할 때 필요한 최소한의 에너지 차이를 말한다.

착시(illusion) 물리적인 강도에서 차이가 없는 자극들을 주변 자극들이 영향으로 인해 실제와 다르게 지각하는 것을 말한다.

참 만남 집단(encounter group) 사람들이 타인들과의 관계에서 자신에 관해서 더 많이 알기 위해 만나는 여러 형태의 집단들에 대한 명칭. 감수성 집단이나 T-집단에서도 비슷한 활동을 한다.

참조 관념(idea of reference) 자신과 무관한 타인의 말과 행동을 자신가 관련이 있다고 생각하는 사고 내용상의 장애를 말한다. 처벌 반응이 일어날 때마다 혐오 자극을 제시함으로써 반응 강도를 감소시키기 위해서 사용하는 절차이다.

창조적 자아(creative self) 모든 사람은 자신의 성격을 능동적으로 창조할 자유를 부여받았다는 것을 반영하는 A. 아들러의 개념이다. 이 창조적 자아는 각 개인의 생활양식을 만들어 가며, 열등감 극복과 우월에의 추구, 사회 및 공동체에 공헌하는 자아이다.

처벌(punishment) 바람직하지 않은 행동에 주는 혐오자극의 제시. 이로써 그 행동의 수행이 감소되는 결과를 가져온다.

청킹(chunking) 자극의 재료를 보다 큰 의미 있는 단위로 재구성하는 인지과정이다.

체감각영역(somatic sensory area) 뇌의 두정엽에 있는 영역으로 촉각, 통각, 압각, 온도감각 등이 투사되는 영역이다.

체계적 둔감화 하나의 행동치료 기법으로서, 깊은 이완 상태를 유지하면서 불안을 일으키는 상황들의 위계들을 상상하는(때로는 현실적으로 당면하는) 것이다. 이 절차에 의해 불안과 양립할 수 없는 이완이 짝 지워짐으로써 그 상황들은 더 이상 불안하지 않게 된다.

체성신경(somatic nervous system) 말초신경계의 한 부분으로 감각수용기, 근육 및 신체표면을 뇌와 척수로 연결시키는 신경을 말한다.

체제화법칙(organization law) 형태주의 심리학자들이 주장한 어떤 물체나 사상을 지각하는데 작용하는 원리들이다.

체질론(constitutionalism) 성격은 유전인자와 생리적 요인에 의해 조형 된다는 기본 가정이다.

초감각지각(extrasensory perception) 심령학의 연구대상으로 감각기관의 영향을 받지 않고서 지각하는 현상이며, 그 예로 정신감응이나 천리안, 예지 등이 있다.

초두 효과(primacy effect) 인상형성에서 먼저 제시되는 정보가 뒤에 제시되는 정보보다 더 큰 영향을 미친다는 것이다.

초심리학(prarapsychology) 초감각적 지각을 통해 관찰되는 초현실적 현상을 다루는 심리학의 한 분야이다. 초심리학의 과제는 지금까지 알려진 심리학의 방법과 원리를 이용해 초현실적인 현상을 설명하는 것이다. 1927에서 1965년까지 노스캐롤라이나 튜크 대학의 라인 J. B. Rhine은 이러한 현상을 체계적으로 연구하기 위한 심리학 연구실을 관장했다. 이러한 연구에 대한 주된 비판은 초현실적인 현상의 존재를 밝히려는 실험은 라인의 실험실 외에서는 반복 검증할 수 없다는 것이다.

초자아(superego) 1. 부모, 특히 아버지로부터 얻은 도덕기준과 억제

행동 등이 합쳐져 발달하는 성격의 일부로서 자아(Ego)와 원초아 (Id)의 활동을 자제하는 역할을 한다. 2 양심(conscience)과 밀접히 관련된 것이며 어린 시절에 획득한 이상을 추구 할 수 있도록 돕 는다. 초자아는 정신분석이론에서 성격구조의 윤리적. 도덕적 측면. 이것은 개인이 사회의 규범을 내면화한 것과 보상과 처벌을 통해 부모로부터 학습한 행동의 기준을 나타낸다.

초자아 결여(superego lacunas) 반사회적 성격장애자가 죄의식이나 양심의 결여를 보이는 경우에 사용되는 말이다.

최면(hypnosis) 인위적으로 유도되어진 수면과 비슷한 상태로서 매 우 높아진 암시성(暗示性)으로 특징 지워진다.

최면 가족 치료(hypnosis and family therapy) 이는 이미지와 관계 된 것으로 가족은 긴장을 풀고 서로의 것을 생각하고 있는 사이에 나타나는 정신적 표상에 주의를 집중하도록 유도하여 가족 서로가 공유하는 합성 이미지를 만들어서 면접 장면에서 예행연습을 한다. 그 이미지가 가족으로서 현실적인 목표로 되며, 또 가족 구성원 상 호의 강화로 되어 간다.

추동(drive) 1.유기적인 과정에 의존하며 변화에 따른 유기체의 각성 된 목표 지향적 경향성(Goal-oriented tendency) 추동은 결핍이나 고통을 일으키는 유해한 상태에서 발생하며 추동과 관련된 행동은 이러한 상태에서 벗어나는 방향으로 향한다. 2. 행동이나 활동적 인 투쟁에 대한 추진력을 뜻하는 용어로서 보통 동기 및 요구와 동의어로 쓰인다.

취소(undoing) 취소는 어떤 행동을 한 후에 그런 행동을 하지 않은 것으로 하는 것이다. 받아들여질 수 없는 생각이나 행동을 하지 않 은 것으로 취소하려는 상징적인 행동을 하게 된다.

축색(axon) 세포체에서 가늘고 길게 뻗어 나온 돌기로, 한 뉴런의 신 경 충동을 다른 뉴런으로 전달하는 곳이다.

출생순위(baith order) 아들러의 개념으로 개인의 가족 내에서의 서열 위치는 그의 생활양식 형성에 중요한 역할을 한다.

충격요법(shock therapy) 경련 또는 혼수상태를 일으키는 충격에 의해 행동장애를 치료하는 기법으로 인슐린, 메트라졸(metrazol), 뇌의 전기충격 등이 있다.

충동(impulse) 1. 원초아(Id)나 본능적 힘에 의해 지향되는 힘이다. 2. 행동에의 갑작스런 움직임이다.

치매(dementia) 인지와 정서를 무능하게 만드는 장애로, 학습, 사고, 의사 결정과 특히 기억 등 고등 정신 과정을 손상시키며, 성격과 대인 관계의 방식에 변화를 가져온다.

치환(displacement) 치환은 어떤 대상에 대한 감정적 갈등이 있는데 그 대상이 갈등을 표출할 대상이 되지 못할 때 감정을 다른 대상에게로 옮기는 것이다. 아버지가 되고자 한 남자가 아이를 가질 수 없다는 사실을 알고 난 후로 애완동물을 키우거나 이웃집 아이를 귀여워 해주는 일이다. 직장상사와 안 좋은 일이 있는 남편이 귀가해서 아내에게 짜증을 부리고 아내는 자식에게 화를 내고 자식은 강아지를 걷어차는 일, 사랑하는 여자와 이별한 뒤 그 여자와 비슷한 용모를 보인 새로운 여자와 사랑에 빠지는 일이다. 자기가 원했던 이상이나 목표를 상실했을 때 그것에 대체 할 수 있는 것에 집착하므로 자기가 이루지 못한 이상이나 목표를 달성하려 하는 것을 말한다. 챔피언의 꿈을 이루지 못한 복싱 선수가 복싱 선수를 키움으로 그를 통해 챔피언의 꿈을 이뤄 보려하는 것이나 자신이 공부하지 못한 한 자녀를 통해 풀어 보겠다는 것 등이 모두 이에 속한다. 예를 들어 어머니를 사랑하는 마음은 근친상간의 문화적 벽을 피해서 이모로 누나로 다른 이성으로 옮겨간다. 공포증이 이 방어기제의 대표적인 예다. 이는 자신에게 무해한 대상으로 공포의 감정을 옮기는 것이다.

친밀(intimacy) 성인초기와 관계가 있으며 성욕, 타인과의 깊은 관계,

그리고 동료에 대한 관여를 나타낸다.

친애욕구(need affiliation) 관련이 있는 사람(피험자와 비슷하거나 피험자를 좋아하는 사람)과 가까이 하고, 즐겁게 협조하거나 교제하고자 한다. 자기가 원하는 대상을 즐겁게 하고 그의 애정을 얻으려 한다. 친구에게 성실하려 한다.

친애압력(press affiliation) 친절한 동료애를 의미한다.

친화성(closeness) 친밀감이라고 하는 친화성은 두 사람이 서로 융합하는 것이 아니고 그러면서도 가장 고도의 친한 조화적인 관계를 맺는 것을 기술하는데 사용되어 진다. 이 상태는 자기 동일성과 자기 분화의 소산이며 허무감의 체험으로부터도 초래된다.

ㅋ

카섹시스(cathexis) 주로 정신분석에서 환자가 다른 사람이나 장소, 생각이나 사물에 투입하는 정신적 에너지를 지칭할 때 사용한다. 카섹시스의 대상과 연합된 감정은 이 대상을 접할 때마다 크게 각성한다.

카타르시스(catharsis) 카타르시스는 문학적으로 비극을 봄으로써 마에 쌓여 있던 우울함, 불안감, 긴장감 따위가 해소되고 마음이 정화되는 일이다. 아리스토텔레스가 『시학(詩學)』에서 비극이 관객에 미치는 중요 작용의 하나로 든 것이다. 비슷한 말은 정화(淨化)법이다. 카타르시스는 심리 정신분석에서 마음속에 억압된 감정의 응어리를 언어나 행동을 통하여 외부에 표출함으로써 정신의 안정을 찾는 일로 심리 요법에 많이 이용한다.

콤플렉스(complex) 한 개인의 의식적 생각과 갈등상태에 있으며 정서적으로 부하된 억압된 생각을 가리키는 정신분석 용어이다.

쾌락원리(pleasure principle) 원초아가 흥분이나 긴장을 즉각적으로 방출시켜 만족을 얻으려는 경향을 말한다. 쾌락원리는 현실적 요구나 구속에 개의치 않고 모든 욕구와 욕망의 즉각적 충족을 요구하는 경향성(orientation)을 의미 한다.

쾌락원칙(pleasure principle) 원초아는 고통을 회피하고 쾌락을 찾으려는 원칙에 지배된다는 설. 쾌락원칙은 원욕(libido) 혹은 성본능(性本能) 그리고 긴장을 감소시키는 인간의 욕구에서 나오는 것으로 본다.

크라프트 에빙(Richard Von Krafft-Ebing:1840-1903) 인간의 성적 행동에 대한 연구를 개척했으며, 성적 이상에 세심한 관심을 가졌던 독일 심리학자이다. A. 아들러는 에빙의 강의를 듣고 신경학과 정신학을 공부하는 계기를 가졌다.

클라인(Melanie Klein:1882-1960) 아동에 대한 정신분석과 우울증 연구의 선구자이다.

클레버 한스(Clever Hans) 산수에 뛰어난 기술이 있는 독일어의 이름이다. 한스는 자기를 훈련시키는 사람에게서 출발과 정지를 알려주는 미묘하고 무의식적인 단서를 찾아내어 그러한 단서에 현명하게 반응한다. 인간은 최초로 동물들을 길들인 후에 동물들이 인간과 비슷한 반응을 하는 것을 보고 충격 받았다. 클레버 한스에게는 심리학 연구를 어렵게 만드는 유인원과 같은 특성이 있다. 사고를 할 때 언어가 미치는 역할에 주의를 기울이면, 이러한 현상은 더욱 복잡해진다.

킨제이 보고서(Kinsey report) 알프레드 킨제이Alfred Kinsey가 1940 -1950년대 인간의 성적 행동에 관해 미국에서 수행한 최초의 대규모 조사 연구 방법이다.

ㅌ

타나토스(thanatos) 죽음을 나타내는 그리스말로 프로이드가 죽음의
본능 혹은 죽음의 힘이라는 개념으로 사용한 용어로 자기 파괴의
경향성이다.

타인 공포증(xenophobia) 낯선 사람에 대한 두려움이다.

타임아웃(time out:TO) 부적절한 행동이나 문제 행동을 할 때 그 사
람을 강화의 요소가 없는 장소에 일시적으로 고립시키는 행동수정
의 한 방법이다.

탈분극(depolarization) 막 전위의 감소. 세포막의 안쪽이 바깥쪽에
비해 점차 음전기를 적게 띠는 것이다.

탈삼각관계(detriangulation) 보웬이 자신의 치료과정을 설명하기 위
해 만들어 낸 용어이다. 부모와 자녀 관계가 지나치게 밀접하거나
반대로 지나치게 떨어지거나 하면 처계가 불안정하게 된다. 따라서
제삼자 혹은 다른 사물에 관심 가지고 안정을 추구하는 경향이 있
다. 그래서 치료자는 현재의 문제를 직접적으로 취급하기보다는 이
삼자관계의 과정을 지적하고 가족 문제의 병리적인 것에 대해 어
떻게 도움이 되는가에 초점을 두고 가족 시스템의 유효한 변화를
줄 수가 있다(Bowen, 1978). 삼자관계의 안정성을 A가 B와의 관계
를 나쁘게 할지라도 그 사이 C와 잘 사귀게 되면 고립되는 것을
피하게 되고 이른바 사이가 좋은 관계를 이끌어 갈 수 있는 것이
다. 시스테믹한(체계적) 가족치료의 이론적 배경 중의 하나로서 이
삼자관계의 문제를 가장 적절하게 취급하고 있는 것이 사회 심리
학자 하이더(F. Heider) 등의 균형이론(balance theory)이다.

탈억제(deinhibition) 공격충동의 방출을 억제해 오던 자제력이 풀리

면서 매우 공격적이 되는 것을 의미한다.

탈인격화(depersonalization) 환자가 자신의 정체감(正體感)을 상실했다는 느낌. 정신분열증이나 심한 피로 및 우울증 상태에서 특히 나타나는 느낌이다.

탐지(detection) 감각수용세포가 영향을 받아서 자극의 존재를 알아차리는 순간을 말한다.

태도(attitude) 어떤 대상에 대하여 호의적 또는 비호의적으로 반응하게 만드는 체제화 된 성향이다.

태아기(fetal period) 수정 후 2개월에서 출산까지의 태내 발달단계이다.

테스토스테론(testosterone) 남성의 성선에서 생성되는 호르몬으로, 사춘기에 나타나는 여러 가지 신체변화를 통제한다.

토큰 경제(token economy) 정신 병원에서 사용하는 행동 치료의 한 기법으로 바람직한 행동을 강화하기 위한 보상으로 토큰을 사용한다.

통각(apperception) 주의를 기울이는 지각 대상을 분명하게 인식하고 이해할 수 있는 지각 과정의 마지막 단계이다.

통념적 성격이론(conventional wisdom character theory) 한 사회의 구성원들에게 공유되어 있는 것으로서, 타인의 성격추리 하여 한 가지 특성에 근거하여 다른 성격특성들을 도식적으로 유추하는 경향성을 말한다.

통사(syntax) 단어들이 구나 절, 문장으로 결합되는 것을 결정하는 규칙이다.

통제집단(control group) 두 집단을 비교하는 실험방안에서 연구하려는 처치가 주어지지 않는 집단지다.

통찰(insight) 1. 문제 해결적 학습상황에서 관계성의 이해를 바탕으로 한 갑작스런 해결. 2. 환자가 의식하지 못했거나 잘 모르던 동기, 관계, 느낌, 추동 등을 깨닫게 되는 것(정신분석) 내담자로 하여금 자신의 문제를 통찰하게 함으로써 치료적 효과를 보는 것을 통찰치료(insight therapy)라고 한다.

통찰학습(insight learning) 어떤 문제의 해결이 이루어지지 않다가 어느 순간에 갑자기 통찰에 의해서 해결되는 인지학습의 한 유형이다.

통합(integration) 상이한 특질들을 하나의 조직으로 만들거나 상이한 기질들을 조화된 하나의 성격으로 만드는 것. 즉 하나의 통합 내지 완성하는 것, 갈등을 완전히 해소한 상태. 여기서는 3가지로 구분된다. 1. 개인적 통합(individual integration): 한 개인 간의 조화 2. 사회적 통합(social integration): 다른 사람들과 조화되는 관계를 이룸 3. 영적 통합(spiritual integration): 하나님과 화평함 때로는 하나의 통합을 얻기 위하여 다른 하나를 희생해야 하는 수가 있다. 통합이 결여되면 부적응(mal-adjustment)을 낳는다. 완전한 인간이신 예수님은 모든 수준의 통합을 이루셨다. (눅 2: 52)

퇴행(regression) 1. 좌절에 직면했을 때 행동발달의 이전형태(以前形態) 또는 더 원시적인 형태로 후퇴함. 2. 전(前)의 발달단계 수준으로 되돌아가는 것. 퇴행은 개인이 곤경에 처했을 때 좀 더 안전하고 즐거웠던 초기 발달단계로 후퇴하거나 미성숙한 반응을 하는 방어기제이다. 또한 퇴행은 치료 중 억압된 자료(資料)가 공개되는 것을 거부하는 경향과 조급히 치료를 중단함으로써 자기 좌절행동 경향을 그대로 유지하려는 경향이 있다.

퇴행기 정신병(involutionary psychosis) 40~55세의 갱년기에 일어나는 심각한 정신병으로써 주로 퇴화되어 가는 성적 기능(性的機能)과 신체작용에 너무 신경을 써서 일어나는 병이다. 우울증 형태를 취하는 수가 많다. 어떤 것은 오래도록 지속되는 경향이 있다.

이 증세는 죄책감, 불안, 망상, 불면증 및 신체에 대해 지나치게 염려 하는 증상을 보인다.

투과성(permeability) 새로운 요소가 어떤 한 구성개념의 영역 내에 허용되는가 아니면 허용되지 않는가의 문제와 관련된 차원을 말한다.

투사(projective) 방어기제 중 한 가지로 자신이 용납할 수 없는 욕구나 소망이 마치 다른 사람의 특성인 것처럼 생각하여 그 사람에게 탓을 돌리는 것이다. 망상적 사고의 기본이 되는 방어기제다. 이는 사람들이 자신의 특질을 과도하게 다른 사람에게 전가시킴으로써 자신의 바람직하지 않는 특질을 자각하지 않으려는 방어기제로 자신이 받아들일 수 없는 욕구를 다른 사람에게 방향을 돌리는 방어기제 이다. 인간의 감정적인 반응을 그것이 다른 사람에게서 온 것인양 다른 사람들에게 전가하는 정신과정이다. 이때 인간의 주관적인 감정은 다른 사람들에게 속한 속성으로 간주되어 객관적인 세계 안에서 살게 된다.

투사 동일시(projective identification) 투사 동일시는 무의식 속에 있는 자신의 어떤 특성을 다른 사람에게 투사하고 그것과 동일시하는 과정을 말한다. 이 과정은 세 단계를 거치는데, 첫째 단계는 자신의 어떤 이미지인 표상을 상대에게 투사하고, 둘째 단계는 무의식적인 투사가 된 대상이 투사된 표상이나 자기의 표상인 것처럼 행동을 하게 되고, 셋째 단계는 투사된 것이 투사된 대상 속에서 변형되어서 투사한 사람에게 되돌려 준다. 이것을 재함입이라고 한다. 이렇게 투사된 표상이 변화하는 것으로 인해 대인 관계를 변화시킨다. 이것은 전이 현상과도 관계가 있다. 첫째 단계와 둘째 단계는 전이를 말하고 셋째 단계가 의식적으로 처리되면 전이라고 할 수 없지만 무의식적으로 처리되고 투사된 대상도 모르고 행하게 되면 그것은 전이가 된다. 이 경우는 무의식적인 것이 치료적 효과를 나타낼 수도 있다. 자기도 모르는 사이에 영향을 미치는 경우가 치료적 효과를 발휘하는 경우가 생길 수 있다는 것이다. 마치 어린아이에게서 무언가를 강하게 느끼는 경우처럼 말이다. 어떤 경우에는 투사하는 사람이 투사된 대상을 조정할 수 있다는 환상을 가지기도 한다. 만약 어떤 사람이 자신의 내부에 있는 어떤 표상을 없애려고 할 때 그것을 다른 사람에게 투사하고 투사된 사람을 통제함으로써 자신의 내부에서 없애려고 한 것을 자신이 원하는 대로 통제한다는 환상을 가지게 된다.

투사법(projective technique) 비구조적(非構造的)이며 애매한 자극체나 자료에 대한 지각적, 상상적 반응을 통해 피검사자(내담자)의 욕구체계 및 성격기능을 탐색하는 검사, 가장 보편적으로 쓰이는 검사에는 'Rorschach 검사'와 TAT가 있다.

트래킹(추적) 기법(tracking skill) 조절기법의 하로 치료자가 가족간의 의사소통 및 행동의 내용과 방향을 추수(follow)하는 것으로 유지기법과는 다르다. 유지기법은 교류 패턴이나 구조가 적응해 가는 것이라면 추적 기법은 주제와 내용의 전개를 따르려고 하는 것이다(Minuchin, 1974). 트래킹 기법은 치료자가 가족과 연합하기 위한 기법의 하나이다. 트래킹은 '위를 따른다, 추적한다.' 라는 의미이지만 치료자는 가족 교류의 흐름을 따르면서 가족의 독특한 의사소통의 양을 배워간다. 가족의 의사소통을 배운 후 가족의 의사소통의 양식을 바꾸어 가는 치료법이다. 이 기법은 가족의 뒤를 따라가면서 리더(lead)하는 것이다. **(조절, 재구조화, 유지기법 참조)**

특속적 강화(continuous reinforcement) 유기체가 바람직한 반응을 할 때마다 강화를 주는 강화스케줄. 일명 100% 강화 스케줄이라고도 한다.

특질(trait) 개인이 나타내는 비교적 영구적이고 일관성이 있는 선천적인 행동 유형으로 사회적 환경의 영향이 포함되어 있는 개념이다.

티(T)-집단(T-group) 집단의 실험적인 분위기에서 집단 상호 작용의 관계를 통해 자기 인식과 타인행동에 대한 감수성을 증가시키는 집단훈련이다. 훈련기간이 짧고 자발적인 정서적 관여가 없다면 정서적 위기나 성격장애를 경험하고 있는 사람에게는 도움이 된다.

ㅍ

파괴병(hebephrenia) 정신병으로 히죽거리며 웃고 바보 같은 언동을 하며 부적절한 정서를 표현하는 정신장애의 형태이다.

파블로프(Ivan Pavlov:1849-1936) 개의 타액 분비 시스템에 대한 연구로 노벨상을 수상한 러시아 생리학자이다. 연구 과정에서 우연히 생리학에서 심리학으로 방향을 돌린 학자이다. 즉 개에게 음식을 주었을 때에 침을 흘리는 것이 아니라 주기 전에 흘렸다는 사실을 발견하고 발전시킨 것이 행동주의 심리학파이다.

파이 현상(phi phenomenon) 두 개의 불빛 사이에 적절한 시간차를 두고 연속적으로 이 두 불빛을 켰다•껐다 하면, 사람들은 불이 이 두 지점을 움직이는 것처럼 지각한다. 이러한 착시는 영화나 만화, 네온사인에서 운동을 지각하는 기초가 된다. 최초의 형태 심리학자들이 20세기 초 영화 사업이 시작된 직후 발견했다.

파킨스 법칙(parkinson's law) 일은 이용 가능한 시간을 다 채울 때까지 연장된다는 법칙을 말한다.

퍼킨스 법칙(purkinje phenomenon) 스펙트럼의 빨간색은 파란색 보다 명도의 감소에 따라 더 빨리 가시성이 감소한다. 이것이 바로 해질 무렵 파란색이 빨간색보다 더 선명하게 보이는 이유이다.

페르조나(persona) 고대 희랍연극에서 연극배우들이 썼던 가면을 지칭하는 용어이다. 이 페르조나의 개념을 무의식과 외부의 적응적 경험 사이를 매개하는 자기의 드러난 부분. 개인이 환경과 상호작용 하는데 중요한 역할을 담당하지만, 진정한 자기와는 거리가 있을 수도 있다는 개념으로 Carl Jung이 사용한 심리학의 용어로 영어식 표현은 mask이다.

페히너 법칙(Fechner's law) 독일의 물리학자이면서 심리학자인 구스타프 페히너(Gustav Fechner)의 이름에서 비롯된 법칙으로 한 자극의 강도를 증가시킬수록 지각된 강도는 점점 더 작은 비율로 증가한다는 원리이다. 이는 1870년대에 경험적 과학이 된 심리학과 더불어 정신 물리학에서 비롯하였다.

편견(prejudice) 인간의 강한 정서적 기반에 근거하기 때문에 반대되는 이유나 증거에 거의 영향을 받지 않는 태도, 의견이나 믿음을 말한다. 이 용어는 항상 그렇지는 않지만 보통 부정적인 의미로 많이 사용된다.

편의성 범위(range convenience) 한 특수한 구성개념에 적합하고 적용 가능한 모든 사상이다.

편의성의 초점(focus of convenience) 어떤 사상을 구성하는데 최대로 한 구성개념의 편의성 범위 내의 어떤 위치나 영역을 뜻한다.

편집증(paranoia) 고도로 체계화된 피해망상이나 과대망상을 가지나 성격퇴화나 적은 것이 특징인 정신병적 장애, 정신분열증과는 구분되어야 한다.

편집증적 성격(paranoid personality) 지속적인 질투, 의심, 적대감과 과민성이 특징인 성격을 말하는데 사고의 퇴화(degradation)나 망상(delusion)은 없다.

평형론(homeostasis) 개인은 기본적으로 긴장을 감소시켜서 내적 균형성을 유지하려는 방향으로 동기화 된다는 기본가정이다.

폐쇄(closure) 형태심리학의 한 원리로 개관적으로 주어진 자극이 의미가 없고 불완전하거나 조직화되어 있지 않더라도 우리의 뇌는 이 자극을 의미 있고 완전하며 조직화되어 있는 것으로 지각하는 내재적 경향이 있다는 개념이다.

포괄성(comprehensiveness) 한 이론의 가치를 평가하는 기준. 훌륭한 이론은 넓은 범위의 다양한 행동현상을 포괄하고 설명할 수 있어야 한다.

포겐도르프 착시(poggendorf illusion) 두 개의 평행선이나 사각형 뒤로 지나가는 하나의 직선이 실질적으로는 직선으로 보이는 않는 시각적 착시를 말한다.

포부수준이론 홍정시에 일방이 완강한 입장을 고수하면 상대방은 포부수준이 낮아져서 양보를 하게 된다는 것이다.

포스트 모더니즘(post-modernism) 개관적으로 분리되어 있는 관찰자는 존재하지 않는다는 견해로, 전통적 서구 과학과 학문의 기본 가정으로 심리학에서는 이 용어를 사회 인지와 사회적 구성주의의 형태를 띤다.

포트레취(potlatch) 사회적 지위를 획득하기 위해 자신의 재산을 의례적으로 파괴하는 북태평양 콰키우틀 인디언들의 풍습을 의미 하는 것으로 사회 과학에서 이 용어는 과시하려고 물품을 사용하는 것을 의미한다.

폴리 아 뒤(folie a deux) 제 정신이 아닌 두 사람이라는 프랑스의 용어로 보통 함께 사는 두 사람이 똑같은 망상(delusion)을 가지고 있는 것을 의미한다.

폴리그래프(polygraph) 정서에 수반해서 나타나는 몇 개의 반응(예를 들면 심박률, 호흡률, 뇌파, 근육긴장도, 피부전기반응, 혈압 등)을 동시에 측정하는 기제를 뜻한다.

표현형(phenotype) 유전자형이 표면적 특성이나 행동으로 나타난 형태를 뜻한다.

피드백(feedback) 인공두뇌학(cyberneties)에서 빌려온 용어로 한 시스템에서 입력과 산출의 직접적 관계를 지칭하는 것이다. 상담에서는 상담의 과정과 결과에 대해서 서로를 돌이켜보는 것으로 자기

분석과 반성을 하는데 사용되고 있다.

프로그램학습(program learning) 개인이 학습자의 수준에 따라 적절한 수준의 학습을 할 수 있도록 계획한 방법이다.

프로이드(Sigmund Freud: 1856-1939) 프로이드는 지금의 체코슬로바키아의 모라비아의 프라이베르크(당시에는 오스트리아 영토임)에서 태어났다. 유태인 집안에서 태어나 성경을 탐독했으며, 김나지움에서 7년간 수석을 하여 시험을 거의 면제받았던 천재였다. 가난에도 불구하고 의사가 되었던 그는 그 당시 유행했던 다윈의 진화론에 심취하였다. 1873년 대학의 입학했지만 유태인이라는 이유 때문에 하등 인간의 취급을 받으면서 성장했다. 그러나 그는 결국 의사의 길에서 신경계와 신경 병리학, 정신 병리학, 체면술 등의 공부 및 연구를 하면서 정신분석학의 고전적인 창시자가 되었다. 프로이드는 성격구조에서는 그 유명한 이드(id), 에고(ego), 슈퍼에고(superego)와 더불어 의식과 전의식과 무의식을 설명하였고, 심리욕구와 인간 발달에서는 구강기, 남근기, 잠복기, 생식기를 설명했으며, 인간 무의식과 관련하여서는 꿈의 분석이 유명하다.

프로이드의 인간성장 발달 프로이드는 인간 성장 발달을 구강기, 항문기, 남근기, 잠복기, 성기기로 구분하면서 각 단계마다 쾌락을 추구하는 부위가 다르다고 주장했다. 이에 대해서 단계별로 살펴보면 다음과 같다. 구강기(oral stage: 0-1세) 이 시기는 엄마의 품(젖가슴)과 타인에게 절대적으로 의존하여 본능을 만족하는 시기로 입으로 엄마의 젖을 빠는 것에서 만족과 쾌락을 느낀다. 자기 자신과 환경을 구분하지 못하는 시기로 느낌과 냄새로만 상대를 감지하게 된다. 이 시기에 성적 리비도(libido)가 구강부위에 부착되는 부정적인 증거로 껌을 씹는 행위, 손톱을 물어뜯는 행위, 키스, 과식 등이 나타난다고 보았다. 반면에 구강기에 잘 성숙되면 사람과의 관계에서 의존, 신뢰, 신용, 독립심 등이 잘 성립된다는 것이다. 항문기(anal stage: 1-2세) 이 시기는 2-3세 사이에 리비도 에너지의 초점이 구강에서 항문으로 옮겨가는 시기로 대변과 소변의 배출과 보유로 상당한 만족과 쾌감을 느끼는 시기이다. 여기에서 자기 통제와 지배를 배우게 된다는 것이 프로이드의 이론이다. 이 시기에 부모가 거칠거나 강압적이면 항문적 보유(anal-retentive)로 고집이 세고 인색하며 복종적이고 시간엄수, 지나치게 청결하거나 지나치게 불결한 경향을 가져온다. 반대로 정기적인 대장운동이나 대변 후에 칭찬과 목욕을 시키는 경우에는 자신의 행동에 즐거움을 느끼는 항문적 공격(anal-aggressive)의 성격을 가지게 된다. 이 단계에 고착이 되면, 잔인하고 파괴적이며, 난폭하고 적개심을 나타내며, 상대 이성에게는 소유대상으로 간주하는 경향을 갖게 된다는 것이다. 남근기(phallic stage: 3-5세) 이 시기는 4-5세 사이로 아동의 리비도가 새로운 성감대인 생식기로 관심이 집중된다는 것이다. 남근기에는 자신의 성기와 다른 성에 관심을 보이며, 자위행위를 하게 되며, 출생과 성에 대한 관심을 보이게 되는 시기이다. 그러므로 이 시기에는 서로 다른 대상에 부모를 중심으로 관심과 공격을 하게 된다. 프로이드는 이를 외디푸스 콤플렉스(oedipus complex)와 일렉트라 콤플렉스(electra complex)로 설명하였다. 즉, 상대에 대한 동일시 현상이 일어난다는 것이다. 이때에 잘못되면 나타나는 현상으로 성적 죄책감, 도시증, 성도착증, sadisme(가학증), maschisme(피학증)등이 있다. 잠복기(latent stage: 6-11세) 이 시기에는 신체의 어느 부분으로도 성적 욕구(쾌락)를 추구하지 않은 성적수면 시기로 신체의 관심에서 지적 호기심과 운동, 또래 집단을 중시하는 경향으로 나타난다. 생식기(genital stage: 12-15세) 이 시기는 사춘기의 발달과 함께 이성에 대한 관심과 인식이 집중되는 시기로 성적 행동과 공격적 충동이 강하게 나타나는 시기이다. 이 때에 생식기관이 성숙하고, 내분비기관이 호르몬 분비로 남자아이는 남성적으로 여자아이는 여자다워지는 시기이다. 프로이드는 이 때 동성애(homosexual)의 행위가 나타나는 사람이 있다고 주장 했다.

프로이드의 인간이해 프로이드는 인간을 의식과 무의식, 그리고 전의식을 가진 것으로 설명한다. 의식은 이는 내가 알고 있는 영역이다. 즉, 자신이 기억해 내고 질문에 대답할 수 있는 모든 것을 의식에 영역에 속한다. 무의식은 이는 자신이 알지도 못하고, 깨닫지도 못하며 정신분석을 받아야 바로 알 수 있는 부분으로 우리의 정신세계의 대부분을 차지하고 있다는 것이다. 무의식 속에는 0-5세까지의 경험과 억압된 욕망과 성장 과정에서 억압해 놓았던 감정들과 우리가 경험을 했으나 지금은 잊어버린 기억들과 태어나면서부터 가지고 나오는 에로스의 욕망과 타나토스의 욕망들이 있다는 것이다. 무의식에 들어 있는 감정들, 욕망들, 본능들, 기억들은 그 속에서 하나의 인격체를 이루어 그 나름대로 동기와 목적을 가진다는 것이다. 그러므로 무의식은 나 속에 들어 있는 또 하나의 나처럼 나에게도 도전하고 명령하고 나를 지배하려고 한다는 것이다. 따라서 '나'라고 의식하고 있는 '나'[의식]는 무의식 속에 '나'와 갈등 하며, 서로 지배권 다툼을 할 수도 있으며, 그 때문에 정신질환이나 성격장애 등이 일어날 수 있다는 것을 주장했다. 전의식 이것은 의식과 무의식 사이에 있는 정신영역으로 기억 속에 떠오르기도 하고 잊어버리기도 하는 부분으로 노력하면 생각나는 정신부분을 말한다.

프로이드의 인격구조 프로이드는 인간의 구성요소를 생리적인 구성요소인 본능(id)과 정신적인 구성요소인 자아(ego)와 사회적인 구성요소인 초자아(superego)로 보았다. 이드(Id: 본능) 어린아이는 이드만 가지고 생활하므로 본능적인 쾌락의 원리(pleasure principle)에 의해서만 움직인다는 것이다. 즐거우냐 불쾌하냐의 차원으로 이루어 지는 것으로 욕구를 해결하려는 일차사고 과정(primary process)만 한다. 에고(Ego: 자아) 자아는 현실에 원칙에 따라서 움직이는 이차사고(secondary process)로 현실원칙(reality principle)에 따라 사람마다 다르게 논리적으로 생각한다. 이드는 즉각적으로 보채지만 에고는 밥을 할 때까지 기다린다. 즉 어떤 요구가 이루어지는 여건이 조성될 때까지 기다린다. 에고는 이드의 욕구를 표현 하는 만족시키는 정신기제이다. 슈퍼에고(Superego: 초자아) 사회 규범이 마음속에 내재화가 되면 초자아가 된다. 이때에 양심(conscience)이 사회 풍속에 따라서 내재화되며, 무엇이 되고 싶은 자아이상(ego ideal)을 꿈꾸게 된다. 즉 어렸을 때에 칭찬 받은 것은 계속하게 되고 벌 받은 것은 안하게 된다. 이 초자아는 부모나 선생님에 의해서 형성된다.

프롬 라이히만(Frieda-Reichmaann) 1889년 독일 태생에 정신 치료가이다. 의학을 전공하고 골드슈타인(Ku가 Goldstein)을 도와 뇌장애 군인의 치료에 임상을 하면서 카타스트로피 반응을 알았다. 라이히만은 슐츨(J.H.Scultz) 밑에서 사사를 받았으며, 프로이트의 책을 접하면서 정신분석적 치료을 습득하게 되었다. 그의 남편인 에릭 프롬(E.Fromm)과 남서독일 정신분석연구소를 설립했으며, 1935년에는 히틀러 정권을 피해 미국으로 건너가 22년간 체스나트로지에서 주로 분열병 치료에 집중했다. 그런 가운데 해리 설리반(H.S. Scllivan)과의 친밀한 교류로 분열병자 들에 이해를 더 깊게 이해했다. 라이히만은 예술적인 정신 치료자로서 대성했다. 그녀는 인생 조기의 대인 관계를 중시하는 정신분석적 정신 치료의 입장을 취했지만 정신병자에게도 아직 남아 있는 대인적 접촉에 대한 의구를 역전이를 받아들였다. 그녀는 자신의 퍼스낼러티가 치료의 핵이라는 점을 검증하는데 공헌했다. 후에 에릭 프롬과는 이혼 했다.

피부전기반응(galvanic skin response) 피부에서 일어나는 전기의 전도성이나 활동의 변화를 민감한 전류 측정기로 탐지한 것. 이 반응은 대개 정서적 지표로 사용 된다.

피아제(Jean Piaget: 1896-1980) 스위스 발달 심리학의 선구자로 아이들의 인지 발달 과정에 대한 일련의 순서적 단계를 제안했다. 곧 감각 운동기(sensorimotor), 전조작기(preoperational), 구체적 조작기(concrete operations), 형식적 조작기(formal operations)을 개발한 학자이다.

피학대 음란증(masochism) 자기에게 가해지는 고통에서 쾌감을 느끼는 변태성욕의 일종. 신체적 심리적 고통을 통해서 쾌감을 얻는다. 때로는 죄의식(罪意識)을 속죄하려는 시도에서 행해지기도 한다. 숱한 신비종교(mystic religion)에서는 죄에 대한 보상으로써 매저키즘(masochism)을 실시하는데, 반대되는 증상은 새디즘(sadism)이다.(가학성 변태성욕(sadism)을 참조)

피해망상(delusions of persecution) 자기를 음해하려는 다른 삶 때문에 자신에게 문제가 생겼다고 믿는 망상이다.

필터버블(Filter Bubble)은 대형 인터넷 정보기술(IT) 업체가 개인 성향에 맞춘(필터링된) 정보만을 제공하여 비슷한 성향 이용자를 한 버블 안에 가두는 현상을 지칭한다.

ㅎ

하위문화(subculture) 한 문화 내에서 상위 문화를 공유하지만 자신의 독특한 특성들도 가지고 있는 것을 의미한다.

하위 체계(subsystem) 가족 시스템의 기본적 구조 단위를 말한다. 예를 들면, 부부, 부모-자녀, 형제 등을 의미한다.

학교 심리학(school psychology) 이 심리학은 주로 학교의 학생을 상대로 하지만 더 중요하게 교사들에게 자문 역할을 한다. 학생의 학습지도, 직업 선정지도, 사회생활 적응 문제의 지도 등을 한다.

학교 폭력(school Violence) 예방 『어울림 프로그램』 학교폭력 예방 위한 『어울림 프로그램』은 2012년 6월 25일 교육부 학교폭력근절과에서 "행복한 학교"를 위해 추진한 사업이다. 이 프로그램은 학교장, 교사, 학생, 그리고 학부모 서로가 공감과 소통이 이루어질 때에 학교폭력예방이 될 수 있다는 것을 목표로 추진되고 있는 교육부의 브랜드 프로그램으로 시작 하였다. 학교폭력 예방을 위한 어울림 프로그램은 2012년 7월 12일부터 전국 16개 시도에서 실시되었다. 그동안 학교폭력의 대책은 가해자 피해자를 구분하여 개인 및 집단상담의 형태로 진행되었다면, 어울림 프로그램은 학교장과 교사, 학생과 학부모가 공감과 소통이라는 주제 아래 함께 참여하여 예방하고 해결책을 찾으려는 특징을 가지고 있다. 2012년 7월 12일부터 12월20일까지 42개 학교에 적용되었다. 어울림 프로그램은 두 번에 성과보고를 가졌다. 성과 보고는 일선학교의 효과성 보고와 전문위원들의 보고 형식으로 이루어졌다. 어울림 프로그램은 2013년 1월 8일 학교폭력예방 국제세미나 이후 학교폭력 예방을 위한 국가 표준 프로그램으로 개발 진행되었다. 2013년 1월 8일 학교폭력예방을 위한 국제세미나를 한국종합무역

센터(COEX) 3층 홀E에서 한국교육개발원이 주최하고 교육과학기술부가 후원하여 『KEDI-MEST 학교폭력예방 국제세미나』를 "학교폭력예방 프로그램 개발과 적용(Development Application of School Bullying Prevention Programs)"이라는 주제로 개최 되었다. 이 세미나에 한국, 미국, 필란드, 싱가폴 4개 나라가 참가 하였다. 한국은 "어울림 프로그램"으로 김상인교수가 참가하였고, 미국은 Dorothy Espelage 교수가 "Second Step"으로 참가 했으며, 필란드는 투르쿠대학교 선임연구원인 Sanna Herkama가 "KiVa Koulu"으로 싱가폴은 국립교육원 교수인 Jasmine Sim가 "Character and Citizenship Education"으로 각각 참가하였다(한국교육개발원, 학교폭력예방 프로그램 개발과 적용, 2013, 학교폭력예방 국제세미나 자료집). 이 세미나에서 한국의 "어울림 프로그램"이 효과성 검증을 받아 2013년 1월 14일 교육과학기술부가 대통령 인수위원회에 보고하였고, 그 결과 어울림 프로그램을 "학교폭력예방을 위한 국가 표준프로그램"으로 개발을 시작하였다.

학습(learning) 연습의 결과로 나타나는 비교적 영속적인 행동의 변화, 성숙이나 신체기관의 일시적인 조건 (피로, 약물(藥物)의 영향, 적응)에 의한 행동변화는 포함되지 않는다.

학습 심리학(learning psychology) 이 심리학은 학습의 문제와 기억의 문제를 다루는 분야의 총칭이다. 학습 내용에 따라 조건 형성, 언어 학습, 개념 학습, 복합 학습(complex learning) 등을 포함한다. 여기에서는 습득과 파지의 문제에 망각의 문제를 포함한다.

학습된 무기력(learned helplessness) 유기체가 스스로는 도저히 도피할 수 없는 상황에서 불쾌하며 고통스러운 자극에 대하여 대처하지 못하고 그러한 자극과 상황 을 무작정 수용하는 것이다. 이후 도피나 회피가 가능한 상황에서도 그러한 현상이 나타남. 사람이 자신의 환경을 통제할 수 없는 경험을 반복하게 되는 경우에 어떤 일의 결과에도 자신이 영향을 줄 수 없다고 생각하는 경우를 말한다.

합동 가족 치료(conjoint family therapy) 이 임상 기법은 최초 부부 간의 문제를 부부 동석하여 한 사람의 상담자가 면접하는 것을 의미 한다. 그 이유는 인간의 문제들은 일방적일 수 없다는 기본 이념에서 출발한다.

합리성(rationality) 합리적 존재인 인간은 추론을 통해 자신의 행동을 이끌어 나갈 수 있다는 기본가정이다.

합리적-정서적 요법(rational-emotion therapy) 엘리스(A. Ellis)에 의해 1960년대 에 발달된 성격치료 이론으로서 내담자의 비합리적 생활태도, 사고방식, 철학이 정서적 증상이나 문제 밑에 깔려 있으므로 이 비합리적 사고를 합리적인 것으로 바꾸어 주면 합리적인 행동이 따른다는 것이다. 인간은 스스로를 통제할 수 있으며 생각이 오히려 감정을 지배한다는 것을 전제로 한다. 즉 합리적-정서적 치료는 사람들이 가지고 있는 비합리적인 신념에 도전하는 다양한 인지적, 정서적, 행동적 치료 방법을 사용한다.

합리화(rationalization) 1. 실제의 이유 대신에 그럴 듯하게 사회적으로 받아 드릴 수 있는 이유를 밝힘으로써 자신의 행위를 정당화하는 방어기제(defense mechanism)의 하나. 2. 현상(現象)에 대한 이유를 설명하거나 해석하는 절차. 합리화는 받아들이기 어려운 충동이나 행동에 대하여 그럴듯한 이유를 붙임으로써 무의식적인 변명을 하여 자존심을 유지하려고 하는 방어기제의 방법. 신포도 기제와 단 레몬 기제가 있다. 따라서 합리화는 개인이 자신의 실패에 대해 그럴듯하지만 옳지는 않은 정당화를 하는 방어기제이다.

함입(introjection) 함입은 외부의 대상을 상징적으로 자신의 내부로 받아들여 자신의 한 부분으로 동화하는 과정이다. 프로이트는 우울증에 대한 가설을 이 함입의 기전으로 설명하기도 한다. 환자가 분노를 느끼는 대상이 분노를 표현할 수 없는 대상일 때 그 대상을 상징적으로 자신의 내부에 함입시켜 내부의 함입물에 분노를 집중시키게 된다. 그 결과 환자는 자기를 비하하게 되고 결국 우울해진 다는 것이다.

항등성(constancy) 물체의 위치나 거리, 보는 각도, 주변의 밝기 등 이 다르면 망막상에 전달된 에너지가 달라지지만, 이에 상관없이 동일한 물체로 인식하려 지각의 성향이다.

항상성(homeostasis) 신체의 내적 환경이 일정하게 유지되게 하려는 경향성을 뜻한다.

항이뇨호르몬(antidiuretic hormone: ADH) 뇌하수체에서 방출되는 호르몬으로서 신장에서 혈액으로부터 수분의 방출을 통제한다.

해결중심단기상담기법(counseling toward solution) 해결중심단기상 담은 내담자의 문제의 원인을 규명하기보다는 내담자가 가진 자원 (강점, 성공경험, 예외상황)을 활용하면서 문제해결방법에 중점을 두는 기법이다. 이 상담은 상담자는 문제보다는 내담자가 상담을 통해 얻기 원하는 바에 초점을 둔다. 즉, 문제가 무엇인가를 탐색 하기보다는 상담을 통해 내담자가 바라는 또는 기대하는 변화가 무엇인가를 분명하게 하는 게 초점을 둔다. 이렇게 할 때 내담자는 문제에 깊이 빠져들지 않거나, 부정적인 상황에 오래 머물지 않고 첫 회기 부터 상담을 통한 구체적인 변화를 꿈꾸며, 변화를 위한 작은 행동을 시작할 수 있는 힘을 얻게 된다. 이 상담기법은 문제 에 대한 전문가는 내담자임을 강조함으로써 내담자 속에 잠재되어 있는 해결 방법을 발견하도록 돕는다. 상담자는 내담자 스스로가 자신의 문제를 긍정적인 개념으로 재개념, 재해석하거나, 문제에 대한 예외상황 및 성공경험을 발견하도록 역할을 하게 된다. 해결 중심단기상담치료는 내담자의 문제점보다는 강점과 장점을 활용하 고, 문제의 원인분석보다는 문제해결에 초점을 두는 상담치료법이 다. 내담자는 이미 자신의 문제해결방안이 무엇인지 알고, 자신의 문제를 해결할 능력이나 자원을 갖고 있다는 가정 하에서 상담을 진행한다. 대표적인 상담 기법으로는 기적에 관한 질문, 척도질문,

예외발견질문, 대처질문 등이 있다. 기적에 관한 질문 (Miracle question): 오랜 기간 우울이나 불안증을 겪다 보면, 자신이 진정으로 원하는 바람이나, 삶의 의미를 잊고 살게 된다. 그런 경우에는 '기적에 관한 질문'이 도움이 될 수 있다. "만약 내가 잠든 사이 기적이 일어나서, 나의 모든 문제들이 해결된다고 가정해보자. 다만, 이런 기적이 일어나는 동안 나는 자고 있어서 기적이 일어났는지 모른다. 나는 아침에 일어나서 처음 무엇을 보면서 기적이 일어났는지 알수있을까?" 또는 "지금 내게 세 가지의 기적을 일어나게 하는 힘이 있다면 나는 무엇을 하겠는가?" 이런 질문을 통해 자신이 풀고 싶은 문제와, 이루고 싶은 바람을 다시 생각해볼 수 있을 것이다. 척도 질문 (Scale question): 이 질문은 자신의 현재 상태를 평가하면서, 앞으로의 목표를 세우는데 도움이 될 수 있다. 예를 들어, "1-10척도에서 (1은 최악의 상황, 10은 최고의 상황), 오늘 나는 얼마나 우울한가?" "만약, 오늘 나의 상태가 5점이라면 1점을 높여 6점으로 가기 위해서 내가 당장 할 수 있는 일은 무엇인가?" "어제는 7점이었는데 왜 오늘은 5점인가? 어제와 오늘의 차이점은 무엇인가? 어제 했던 긍정적 행동 중에서 오늘 내가 하지 않은 일은 무엇인가? 그 행동을 다시 내일할 수 있을까?" 예외발견질문 (Exception question): 아무리 어려운 상황에 직면해있더라도 늘 예외가 존재한다. 현재 자신이 잘 하고 있는 점을 발견하거나, 과거의 예외적 상황을 찾아봄으로써 현재의 문제를 해결해 갈 수 있다. 예를 들어, 오랫동안 우울증을 겪는 사람도 24시간 365일 계속 우울할 수는 없다. 또한 과거에 행복했던 시절이 분명히 있었을 것이다. 예외발견 질문의 예를 들어보면 다음과 같다. "내가 우울하지 않은 날은 언제인가?, 만약 저번 주에 덜 우울했다면, 왜 그랬을까?" 저번 주에 어떤 행동이 날 덜 우울하게 해줬는가? 왜 지금은 그 행동을 하지 않는가?, 사고방식이나 다른 사람을 대하는데 차이는 없는가?, " 내가 지금 잘 하고 있는 일은 무엇인가?, 분명히 무언가 잘 하고 있는 것이 있다." 대처질문 (Coping question): 자신을 칭찬하고 격려하는 기법으로, "나는 이렇게 힘든 상황에서도 여전히 직장을 나가고 밥을 챙겨먹고 잠을 잔다." 등의 작은 일이라도 자신의 행동을 칭찬해주는 것이다. 해결중심단기치료는 1970년 후반 정신건강연구소(Mental Research Institute :MRI)의 단기치료센터에서 활동한 드세이저(Steve de Shazer)와 동료들(Watzlawick,Weakland,&Fisch,1974;Weakland&Segal, 1982)이다. 이 기법은 1987년 한국에 소개되었고, 1991년 시작된 가족치료연구모임이 발전하면서 한국단기가족치료 연구소(Korean Institute of Brief Family Therapy:KIBEF)가 되었다. 해결중심단기치료는 문제의 진단과 제거에 초점을 맞추는 기존치료 모델과는 다른 철학과 가정으로 접근한다. 이 기법은 내담자의 병리적인 것보다 건강한 것에 초점을 둔다. 내담자의 실수와 잘못된 것에 관심을 보다는 성공하는 것과 성공하게 된 구체적인 방법을 발견하는데 집중한다. 이 상담기법은 '누가, 무엇을, 언제, 어디서 그리고 어떻게'와 같은 질문들을 사용한다. 그러나 '왜' 질문은 피한다. 이 기법은 내담자가 자신의 작은 변화라도 찾아보게 함으로써 변화의 파급 효과를 기대한다. 이 기법에서 상담자는 내담자의 문제를 해결하기 위해 내담자와 치료자가 함께 목표를 세우고 해결책을 세우고 실행한다. 이 상담기법의 기본가정은 '변화란 불가피하며 계속적으로 일어난다. 따라서 내담자가 상담을 약속한 후 상담소에 오기까지 경험한 변화에 대해 알아보는 상담 전 변화에 관한 질문(pre-session change question)은 문제해결에 매우 중요한 단서를 제공할 수 있다. 치료적 피드백인 메시지는 칭찬(compliment), 연결문(bridge), 과제(task)로 구성된다. 칭찬은 내담자가 중요하게 생각하는 것과 내담자가 성공적으로 하고 있는 것과 이러한 성공을 통해 나타나는 내담자의 강점을 강조하는 것이다. 가족치료에 있어서 해결중심단기치료기법은 다른 가족치료 모델과 달리 내담자와 가족의 문제의 사정, 평가, 진단보다는 내담자가 원하는 것에 집중한다. 이 기법은 변하지 않는 것은 없다는 가정 하에 내담자의 작은 변화에 대해 긍정적인 변화로 큰 변화로 발전시켜 간다.

해리 반응(離反應, dissociation reaction) 억압과 관계된 신경증적 반응으로 성격 및 기억의 어떤 양식이 단절되어 다소간 독립적으로 기능(機能)하는 것이다. 예를 들면 건망증(amnesia)이나 다중인격(multiple personality)이 있다.

해발자극(releasing stimulus) 종특유 행동을 개시시키는 특수한 외부 자극으로 그 종에서 유전적으로 전해 내려오는 것을 뜻한다.

해석(interpretation) 내담자가 자기의 문제를 새로운 각도에서 이해하도록 그의 생활 경험과 행동의 의미를 설명해 주는 것이다. 내담자가 부분적으로 또는 전체적으로 의식하지 못했던 것을 지적, 이해시키고 무의식적인 동기 등을 의식시키는데 치료적인 의도가 있다(정신분석). 해석기법(interpretation technique)의 종류로는 다음과 같은 것들이 있다. 1. 명료화 해석(clarification interpretation) 2. 비교해석(comparative interpretation) 3. 원망-방어해석(wanting-defense interpretation) 등이 있다. 해석은 정신분석에서, 분석가가 연상의 흐름을 촉진시키기 위해서 환자의 저항에 주의를 환기시키는 것이다. 꿈의 해석에서처럼 상징에 대한 해석도 말한다.

행동계획(behavior programming) 개인이 어떤 행동을 하면 스스로 하는 의한 (예컨대, 학생이 세 시간동안 공부를 하면 보고 싶은 TV프로그램을 볼 수 있게 된다).

행동발산(acting out) 심리치료나 정신분석 과정에서 내담자가 의식 수준에 접근된 '과거의 억압했던 충동'을 자기도 모르게 행동으로 나타내는 것. 흔히 아동기 행동양식의 상징으로 나타나며 상담자에 대한 전이(轉移) 감정도 그 한 예이다.

행동수정, 행동치료(behavior modification or behavior therapy) 고전적, 조작적 조건형성 등 학습 원리를 이용하여 행동상의 문제를 변화시키려고 하는 심리치료의 한 가지 형태, 단계적 둔화, 대리 경제 체제, 자기표현훈련 등이 그 주요 방법이다. (행동수정의 장

(章)을 참조)

행동 잠재력(behavioral potentiality) 행동이 비록 즉시 나타나지 않지만 그래도 수행될 수 있는 능력이 잠재되어 있는 상태이다.

행동 장애(behavior disorder) 1. 신경증적 반응, 정신병적 반응, 성격 장애, 만성적 뇌증후로 나타나는 행동 등을 포함하는 용어로써 정신장애나 정신불건강(精神不健 康)과 비슷한 개념 2. 행동이 기능적으로 비정상(abnormal)일 때 쓰여 지는 개념이다.

행동 조건(behavior shaping) 목표행동에 접근하는 행동을 점진적으로 보강(강화)함으로써 행동을 습득시키는 과정이다.

행동주의(behaviorism) 1913년에 John B. Watson이 세운 심리학과로서 전에는 외관적 행동에 대한 직접 관찰과 측정에만 국한 되었다. 또한 성격을 이해하는 데 있어서 학습과정의 중요성을 강조한다.

행동주의 상담(behavioral counseling) 이 상담은 파브로브(Pavlov: 1849-1936)의 고전적 조건형성 이론에서부터 시작하여 왓슨(Watson: 1878-1958)에게 영향을 미쳐서 1950년 초반에는 훌(Hull)의 학습이론을 통해 정신분석학에 도전한 이론으로 인간의 구체적인 행동을 수정하여 사회 규범에 적응시키며, 개인의 삶을 개선하는데 역점을 두고 있다. 행동치료라고도 하는 이 기법은 학습의 원리에 기초된 심리치료의 한 방법이다. 이것은 행동을 변화시키기 위해서 역조건형성, 강화 및 모델링 등의 방법을 사용한다. 행동치료는 조건형성에 근거한 원리를 통해 행동의 변화를 추구하는 치료기술로 학습원리를 적용해서 부적응 행동을 수정하려는 일단의 치료기술이다.

행동주의 심리학(behavioral psychology) 심리학이 과학으로서의 자율을 확립하기 위해서는 실증적으로 관찰이 가능한 행동을 연구해야 한다는 심리학으로 행동주의 심리학을 '행동을 연구하는 학문'으로 정의하고 연구 자료를 관찰할 수 있는 대상에 한정시킨 학파

이다. 의식 및 정신구조에 대한 언급을 배격한 왓슨(J. B. Watson)
에 의해 시작되어 1930년대까지 심리학의 주요 학파로 군림했다.
오늘날에는 조건형성(conditioning)의 원리를 주 연구 영역으로 삼
고 있는 '행동주의적' 심리학자들이 있을 뿐이고 스키너(B. F.
Skinner)가 가장 왓슨(J. B. Watson)의 전통을 많이 계승했다고 볼
수 있다. 행동주의 심리학에서는 구성주의와 기능주의는 내성을 버
리지 않았으나 행동주의는 자연과학이 되기 위해서는 자신만이 아
니라 아무나 관찰할 수 있는 것, 즉 겉으로 나타나는 행동만을 대
상으로 하고 의식이나 마음과 같은 것은 언급하지 않는다.

행위자-관찰자 차이 귀인에서 행위자는 외부귀인, 관찰자는 내부귀
인을 더 많이 하는 경향을 의미한다.

현상적 장(phenomenal field) 개인적 경험의 전체성 또는 지각적 장
이라고도 한다.

현상주의(phenomenology) 개인의 주관적 경험, 느낌, 사적 개념과
동시에 그의 세계와 자신에 대한 사적 견해에 관한 이해를 중요시
하는 성격학 연구방법이다.

현상학(phenomenology) 자세한 설명이나 요소주의적 분석이 없이
인간 경험이나 행동연상을 연구하는 것. 1. 현상이나 사건을 경험
되는 즉시 해석이 없이 연구하는 것. 2. 선험적(transcendental)주관
이 즉각적인 경험이라는 철학적 이론으로 개인의 주관적인 경험이
나 세계에 대한 독특한 지각에 대한 연구를 의미 한다.

현실검증(reality testing) 외부세계에 대한 객관적인 평가와 판단을
포함하는 자아의 기본적 기능을 말한다.

현실도피(escape from reality) 맞서지 않으면 안 되는 상황으로부터
도망하거나 회피하려는 태도. 현실세계가 너무 복잡할 때 사람들은
어떤 도피 수단을 찾기 마련이다. 그러나 그 상황의 실재성을 부정
하고 자신의 현상으로 대치하면 전문가의 도움을 받아야 할 처지

에 놓인 사람이다. 갈등을 건전하게 해결하려면 현실과 관련해서 해야만 한다. 하나님은 절대적인 실재자(Absolute Being)이다. 하나님으로부터 도피하려는 것은 쓸데없는 일이다.

현실불안(realistic anxiety) 위협이나 외부환경 내에서 실제 위협을 지각함으로써 야기된 정서적 반응을 의미한다.

현실요법(reality therapy) 정신과 의사인 글래써(William Glasser)에 의해 발전된 것으로 내담자의 현재 행동에 중점을 두며, 자신을 정확히 발견하고 현실을 직면하여 성공 정체감(success identity)을 갖도록 상담자가 도와주는데 초점을 둔다.

현실원리(reality principle) 충동을 만족시켜 줄 적절한 대상이나 조건이 발견될 때까지 본능의 충족을 연기시킬 것을 요구하는 경향성(orientation)으로 현실원칙이라고도 부르는 것은 1. 개인의 적응 과정에서 성취 가능한 목표를 세우고 갈등 제거 및 욕구충족을 위한 실용적 방법을 발견한다는 행동원리. 2. 주위환경의 요구에 대한 자각과 사회적 요구(social need)에 순응 필요성을 자각하는 자아의 기능이다.

혐오치료(aversive therapy) 제거되어야 할 행동을 혐오스러운 자극 상태와 연합시킴으로써 이 혐오자극에 대한 회피와 함께 바람직하지 못한 행동도 없어지게 하는 행동(정적방법). 행동수정을 참고하여보라.

협동적 치료(collaborative therapy) 합동 가족 치료의 선구를 이룬 치료법을 말하며, 각각의 상담자가 가족 구성원을 개인 별로 담당했다. 초기 유아 상담 운동에 서는 소아 정신과 의사가 소속 아동을 담당하고, 다른 한편 사회사업가가 양친을 담당하여 면접했다. 부부 상담에서는 남편과 아내 각각에게 별도의 상담자가 붙어 협동치료를 하는 것이다.

형성(becoming) 개인이 한 자유인으로서 가능한 한 많이 자기의 잠재력을 실현할 책임이 자기에게 있음을 느끼게 되는 발달과정이다.

형태소(morpheme) 언어에서 의미나 문법적 기능을 전달하는 최소 단위를 말한다.

형태 심리학(gestalt psychology) 지각에 주로 관심을 갖는 심리학적 이론으로서 pattern, organization, wholes, field properties를 강조한다. 형태라는 gestalt 은 독일어이다. 1912년에 Max Wertheimer 에 의해 세워진 심리학과로서 지각에 대한 연구를 강조한다. 또한 성격을 단지 부분으로써 환언 될 수 없는 조직된 역동적 전체라고 주장한다. 형태 심리학은 전인격의 직접적인 경험으로 연구하는 형태 심리학은 막스 베르타이머(Max Wertheimer: 1880-1943) 와 코프카(K. Koffka: 1886-1941), 그리고 콜러(W. Khler: 1883-) 등의 의해서 이루어 졌다. 위에 학파들이 의식의 요소와 자극과 반응에 결합체가 결정된다고 보는 반면에, 형태 심리학은 전체는 부분의 합 이상일 뿐만 아니라 전체의 지각이 부분의 지각에 선행함으로써 부분은 전체 결합체의 본능적 성질에 의해 결정된다는 것을 주장한다. 현상학적 방법(phenomenological method)을 사용하는 형태 심리학은 관찰자로부터 직접적이고 통합적인 경험(directive and integrated experience)을 얻기 원한다. 즉 인간이 자신의 경험을 의식적으로 자각할 수 있다고 단순한 자극(stimulus)에 반응한다기보다는 사고한다고 믿는다.

형태주의 상담(gestalt counseling) 이는 프레데릭 퍼얼스(Fredrick Perls)에 의해 개발된 심리요법으로 인간의 정서와 경험을 통합시키는 형태로 인간 각 개인이 성숙한 인격을 성취하고자 한다면, 삶의 과정에서 자기의 독특한 방법을 발견해야 하며, 개인적인 책임을 감당해야 한다는 전제 위에 세워진 실존주의 상담의 한 형태이다. 따라서 바로-지금-여기에서의 행위와 경험들에 대한 내담자 스스로가 의미를 찾아가도록 상담자는 돕는 것이다.

형태욕구(modal need) 욕구가 이끄는 목표가 아닌 욕구가 일으키는

활동을 통해 만족되는 욕구이다.(예, 음악연주)

호르몬(hormone) 혈류에 의해 운반되어 표적기관을 통제하는 화학 물질로서 내분비선에서 분비된다.

호혜적 결절론(reciprocal determinism) Bandura가 인간행동의 원인을 나타내기 위해 사용한 용어로써 이것은 인간의 행동이 행동, 인지, 그리고 환경적 영향력 간의 상호작용으로 인해 결정된다고 믿는다.

혼합동기 상황 경쟁과 협동이 동시에 개입되는 대인 상호작용 상황을 말한다.

확대 가족(extended family) 사회마다 서로 다르게 정의하지만, 반대는 형태인 핵가족보다는 지리적으로 더 먼 거리의 친족관계를 포함하고 있다.

환각(hallucination) 잘못된 지각으로 관념적인 현상을 실제의 것으로 받아들이는 것으로 수용기(受容器)에 대한 자극 없이 감각적인 경험을 하는 정신 분열증 같은 행동장애에서 나타나는 것이다.

환경론(environmentalism) 성격은 사회적 영향력에 의해 조형된다는 기본 가정이다.

환경 스트레스 이론 (environmental stress theory) 심리학자들이 신경증이라고 부르는 것에 대한 사회학적 해석으로 표현 된 것이다. 신경증은 특정한 환경이 모든 사람들의 행동 경향성에 왜곡된 효과를 미치기 때문에 발생한 것으로 본다.

환경 치료(milieu therapy) 한 인간을 치료하는데 태도나 행동보다는 환경을 변화시키는 것에 중점을 두는 심리치료의 한 형태이다.

환상(fantasy/ phantasy) 대상 및 사건에 대한 집합적 심상(collective image)으로 백일봉 상태의 상상이 그 예이다. 흔히 좌절 때문에 생기지만 적당한 정도의 것은 조직적, 적응력 기능을 발휘하도록 한다.

환자로 간주된 사람(identified patient:IP) 이 용어는 가족 성원 가운데 치료를 필요로 하는 사람을 의미한다. 환자로 간주된 사람은 가족으로부터 '이상이 있는 혹은 질병이라' 라고 딱지가 붙여져 있는 경우를 말한다(Satir, 1974). 가족치료에서 IP라고 약칭되고 IP는 가족과 전문가로부터 환자로 지목된다. IP로 지목하기까지는 가족과 전문가, 그리고 환자 자신의 인지하는 것과 그렇게 인지하고 있는 사람들과의 관계(배경의 문맥)도 고려할 필요가 있다.

활동전위(action potential) 신경충동, 신경흥분을 의미한다.

회복 기억(recovered memory) 최면이나 심리 치료사의 암시를 통해 무의식 속에 억압된 상태로부터 의식적으로 인식할 수 있게 된 기억이다.

회상(recall) 파지 및 기억으로부터 정보를 재생산할 수 있는 능력이다.

회상적 허구성(retrospective falsification) 이전의 경험을 기억하는데 발생하는 비의도적 왜곡으로, 무의식적인 힘의 영향을 받아 생기는 것이 아니다.

회피(avoidance) 위협적인 행동을 종종 위협적이지 않은 행동으로 대치시킴으로써 심리적인 갈등으로부터 벗어나는 경향성이다.

회피-회피 갈등(avoidance-avoidance conflict) 두 개의 바람직하지 않은 대상이나 목표 중에서 하나를 선택해야 할 때 생기는 갈등이다.

회피 학습(avoidance learning) 어떤 신호가 주어진 후 불쾌하거나 고통스러운 자극이 주어진다는 사실을 알고 그러한 상황으로부터 미리 회피하는 학습형태이다.

횡단적 연구방법(cross-sectional method) 상이한 연령집단으로부터 동시에 어떤 특성에 대한 자료를 얻어 연령 간 비교한 결과로부터 발달적 변화과정을 추론하는 방법을 말한다.

효과의 법칙(law of effect) 반응을 한 뒤에 보상이 뒤따르면 자극이 반응을 유발하는 경향성은 증가하고, 보상이 없으면 자극이 반응을 유발하는 경향이 줄어든다.

효과 자극(effective stimulus) 관련된 감각 수용기에 가했을 때 반응을 일으키는 자극으로 한 피험자의 눈앞에 불빛을 비추는 것은 아마도 효과 자극이 될 것이다. 그러나 이 사람의 등에 불빛을 비추는 것은 효과 자극이 되지 않을 것이다.

후광(mandala) 융의 이론에서 자아의 총체적 일체성을 성취하고자 하는 노력을 의미하는 신비의 원으로 이러한 생각은 다른 문화에서 발견된 우주의 상징물들로부터 나왔다.

후광 효과(halo effect) 사회 심리학에서 한 사람을 판단할 때 하나의 특성을 그 사람 전체의 인상으로 일반화시키는 경향성이다.

후기 인습적 도덕성(postconventional morality) 미국 심리학자 로렌스 콜버그의 도덕 발달 단계 이론에서의 세 번째 단계로 도덕적 행동은 두려움이나 관심에 따라 결정되지 않고 대신에 자신이 가지고 있는 합리적인 윤리 원리 체계에 의해 결정된다는 것이다. 그러나 모든 사람이 이 단계를 성취하지는 않는다는 것이다.

후진조건형성(backward conditioning) 고전적 조건형성에서 UCS를 먼저 제시하고 CS를 뒤에 제시하는 절차이다.

후퇴(withdrawal) 정신기제의 일종•갈등 상황으로부터 물러서는 것. 상황으로부터 신체적으로 후퇴하는 것. 심리적으로 '귀를 막아 버림'으로 정서적 동요가 일어나지 않게 하는 것 등의 두 가지가 있는데 심리적인 방법은 주로 무관심 혹은 냉담한 태도를 취한다.

휘태커(Carl Whitaker) 1936년 시라큐스대학에서 의학박사 학위를 받왔다. 9년간 에모리 의과대학 정신과 교수로 재직하고, 위스컨신 대학교에서 20년간 의과대학 정신과의 교수로 근무했다. 그의 기법은 '체험'을 중시한 것으로 가족 치료의 틀을 넘어서 심리치료 전반에 미치는 영향력을 갖고 있다. 주저서로는 가족시련(The Family Crucible, 1978).

훈습(working through) 정신분석적 치료에서 환자가 자신의 내면적 갈등을 혼자서 당면하고 일상생활 장면에서 처리할 수 있을 때 까지 치료적 장면에서 이들 몇 번이고 되풀이해서 경험하게 하는 재교육의 과정이다.

흔적조건형성(trace conditioning) 고전적 조건형성에서 CS가 제시되고 완전히 사라진 후 UCS를 제시하는 절차를 말한다.

흥분성 시냅스후전위(excitatory postsynaptic potential: EPSP) 시냅스후 뉴런을 탈 분극 시키는 전위로 시냅스후 뉴런의 신경충동을 더 잘 일어날 수 있도록 한다.

흥정(bargain) 손익이 엇갈리는 쌍방이 거래를 통하여 상호 수긍하는 합의점에 도달하는 과정이다.

희생양(scapegoat) 구약성경에 의하면 이스라엘 사람들은 1년에 한 번씩 속죄의 날(Day of Atonement)에 인간의 죄를 함께 가져갈 깨끗한 흰 양을 들판으로 보내서 죽였다. 오늘날은 사회가 겪는 좌절에 실질적으로는 전혀 관계가 없으면서도 책임이 있다고 비난받는 개인이나 집단을 의미한다. 즉 대치된 공격의 대상을 의미한다.

히스테리(hysteria) 자궁(womb)을 뜻하는 그리스어에서 유래한 용어로 정서적 장애가 여성에게만 나타나는 것은 자궁에 장애가 있기 때문이라고 생각해서 붙여진 것이다. 해리(dissociation)가 히스테리를 결정하는 첫 번째 특징으로 여기지만, 히스테리 증상에 대한 전반적인 의견일치는 없는 상태이다. 정신 분석학에서는 모든 히스테리를 무의식적 갈등의 산물인 신경증이라고 생각한다. **히스테리의 남성적 형태에 대해서는 전쟁 피로 증후군(battle fatigue)을 참조하라.**

허언증/뮌히하우젠 증후군(syndrome munchhausen syndrome) 자주 거짓말을 하고, 그럴듯하게 이야기를 지어내어 마침내 자기 자신이 그 이야기에 도취해버리는 증상

The Dictionary of Counseling Psychology English-Korean

상담심리
영한사전

상담심리 영한사전

A

ability 능력
aboutistic people
　미래지향적 사람
abreaction 제반응
abreaction 정화
absolute threshold 절대식역
abuse 남용
acceptance 수용
accommodation 접응, 조절
acetycholine ACH 아세틸콜린
achievement motive 성취동기
achievement test 성취검사
acting-out stage 행동화 단계
acting out 행동발산, 행동화
action potential 활동전위
action technique 행동기법
active aspect 능동적인 측면
activity group therapy
　technique 활동 집단
　치료기법
activity process 활동과정
actor-observer bias

행위자-관찰자 편향
actualizing tendency
실현경향성
acute intoxication 급성 중독
acute psychosis 급성 정신병
acute symptom 급성증상
adaptation 순응
adapted child AC
　순응하는 어린이
additive model 가산모형
adjustment mechanism적응기제
adjustment 적응
administrative psychiatry
　관리 정신의학
adrenocoticotrophic hormone
　ACTH 부신피질 자극 호르몬
adult self 어른 자아상태
adult children 성인아이
affect 감정
affective dimension 정서적차원
affective disorder 정서장애
affective therapy 정서적 치료
affective 정서(적)
affiliation motive 친화동기
affiliation 친화, 유친
affirmative action 차별금지법
after meeting 사후모임
after-effect 잔상 효과
after-image 잔상

aggression 공격
aggression 적개심
aggressive instinct 공격적 본능
agnosia 실어증
agora phobia 광장 공포증
aggression anxiety 공격불안
aggression 공격
aim 대상
alcohol-induced anxiety disor-
　der 알코올 유도성 불안장애
alcohol-induced disorders
　알코올　유도성 장애
alcohol-induced mental disoder
　알코올 유도성 정신장애
alcohol-induced mood disorder
　알콜유도성 기분장애
alcohol-induced persisting am-
　nestic 알코올 유도성 지속성
　건망장애
alcohol-induced persisting de-
　mentia 알코올 유도성 지속
　성 치매
alcohol-induced psychotic diso-
　rder 알코올 유도성 정신병적
　장애
alcohol-induced sexual dysfun-
　ction 알코올유도성성기능장애
alcohol-induced sleep disorder
　알코올유도성수면장애

alcohol abuse 알코올 남용
alcohol amnestic disorder 알코
　올 건망증 장애
alcohol anonymous
　알코올 중독 방지회
alcohol dependence syndrome
　알코올 의존 증후군
alcohol expectancy questionna-
　ire 알코올 기대 질문
alcohol idiosyncratic intoxicati-
　on, pathological
　알코올 특이성 중독
alcohol intoxication delirium
　알코올 중독 섬망
alcohol intoxication prevention
　알코올 중독 방지
alcohol intoxication 알코올중독
alcohol marriage
　알코올 지향성 결혼
alcohol related disorders not
otherwise specified 비특이성
　알코올 관련 장애
alcohol use disorders
　알코올 사용 장애
alcohol withdrawal delirium
　알코올 금단섬망
alcohol withdrawal 알코올금단
alcoholics anonymous AA
　익명의 알코올 중독자 모임

alcoholism 알코올 중독
algorithm 연산적 방식
alienation 소외
alignment 제휴
all or none principle
  실무율의 법칙
alliesthesia 감각의 전도
alpha press 알파압력
alternative activity
  대안적인 활동
altruism 이타주의
alzheimer disease
  알츠하이머병
ambivalence 양가감정,이중인격
amnesia 기억상실증, 건망증
amnestic syndrome
  기억상실 증후군
amplifying 확대화
anal phase 항문기
anal stage 구강기
analog communication 아날로
  그 커뮤니케이션
analogous change 유추적 변화
analysis of dreams 꿈의 분석
analytically-oriented therapy
  분석중심적 치료
analytically therapy
  분석적 심리치료
anchoring effect 닻내리기 효과

anesthesia therapy 마취요법
anger 분노
anima 아니마
animal psychology 동물심리학
animism 애니미즘
animus and anima
  여성성과 남성성
animus 아니무스
anorexia 거식증
anterograde amnesia
  순행성 기억상실증
anthropmorphism 신인동형설
anti-semitism 반유태주의
anticipated consequence
  예기된 결과
anticipatory anxiety 예기 불안
anticipatory grief 예견적 애통
antidiuretic hormone ADH
  항이뇨호르몬
antipsychotic drugs 항정신약물
antisocial personality disorder
  반사회적 인격장애
anxiety-provoking situation
  불안을 일으키는 상황
anxiety disorder 불안장애
anxiety hierarchy 不安位階
  불안위계
anxiety reaction 불안반응
anxiety reduction techniques

불안 감소기법
anxiety 불안
apathy 무감각
aphasia 실어증
apparent movement 가현운동
apperception 통각
appled psychology 응용심리학
approach-approach conflict
　접근, 접근갈등
aptitude 적성
archetype 원형
arousal 발기
art therapy 미술치료
artificial intelligence
　AI 인공지능
asceticism 금욕주의
aschematics 무도식인
ascribed status 귀속지위
assertive training 자기표현훈련
assertiveness training
　주장성 훈련
assertiveness 자기주장
assessment 평가
assigning task 과제부과
assimilation 동화
association area 연합영역
association warm up
　연합분위기 조성
association 연합

associationism 연합주의
assumption 가정
attachment 애착
attention getting 관심사
attentional processes
　주의집중 과정
attitude 태도
attribution 귀인
atypical psycho sexual
　dysfunction 비정형성 정신
　성적 기능이상
audience 관객
augmentation principle
　증가원리
authoritarian personality
　권위주의 성격
authoritarian 권위형
authoritarianism 권위주의
autism 자폐증
autokinetic phenomenon
　자동명현 현상
autonomic nervous system
　자율신경계
autonomy 자율성
autonomy 자주성
auxiliary 보조자
availability heuristic
　가용성 휴리스틱
averaging model 평균모형

aversion technique 혐오기법
aversion therapy 혐오 치료
avoidance learning 회피학습
avoidance-avoidance conflict
　회피-회피 갈등
avoidance-personality disorder
　회피형 성격장애
avoiding 회피형
awareness continuum
　자각 연속체
awareness 인식
axiodrama 가치극
axon 축색

B

babinski reflex 바빈스키 반사
backward conditioning
　후진 조건형성
bad content 나쁜 내용
balance theory 균형이론
base rate 기저율
basic assumption 기본가정
basic concepts 기본개념
basic trust 기본신뢰
basis attribution error
　기본귀인오류

battle fatigue 전쟁피로 중후근
becoming 형성
bed-wetting, Enuresis 야뇨증
behavior analysis 행동분석
behavior approaches to
　therapy 행동치료
behavior approaches
　행동접근법
behavior change 행동변화
behavior counseling
　행동주의 상담
behavior disorder 행동장애
behavior therapy 행동치료
behavior modification
　행동수정
behavior programming
　행동계획
behavior psychotherapy
　행동심리치료
behavior rehearsal 행동시연
behavior shaping 행동조건
behavior shaping 행동조성
behavior theory 행동이론
behavioral approaches
　행동적인 접근법
behavioral environment
　행동적인 환경
behavioral exercise
　행동적 연습

behavioral insomnia
행동적 불면증
behavioral model 행동모델
behavioral potentiality
행동잠재력
behavioral practice
행동적 실행
behavioral psychology
행동주의 심리학
behavioral symptom
행동적 증상
behaviorism 행동주의
being-with 함께 존재
belief persistence
신념의 집요성
belongingness need 소속욕구
benevolence oriented 자비심
beta press 베타압력
bias 편향, 편파
biblical counseling 성서적 상담
bibliotherapy 독서요법
binocular disparity 양안부등
bio energetic role
심리에너지 역할
bio psychosocial field
생리정신 사회분야
bio feedback 바이오 피드백
biological aspect
생물학적 측면

biological base 생물학적 기초
biological dimension
생물학적 차원
biopsychology 생물심리학
biopsychosocial family therapy
생리심리 사회적 가족치료
biopsychosocial therapy
생리 심리사회적 치료
birth order 출생 순위
bit of event 사건의 조각
black out 암전
black swam effect 블랙스완
효과
blind procedure 맹목절차
blocking 차단
bodily self 신체적 자아
body image 신체상
bogus pipeline 거짓말 탐지기
borderline disorders
경계성 장애
borderline personality disorder
경계선적 성격장애
borderline state 경계선 상태
boundary 경계선
boundary 경계선 만들기
brief dynamic term psychothe-
rapy 단기역동 정신치료
brief psychotherapy
단기 정신치료

brief term psychotherapy
　단기 정신치료
brief therapy 단기치료
bromide 취소제

C

Carl Whitaker 휘태커
cannon bard 캐논 바드
cardinal trait 주특질
care 보호
caring 돌봄, 배려심
carrying 진행화
case study 사례연구
case 사례
case conceptualization 사례
　개념화
casework theory
　개별사회사업이론
castration complex
　거세 콤플렉스
castration 거세
catalog 목록
catching oneself 자기파악
categorization 범주화
catharsis effect 정화효과
catharsis 정화

cathexis 부착
central fissure 중심열
central nervous system
　중추신경계
central route processing
　중심경로처리
central trait
　중심특질, 핵심특질
cerebral cortex 대뇌피질
cerebral palsy 뇌성마비
cerebral hemisphere 대뇌반구
changeability 가변성
character armour 성격외장
character defense 성격방어
character 인격
chemotherapy 화학요법
chief problem 주된 문제
child guidance 아동지도
child psychiatry 소아 정신의학
child self 어린이 자아상태
children counseling 아동상담
choice corollary 선택추론
circumspection-preemption-cont
rol cycle 신중-선취-통제순환
clarification 명료화
classic analytic dynamic
　formulation 고전적 분석의
　역동적 형태
classical conditioning

고전적 조건형성
client-centered therapy
  내담자 중심치료
clever control 교묘한 조절
cliche layer 상투적인 층
client 내담자
client-centered psychotherapy
  클라이언트-중심치료
clinical behavior therapy
  임상적 행동치료
clinical pastoral education
  임상목회교육
clinical psychology
  임상심리학
clitorial 음핵성
closeness group 폐쇄집단
cluster warm up
  전체 분위기 조성
codependency 공동의존
coalition 연합
code 부호
codependence 동반의존
cognition 인지
cognitive appraisal
  인지적 평가
cognitive aspects 인지적 측면
cognitive aversion therapy
  인지적 혐오치료
cognitive behavior

modification technique 인지
  적 행동수정기법
cognitive conservatism
  인지적 보수성
cognitive dimension
  인지적 차원
cognitive dissonance
  인지부조화
cognitive learning theory
  인지학습이론
cognitive loading 인지부하
cognitive map 인지도
cognitive miser 인지적 구두쇠
cognitive processes
  인지적 과정
cognitive psychology
  인지 심리학
cognitive response 인지반응
cognitive restructure
  인지적 재구조
cognitive science 인지과학
cognitive symptom
  인지적 증상
cognitive therapy 인지치료
cognitive variable 인지적 변수
cognitive-affective consistency
  theory 인지-정서 일관성이론
cohesiveness 응집성(력)
collective unconsciousness

집단 무의식
collectivism 집단주의
commitment 계약
commitment 구속성,유대,입지
common sense 상식
common trait 공통특질
common's dilemma
　공동체의 곤경
commonality corollary
　공통적 추론
communal relation
　정의적 관계
communalism 자치성
communication competency
　의사소통의 효능성
communication pattern
　의사소통유형
communication theory
　의사소통이론
communication 의사소통
communicator 전달자
community feeling
　공동체 느낌
community meeting
　공동사회모임
community mental health
　center 지역사회정신보건센터
community psychiatry
　지역사회 정신의학

community 지역공동체
companion love 동반적 사랑
comparability 비교성
comparative appraisal
　비교평가
comparison level for
　alternatives 대안적 비교수준
comparison level 비교수준
compensation needs 보상욕구
compensation 보상
competency 자신감
complementarity principle
　상보성 원리
complementarity
　communication 상보의사거래
complementarity 상보성
complex 복합
complexity 복잡성
compliance 응종
comprehensiveness 포괄성
compulsion 강박증
compulsive personality
　disorder 강박적 성격장애
conceptual replication
　개념적 복제
concurrent therapy
　병행면접 치료
condensation 압축
condition formation 조건 형성

conditional positive regard
조건적 긍정적 대우
conditional probability
조건확률
conditioned reinforcement
조건강화
conditioned response 조건반사
conditioned response CR
조건반응
conditioned stimuli CS
조건자극
conditioning 조건
conditioning 조건형성
conditioning 조건화
conditions of worth 가치조건
confabulution 작화증
confession 고백
confession effect 고백 효과
configuration 형태
confirmatory hypothesis
testing 가설확인적 검증
confirmatory 확증적
conflict situation 갈등상황
conflict 갈등
conformity 동조
confrontation 대면,직면,대항
confucian-dynamism
유교적 가치
cognitive structure 인지구조

congruence feeling 일치감
congruence 일치성
congruence 조화
conjoint family therapy
합동가족치료
conjunction error
교집합의 오류
connotation 함의
conscience 양심
consciousness 의식
consensual validation 합의적
타당화
consensus 합의성, 합치성
conservation 보존개념
considerate 자상한
consistency 일관성
consonant 조화로운
constancy 항등성
constellatory construct
집합적 구성개념
constitutional causes
체질적 원인
constitutionalism 체질론
construals 구성체
constructive activity
건설적 활동
constructive alternativism
구성개념적 대안주의
contact hypothesis 접촉가설

contact 접촉
content analysis 내용분석
contents 내용
context effect 맥락효과
contextual therapy
　맥락적 치료
contingency contracting
　유관계약
contingency theory
　상황부합 이론
continuous reinforcement
　특속적 강화
contract therapy 계약치료
contrast effect 대조효과
control condition 통제조건
control group 통제집단
control phase 통제단계
control 통제(감)
controller 조정자
convergence hypothesis
　수렴가설
conversion hysteria
　전환 신경증
conversion 전환
coordination loss 통합력 상실
coping mechanism 대처기제
coping skill training
　대처기술 훈련
coping skills 대처 기술

core dependence syndrome
　핵심 의존 증후군
core gender identity
　정체감의 핵
corpus callosum 뇌량
corrective emotional experience
　교정적 감정(정서) 경험
correlational research 상관연구
correspondence 부합성
correspondent inference
　대응추리
cost 대가
counseling psychology
　상담심리학
counseling 상담
counter response 역반응
counter transference 역전이
counter conditioning
　역조건 형성
covariation 공변(성)
covert need 내현욕구
creative image 창조적 이미지
creative self 창조적 자아
creativity theory 창조성 이론
creativity 창조성
credibility 신뢰성
crisis counseling 위기상담
crisis in individual
　development

개인발달과정의 위기
crisis in social system
　사회체계 내의 위기
crisis in the family
　가족 내의 위기
crisis intervention 위기개입
crisis intervention 응급조치
crisis 위기
criteria committe national
　council on alcoholism
　국립 알콜 심의 위원회
critical experiment 결정적 실험
critical parent 비판적 어버이
critical period 결정적 시기
cross-cultural 비교문화
cross-sectional method
　횡단적 연구방법
crowd psychology 군중심리학
cube theory 입방체 이론
cue-arousal theory
　단서촉발 이론
cultural causes 문화적 원인
culture lag 문화지체

D

dance therapy 댄스치료

deficiency motive 결핍동기
data-based 자료 의존적
daydreaming 백일몽, 공상
debriefing 사후설명
decay 쇠잔, 쇠퇴
decision making 의사결정
decision 결정
deductive reasoning
　연역적 추리
deduction 귀납
defense mechanism 방어기제
defense 방어
defenseless 무방어
defensive attribution
　방어적 귀인
defensive strivings
　방어적 특징
deindividuation 몰개성화
deinhibition 탈억제
delay of gratification
　만족의 지정(遲庭)
delayed conditioning
　지연조건형성
delirium tremens 진전섬망
delirium 섬망
delusion 망상
delusions of persecution
　피해망상
demand characteristics

요구특성
dementia 치매
democratic 민주형
democratization 민주화
demonization 귀신들림
denial 부인, 부정
denotation 외연
dental aggression 치아 공격성
dependence syndrome
　의존 증후군
dependence 의존
dependent personality disorder
의존성 성격장애
dependent variable 종속변인
dependent 의존자
depersonalization 비인간화
depersonalization 탈인격화
depolarization 탈분극
depression 우울증
depressive disorder 우울장애
depth cue 깊이단서
depth psychology 심층 심리학
description 기술
desensitization 둔화
desensitization 탈감법
despair 절망
destructive behavior
　파괴적 행동
detection 탐지

determinism 결정론
detouring coalition
　우회적 결탁
detoxification 해독
detriangulation 탈삼각관계
developemental factor
　발달상의 요인
development of peculiar
　ability 색다른 능력의 개발
development psychology
　발달 심리학
development 발달
devil's advocate 반대전담 악역
diagnosis 진단
diagnostic test 진단검사
dialogue 대화
differential reinforcement
　차별강화
differentiation of self
　자기 개별화
differentiation of self 자기분화
differentiation phase
　특수한 단계
differentiation 분화
differentiation 차별화
difficult 어려움
diffusion of responsibility
　책임감 분산
digital communication

디지털 콤

dipsomania 음주광

directed warm up
지시된 분위기 조성

directical masturbation
직접적인 자위

directive counseling
지시적 상담

directive group psychotherapy
지시적 집단치료

directive psychotherapy
직접적 정신치료

directive role 지시적 역할

directive therapy 지시적 치료

director 연출자, 지도자

discounting principle 절감원리

discourse analysis 대화분석

discourse 담론

discrimination 변별

discriminative reinforcement
변별강화

discriminative stimulus
변별조건

disease modeling 질병모형

disergagement 유리

disorientation 방향감각 상실

displacement 대치, 정위, 치환

disposition 성격(론)

dispositional factor

기질적 요인

dissociation hypothesis
분리가설

dissociation reaction 해리반응

dissociation 분리, 해리

distance technique 반대기법

distinctiveness 독특성(특이성)

distortion 왜곡

distraction-conflict theory
간섭-갈등이론

distribution 분포, 분배

distributive justice 분배정의

differential threshold 차이식역

divergent reflex 발바닥 반사

deviant sexual behavior
일탈적 성행위

divorce therapy 이혼치료

dopamine 도파민

double-bind 이중구속

double bind message
이중구속 메시지

double bind theory
이중구속 이론

double bind 이중구속

dream analysis 꿈의 분석

dream interpretation 꿈 해석

dream sleep 꿈꾸는 수면

dream work 꿈 작업

dream 꿈

drinking refusal skill training
음주거절 기술훈련
drive 욕구, 추동
drug states 약물상태
dual sex therapy 이중 성치료
dyad system 이인 체계
dynamic approaches
역동적 접근법
dynamic event 역동적 사건
dynamic psychology
역동심리학
dysfunctional family
역기능적 가정

E

echoic memory 잔향기억
ecological fallacy 생태학적오류
ecological validity
생태학적 타당도
ecology 생태계
ecosystem therapy
생태시스템 이론
education 교육
educational counseling
교육상담
educative group

psychotherapy
교육적 집단치료
effect need 결과욕구
effective matrix 효과행렬
effective stimulus 효과자극
effort justification노력의정당화
ego (자아) 자기
ego psychology 자아 심리학
ego separation 자아분리
ego state opposition
자아상태 반항
ego symtomi 자아동화
ego boundary 자아 경계선
ego building 자아 구축기법
ego defense mechanism
자아 방어기제
ego identity 자아정체성
ego integrity 자아통합
ego psychology 자아심리학
ego 자아, 자기
ego centricism 자기중심성
ego concept 자아개념
ego function 자아기능
ego ideal 자아이상
ego centricity 자기중심적
egogram check list
이고그램 체크리스트
egogram 이고그램
elaboration likelihood

정교화 가능성
elan vital 창조적 생명력
erectile disorder 발기장애
electra disorder 외디프스 갈등
electra complex 일렉트라 갈등
electroencephalogram EEG
뇌전도
elementalism 요소주의
embedded figure 내재된 그림
embryonic period 배아기
emergent norm 규범부상
emic 에믹 (고유적)
emotion quotient 정서지수
emotion 정서
emotional cut-off 정서적 단절
emotional detachment
정서적 격리
emotional divorce 정서적
이혼
emotional Immaturity
정서적 미성숙
emotional insight 감정적 통찰
emotional maturity
감정적인 성숙
emotional reeducation
정서 재교육
emotional support 정서적 지지
emotional system 정서적 체계
emotional tension 정서적 긴장

emotional 감정적 측면
emotionalized attitudes
정서적 태도
empathy 감정이입, 공감
empty nest syndrome 빈
둥지 증후군
enabler 협조자
encounter group 대면집단
encounter 참 만남
encouragement counseling
권면적 상담
energy concepts 에너지 개념
enforced persuasion 강제적설득
engineering psychology
공학 심리학
enneagram 아홉 유형도
entrapment psychology
발목잡기
entropy 엔트로피
environment aspect 환경적측면
environment formation
환경형성
environmentalism 환경론
experimental method
실험적 방법
epigenetic principle 점성원리
epilepsy 간질
episodic memory 일화기억
equality principle 균등원리

equilibrium hypothesis
　균형가설
equity principle 형평원리
erogenous zones 성감대
eros 삶의 본능
erotic stimulus 에로틱한 자극
escalation 단계적 확대
escape from reality 현실도피
escape learning 도피학습
escape 도망
estrogen 에스트로겐
ethnocentrism 내집단 중심주의
ethnography 민속학
etic 에틱(보편적)
etiologicat relationship
　병원적 관계
etiquette 예의
etyologist 동물행동학자
evaluation apprehension
　평가불안
evaluation 평가
event 사건
evocative group psychotherapy
　표현적 집단치료
evolutionary psychology
　심리진화론
evaluation 평가
excitation transfer 흥분전이
excitatory postsynaptic

potential EPSP
　흥분성 시냅스후전위
excuse 변명
exhibitionism 노출증
existential anxiety
　실존적인 불안
existential counseling
　실존주의 상담
existential living
　실존주의적 삶
existential neurosis
　실존적인 신경증
existential philosophy 실존철학
existential psychotherapy 실존
　적 심리치료
existential therapy 실존치료
existential philosophy
　실존주의 철학
exit from group 집단이탈
expansion 팽창감
expectancy value theory
　기대가치 이론
experience corollary 경험추론
experiential felt sense
　경험적 느낌감각
experiential focusing
　경험적 초점
experiential freedom
　경험적 자유

experiential method경험적방법

experiential psychotherapy
경험적 정신치료

experiential theory 경험이론

experimental condition
실험조건

experimental extinction
실험적 소거

experimental group 실험집단

experimental neurosis
실험신경증

experimental psychology
실험 심리학

experimentation 실험

experimenter bias 실험자 편향

explicit homework assignment
명백한 과제물 할당

exploratory psychotherapy
심층탐구적 정신치료

exploring stage 탐색단계

explosion 팽창

exposure effect 노출효과

extened family 확장가족

extensional role 확장적 역할

external attribution 외귀인

external proceeding 외적 진행

external regulation 외부조절

external reinforcement
외부강화

external validity 외적 타당도

extinction 소멸, 소거

extinction procedure 소거절차

extinction 소거

extraneous variable
가외적 변수

extrasensory perception
초감각지각

extreme performance 극단이행

extremity shigt/palarizaton
집단사고 레밍 효과:극화현상

extrinsic religious orientation
외부적 종교 오리엔테이션

extroversion 외향성

extroverted attitude 외향적
태도

F

F. Reichmaann 프롬 라이히만

face saving 체면 세우기

face to face unit 대면집단

factor analysis 요인분석

fairness, justice 공평(성)

faith healing 신념치료

false consensus 허위합의

false uniqueness 허위개성

fallacy of composition
구성의 모순

family ego mass
가족자아집합체

familiarity principle
친숙성원리

familism 가족주의

family adaptation 가족적응

family assessment 가족평가

family background 가정배경

family boundary 가족경계

family choreography
가족안무기법

family composition 가족구도

family context therapy
가족상황치료

family crisis therapy
가족위기치료

family diagnosis 가족진단

family dysfunction 가족역기능

family restraint 가족속박

family environment scale
가족환경 척도

family function 가족기능

family group therapy
가족집단 치료

family hero 가족영웅

family history 가족력

family interview 가족면담

family interview 가족면접

family map 가족도

family myth 가족신화

family problem 가족문제

family process 가족과정

family projection process
가족투사과정

family rule 가족규칙

family sculpture 가족조각

family system therapy
가족체계치료

family system 가족체계

family systems theory
가족시스템 이론

family therapist 가족치료자

family therapy approaches
가족치료 접근

family therapy process
가족치료 과정

family therapy 가족치료

family transactional pattern
가족상호 거래유형

family violence 가정폭력

fantasy 환상

father figure 상징적 아버지

Feedback 귀환반응

feedback 피드백

feel sense 느낌감각

feeling of emptiness 공허감

female dypareunia sexual
  disorder 여성성교 통증장애
female hypoactive sexual
  disorder 여성성욕 감퇴장애
female orgasmic disorders
  여성 절정감장애
female sexual arousal disorder
  여성 성적 흥분장애
femininity 여성성
fetal alcohol syndrome
  태아 알코올 증후군
fetal period 태아기
fetishes 여성 물건애
fetishim 물품 음란증
fictional finalism
  가상적 목표론
fictional goal 가상적 목표
fidelity 성실
field experiment 현장실험
field theory 장 이론
field dependent 장 의존적
field independent 장 독립적
fight 공격
figure background formation
  형태의 배경형성
figure background 전경-배경
figure ground principle
  도형-배경원리
filter Bubble 필터버블

five cardinal norms 오류
fixation 고착
fixed sum fallacy
  총화고정 오류
fixed-ratio schedule
  고정비율 스케줄
flexibility 융통성
flight 탈주
floating affect 부유정서
floating anxiety 부유불안
focal conflict model
  초점갈등 모형
focus of convenience
  편의성의 초점
focus on the present
  현재에 대한 초점
focusing 초점화
focussing noverbal
  communication 비언어적
  의사소통 초점
follow-up 추후관리
foreground 전경
formative phase 형성단계
free association method
  자유연상법
free association 자유연상
free child FC 자유로운 어린이
freedom 자유론
frigidity 성적불감증

frontal lobe 전두엽
frotteurism 마찰 도착증
frustratation 좌절
frustration 욕구불만
frustration 좌절
frustration-aggression theory
　좌절-공격이론
fugue 기억 혼란증
fully functioning person
　완전히 기능하는 사람
functional analysis
　기능적 분석
functional autonomy
　기능적 자율성
functional dyspareuria
　기능성 성교 동통증
functional psychology
　기능주의 심리학
functional significance
　기능적 중요성
functional vaginismus
　기능성 질 경련
fundamental attribution error
　근본귀인 오류
fundamental error 기본적 오류
fusion 용해, 융합

G

galvanic skin response
　피부전기반응
game analysis 게임 분석
game theory 게임 이론
game 게임
games people play
　인생게임놀이
garcla effect 가르시아 효과
gaslighting 가스라이팅
general adaptation syndrome
　GAS 일반적 적응증후군
general problem 일반적 문제
general system theory
　일반체계 이론
generalization 일반화
generalized anxiety disorder
　일반불안 장애
generativity 생성
genital mutilation 성기절단
genital stage 생식기
genius 진실성
genotype 유전자형
genuine personality
　본래의 성격
genuine self 본래의 자신
genuiness 진지성
gender identity disorder
　성정체감
gender identity disorders

성정체감 장애
germinal period 난체기
gestalt counseling형태주의상담
gestalt process model
   게스탈트 과정 모델
gestalt psychology 형태 심리학
gestalt therapy 게슈탈트 치료
getting 획득형
go state 자아상태
goal 목적, 목표
good enough parents
   비교적 괜찮은 부모
good life 훌륭한 삶
equal finality 동등 종결성
grand theory 대이론
great-man theory 위인이론
grief process 애통과정
group activity program
   집단활동 프로그램
group activity 집단활동
group composition 집단구성
group counseling, group
   therapy 집단상담, 집단치료
group dependency 집단의존심
group dynamic 집단역동성
group identity 집단정체감
group interaction 집단상호작용
group mechanism 집단기제
group polarization 집단극화

group pressure 집단압력
group procedure 집단절차
group process 집단과정
group psychotherapy
   집단 정신치료
group serving 집단본위
group session 집단 세션
group silence 집단침묵
group therapy 집단치료
group unification 집단통일성
group think 집단사고
growth motive 성장 동기
growth 성장
guidance 안내
guiding 인도
guility feeling 죄악감, 죄책감

H

habituation 습관화
hahn 한
hallucination 환각
halo effect 후광효과
harmful use 해로운 사용
hebephrenia 파과병
hedgehog dilemma 고슴도치
   딜레마

hedonic relevance 쾌락적 관여
helplessness 무력감
here and now 여기-지금
heredity 유전
heretability 유전 가능비
heterogeneity 이질성
heterosexual patting
　이성사이의 애무
heterostasis 불평형성
hetrosexuality 이성애
heuristic value 자기 발견적
heuristic 발견적 방식
hierarchy of needs
　욕구의 단계
hierarchy 위계
hierarchy of motives
　동기의 위계
higher order conditioning
　고차적 조건형성
historian 역사가
histrionic personality disorder
　히스테리 성격장애
holism 전체주의
holistic view 전체론적 관점
holophrase 단일문장
homeostasis 평형론
hameostasis 항상성
hameostatic model
　항상성 모델

homework task 과제물
homogeneity 동질성
homogeneity 동질성
homosexuality 동성애
hope 소망
hormone 호르몬
hostile identification
　적대적 동일시
hostility 공격성
hot seat 중심의자
htrosexuality 이성애
human body 인체
human relationship training
　group 인간관계 훈련집단
human sexual inadequacy
　인간성적 부적응
human sexual response
　인간 성적 반응
human sexuality 인간 성욕
humanistic psychology
　인간학적 심리학
humanistic psychology
　인본주의적 심리학
hyperesthetic memory
　초심미적 기억
hypertension 고혈압
hypnosis and family therapy
　최면가족 치료
hypnosis 최면

hypnotherapy 최면요법
hypoactive sexual desire
   disorder 성욕감퇴장애
hypnosis 최면
hysteria 히스테리

I

I and Thou 나와 너
iconic memory 영상기억
id 본능, 원초아
idea of reference 참조관념
idealizing pole 이상화 기둥
ideal self 이상적 자아
identification 동일시, 동일화
identified patient 지적된 환자
   (IP)환자로 간주된 사람
identity crisis 정체위기
identity 정체감
idiographic view
   개별 기술적 견해
idiot savant 바보학자
idiot 백치
illusion 착시
illusory control 통제감의 착각
illusory correlation
   상관의 착각, 착각적 상관

imaginal representation
   심상적 표상
imaginary techniques
   상상적 기법들
imagination 상상
imago 이마고
immanent justice 내재적 정의
immediacy 즉시성
impasse layer 무감동 층
implant 이식
implicit personality theory
   내현성격 이론
implicit 함축적
implosive explosive layer
   잠재 폭발적 층
impression formation 인상형성
impression management
   인상관리
imprinting 각인
impromptu amusement theater
   즉흥극장
impulse 충동
interaction with other person
   다른 사람들과의 상호작용
inability 무능력
inappropriate affect
   부적절한 정서
inbibited female orgasm
   여성 오르가즘의 억제

incentive theory 유인가 이론
incline hypothrsis 점진가설
incompatibility fallacy
비양립성 오류
incongruence 부조화
independent variable 독립변수
indication 적응증
indigenous 고유의
individual difference 개인차
individual psychology
개인주의 심리학
individual psychotherapy
program
개인정신치료 프로그램
individual psychotherapy
개인정신치료
individual therapy 개인치료
individual trait 개인적 특질
individualism 개인주의
individuality corollary
개체성 추론
individualization 개성화 과정
individualized behavior
therapy 개별화된 행동치료
induction 연역
inductive reasoning
귀납적 추리
industrial psychiatry
산업정신의학

industrial psychology
산업심리학
industrialization 산업화
industry 근면
infantile amnesia
유아 기억상실증
inferiority complex 병적열등감
inferiority feelings 열등감
inferiority 열등감
informational influence
정보적 영향
informed consent 사전 동의
ingroup favoritism
내집단 선호(편애)
inhibited sexual desire
성적 욕구의 억제
inhibited sexual excitement
성적 흥분의 억제
inhibition 억제
inhibitory postsynaptic
potential: IPSP
억제성 시냅스후 전위
initial interview 최초 면담
initiative 솔선성
inner-directed 내적 지향
inoculation effect 면역효과
insecurity 불안정
insight-oriented therapy
통찰중심치료

insight gaining 병식 획득
insight learning 통찰학습
insight psychotherapy
　통찰 정신치료
insight 병식
insight 통찰력
insomnia 불면증
instinct 본능
instrumental aggression
　도구적 공격
instrumental conditioning
　도구적 조건형성
insufficient justification
　불충분한 정당화
intake interview 초기 면접
integral part 통합된 부분
integration stage 통합단계
integration 통합
integrative agreement
　통합적 합의
integrity system 통합체계
integrity 통합성
intellectnalization 지식화
intellectual insight 지적인 통찰
intellectualization 주지화
intelligence quotient 지적 지수
intelligence 지능
interaction 상호작용
interactional family therapy

상호작용 가족치료
interactive process
　상호 활동적 과정
intercourse 성교
interdependence 상호의존도
interdependent behavior
　상호의존적 행동
interdisciplinary research
　학제간 연구
interlocking pathology
　연동병리
intermediate phase 중간단계
intermittent reinforcement
　간헐적(間歇的) 강화
internal arousal 내적각성
internal attribution 내귀인
internal consistency
　내적 합치도
internal frame of reference
　내적 준거 체계
introversion 내향성
internalization 내면화
internal justification
　내적 합리화
internal proceeding 내적진행
internal validity 내적 타당도
interpersonal dimension
　대인관계적 차원
interpersonal factor

대인관계 요인
interpersonal orientation
　대인정향
interpersonal relationships skill
　대인관계기술
interpersonal relationships
　대인관계
interpersonal 대인
intergroup 대집단
interpretation 해석
interpretative role 해석적 역할
interrupter 방해자
intensive small group therapy
　집중적 소집단치료
intervention 내사, 개입
interviewing family 가족 면담
intimacy motive 친애동기
intimacy phase 친밀단계
intimacy 친교, 친밀
intoxication behavior 중독행동
intra-individual 개인내적
intrinsic motive 내발적 동기
intrinsic religious orientation
　외부적 종교 오리엔테이션
introduction technique
　소개기법
introjection 함입
involutionary psychosis
　퇴행기 정신병

introspection 내성, 내성법
introverted attitude
　내향적 태도
involement 참여
involuntary reflex
　불수의적 반사
involvement 관여
irrationality 비합리성
exisistic people
　실존지향적 사람
isolation 고립, 격리, 분리
isolalted effect 고립 효과
issue involvement 논점관여
I'm not OK 자기부정
I'm OK 자기긍정

J

jigsaw puzzle 짜 맞추기
job sensitivity training
　직업감수성 훈련
joining 합류
judgemental scene 판단적 장면
jury 배심원
just world 공평한 세상
justice oriented
　공정주의, 정의심

justice 정의, 공평(성)

K

knowability 가지성

L

labelling theory 낙인 이론
laissez faire 방임형
large group psychotherapy
    대집단치료
latency period 잠복기
latency period 잠재기
latent dream content
    잠재몽 내용
latent dream 잠재몽
latent learning 잠재학습
lateral fissure 외측열
law of effect 효과의 법칙
law of large number
    큰 수의 법칙
law of small number
    작은 수의 법칙

identification 동일시
learned helplessness
    학습된 무기력
learning process 학습과정
learning psychology
    학습 심리학
learning theory 학습이론
learning 학습
left hemisphere 좌반구
legitimacy 정당(성)
leadership 리더십
let's you and him fight
    패 가르기
libido , 본능, 원욕
life changed unit 생활 변화치
life cycle 생애주기
life instinct 생의 본능
life style attitude 생활양식태도
life style investigation
    생활양식 조사
life-span developmental
    psychology 생애발달심리
likability 호감
likert style 리커트 방식
limbic system 변연계
line matching 선분 맞추기
listening 경청
locus of control 조절의 장소
locus of control 통제소재(성향)

logotherapy 의미치료
longterm psychotherapy
　장기정신치료
longterm therapy 장기치료
longterm memory 장기기억
longitudial method
　종단적 연구방법
loosening of association
　연상의 해이
lost child 잊혀진 아이
love 사랑
lysergicacid diethylamide
　L.S.D 환각을 일으키는 투명
　한 결정체

M

machiavellianism 마키아벨리아
　니즘
magic shop 마술상점
maladjustment 부적응
male erectile disorder
　남성 발기장애
male sexual decline disorder
　남성 성욕 감퇴장애
male orgasmic disorders
　남성 절정감장애

mania 조증
manic depressive psychosis
　조울증
manifest dream 발현몽
manipulation mood
　분위기 조작
manner of process
　과정의 방식
manner of the focusing
　process 초점 과정의 방식
marital conflict 부부갈등
marital precounseling
　inventory
　부부상담 전검사 목록표
mascot 귀염둥이
masculinity 남성성
masochism 피학대 음란증
masochistic behavior
　피학적 행위
masturbation 자위
mathematical necessity
　수학적 필요성
maturation 성숙단계
meaning 의미
mechanism of improvement
　호전기제
mechanism of therapy
　치료의 기제
mechanism 기제

mediating variable 중개변인
medical approaches
　의학적인 접근
medical history taking
　의료적 개인력
medium effect 매채 효과
melodrama 멜로드라마
memory span 기억폭
mental age 정신연령
mental contagion 정신의 전염
mental disorder 정신장애
mental hygiene 정신위생
mental illness 정신병
mental mechanism 정신기체
mental status examination
　정신상태 검사
mental trait 정신적 자질
mentally defective 정신박약
meta communication
　메타콤, 부언어
meta value 메타가치
meta-analysis 통합분석
metabolism 신진대사
metapathology 메타병리학
midrange theory 중 이론
milieu therapy 환경치료
milieu axiom 환경원리
milieu rationale
　환경의 이론적 근거

milieu strategy 환경전략
milieu tactics 환경전술
milieu therapy 환경치료
milieu values 환경가치
milieu 환경
mimesis 모방
minimal brain dysfunction
　미소 대뇌 기능장애
minimal effective response
　최소효과 반응
minnesota multiphasic
　personality inventory:多面人
　性檢査 다면인성검사
mirror technique 거울기법
mirroring pole
　사랑(거울)의 기둥
mistrust 불신
mixed milieu 혼합 환경
mnemonic device 기억술
modal need 형태욕구
modeling of group
　psychotherapy
　집단정신치료의 모형
modeling of human
　relationships인간관계의 모형
modeling of reeducation
　group 재교육 집단의 모형
modeling of supporting group
　지지 집단의 모형

modeling 모방하기
modernism 근대정신
modernization 근대화
modesty bias 겸양적 편향
modification technique
  수정기법
modulation corollary
  조정추론
monopolist 독점자
moral anxiety 도덕적 불안
moral quotient 도덕 지수
moralistic anxiety 도덕적 불안
more joy of sex 성의 즐거움
moron 노둔
morpheme 형태소
morphogenesis 형태유전
mother fixation
  어머니와의 고착
mother complex
  어머니 콤플렉스
motivating force 동기적추진력
motivation 동기
motivational dimension
  동기적 차원
motivational processes
  동기유발 과정
motivational variable
  동기적 변수
motive to avoid success

성공회피 동기
motor cortex 운동피질
motor dimension 운동적 차원
motor neuron 운동뉴런
motor reproduction processes
  운동재생 과정
movement parallax 운동시차
multi-dimensional scaling
  다차원척도분석
multiple family therapy
  복합 가족치료
multiple generation
  다세대 전수과정
multiple impact therapy
  다면적 충격치료
multiple impact therapy
  다중영향치료
multiple personality 다중성격
multiplicity 다양성
muscle movement 근육운동
music therapy 음악치료
mutuality 상호성

N

narcissism 자기도취
Narcissistic personality

disorder   자기애적 성격장애

national Institute on Alcohol
  Abuse and Alcoholism 알콜
  남용 전국연구소

natural experiment 자연실험

necrophilia 시체 애호증

need achievement 성취욕구

need affiliation 친애욕구

need dominance 지배욕구

need exhibition 과시욕구

need for affiliation 유친욕구

need for cognition 인지욕구

need for control
  통제감의 욕구

need for positive regard 긍정
  적 대우의 욕구

need for positive self-regard
  긍정적자아 대우에 대한 욕구

need infavoidance
  굴욕회피욕구

need nurturance 양호욕구

need order 질서욕구

need play 유희욕구

need principle 필요원리

need sex 성욕구

need succorance 구호욕구

need theory 욕구이론

need 요구

negative emotion state

부정적 정서상태

negative feedback mechanism
  부적 피드백 기제

negative feelings 부정적 감정

negative identification
  부정적 동일시

negative reinforcement
  부정적 강화

negative stroke
  부정적 스트로크

negative transfer 부정적 전이

negativism 거절증

negativity effect 악성효과

neo Freudian 신프로이드학파

neologism 신조어증

nepotism 정실주의

nerve impulse 신경충동

nerve 신경

nest contradiction 묘묘한 대조

network therapy
  네트웩 치료 이론

neuron 뉴런

neuropsychology 신경심리학

neurosis 신경증

neurotic anxiety 신경증적 불안

neurotic behavior 신경증 행동

neurotransmitter 신경전달물질

new sex therapy
  새로운 성 치료

nocturnal orgasm
야간성 극치감(몽정)

nomothetic view 규범적 견해

non zero-sum 비합영상황

non-directive counseling
비지시적 상담

non-directive therapy
비지시적 치료

noncommon effect 비공유 효과

nonsummativity 비합산성

nonverbal technique
비언어적 기법

nonwelcoming 비환영

norepinephrine 노어에피네프린

normality 정상

normative influence
규범적 영향

nuclear family 핵가족

nuisance variable 오염변수

nurturing parent NP
양육적 부모

O

obedience to authority
권위에의 복종

object cathexis 대상 카섹시스

object libido 대상리비도

object loss 대상상실

object permanence 대상 영속성

object relationship 대상관계

objectivity 객관성

obligation 의무

observation learning 관찰학습

obsession 강박관념

obsessive-compulsive behavior
강박행위

obsessive-compulsive disorder
강박장애

obsessive-compulsive neurosis
강박신경증

occupational therapy 작업치료

oedipus complex
외디푸스 콤플렉스

oedipus feelings 외디푸스 감정

oediqus complex
외디푸스 복합

openess group 개방집단

openness to experience
경험에의 개방

openness 개방성

operant behavior 조작행동

operant conditioning
조작적 조건형성

operant conditioning
조작적 조건형성 혹은 조건화

operant interpersonal therapy
조작적 대인치료
operant technique 조작적 기법
operational definition
조작적 정의
opponent process theory
대립과정 이론
optimism 낙관주의
oral phase 구강기
oral stage 구강기
order 질서
organ inferiority 기관열등
organic causes 기질적 원인
organic trusting 유기체적 신뢰
organic valuing process
유기체적 평가과정
organismic self-regulation
유기체적 자기조절
organismic trusting
유기체적 신뢰
organization corollary
조직추론
organization law 체제화 법칙
organization 조직
orgasm 극치감
orgasmic disorders
절정감 장애
orgasmic phase
극치감(절정) 단계

origin phase 시초단계
orienting reflex 정향반사
other female sexual
dysfunction
기타 여성 성기능 부전
other male sexual dysfunction
기타 남성 성기능 부전
outer-directed 외적지향
outgroup homogeneity
외집단 동일시
over compensation 과잉보상
overconfidence 과신
overinclusion 과포괄적 사고

P

pairing 짝 지음
palja attribution 팔자귀인
panic disorder 공황장애
parachute 낙하산
paradox 역설
paralanguage 부언어
parallelism 평행
paranoia 편집증
paranoid personality disorder
편집성 성격장애
paranoid personality

편집증적 성격
paranoid psychosis
　편집성 정신병
paraphilias 변태성욕
paraphilias 성도착증
parent(P) 어버이 자아상태
parentification 부모역할 대행
parietal lobe 두정엽
parsimony 절약성
part-object 부부대상
partial reinforcement effect
　PRE 부분강화효과
partial reinforcement 부분강화
passionate love 정열적 사랑
passive role 수동적인 역할
passive-aggressive personality
　수동적-공격적 성격
passive-aggressive personality
　disorder
　수동적 공격적 성격장애
past therapy 과거치료
pastime 잡담
pastoral care 목회돌봄
pastoral counseling 목회상담
paternal authoritarianism
　가부장적 권위주위
paternalism 가부장적 주의
paternalistic leader
　가부장적 리더

patholgy 병리
pathologenic figures 병원인물
pathological content
　병리학적 내용
pathological identification
　병적 동일시
patient privilege system
　환자권익체계
payoff 보상
peak experience 절정경험
pedophilia 소아 애호증
penis envy 남근선망
perception psychology
　지각 심리학
perceptual distortion
　지각적 왜곡
perfectionism 완전주의
peripheral nervous system
　말초신경계
peripheral route procesing
　지엽경로처리
peripheral trait 지엽적 특질
permeability 투과성
permissiveness 허용성
person-centered psychotherapy
　인간-중심치료
person centered therapy
　내담자 중심의 심리치료
persona 페르조나

personal construct
개인적 구성개념
personal factor 개인적 요소
personal problem orientation
개인문제 지향
personal recognization
개인적 인지
personal unconscious
개인적 무의식
personal 개체
personalism 자기지향효과
personality development
성격발달
personality disorder 성격장애
personality disorganization
성격파탄
personality psychology
성격심리학
personality theory 성격이론
personality 성격, 인격
personologist 성격학자
persuasion 설득
phallic phase, stage 남근기
phallic symbolic 남근 상징물
phenomenology 현상학
pharmacotherapy 약물치료
phenomenal field 현상적 장
phenomenology 현상주의
phenotype 표현형

phi phenomenon 파이 현상
phobia 공포증
phobic disorders 공포장애
phobic reaction 공포반증
phoneme 음소
phonlogical rule 음성학적 규칙
phony 가짜
physical environment
물리적 환경
physical factors 신체적 요인
physiolgical motive
생리적 동기
physiolgical psychology
생리심리학
physiological causes
생리학적 원인
physiological drives
생리적 충동
physiological symptom
생리적 증상
physiological variable
생리학적 변수
physiology 생리학
pituitary gland 뇌하수체
placebo effect 위약효과
placebo 가짜약
plan of therapeutic work
치료적 작업의 계획
plan 계획

planned action 계획된 행위
plateau phase 고조 단계
play therapy 놀이치료
play therapy 유희요법
pleasure principle 쾌락원리
pluralistic ignorance
　다원적 무지
polarities 대립
polarity 양극성
polarization 극화
politeness 공손함
pollyana principle
　폴리아나의 원리
polygraph 폴리그래프
positive emotion state
　긍정적인 정서 상태
positive feelings 긍정석 감정
positive regard 긍정적 대우
positive reinforcement
　긍정적 강화
positive reinforcement
　긍정적 보상
positive respect 긍정적 존중
positive stroke 긍정적
스트로크
positive transference
　긍정적 전이
positivity bias 긍정성 편향
positivity 적극성

post-modern 포스트모던
postcontional morality
　후기 인습적 도덕
power distance 권위성
power motive 권력동기
power phase 권력단계
power struggle 권력투쟁
power tactics 세력전술
power 세력
practical 실제지향
pragmatics of human
　communication
　의사소통 실용성
pragmatics 실용론
preaffiation phase 제휴 전단계
preconception 선입견
preconscious 전의식
predictive efficiency
　예측의 비율성
predisposition 심적 준비
predominantly delusional
　주로 망상적
predominantly depressive
　symptom 주로 우울증
predominantly hallucinatory
　주로 환각적
predominantly manic
　주로 조증
predominantly polymorphic

주로 복합적
preemptive construct
　선취적 구성개념
pregnancy 임신
prejudice 편견
premature ejaculation 조루증
prepared conditioning
　준비된 조건화
prepotency 우위성
prescriptive 규범적
present behavior 현재행동
press affiliation 친애압력
press aggression 공격압력
press counteraction 방해압력
press dominance 지배압력
press lack 결핍압력
press recognition 인정압력
press rejection 거부압력
press 압력
pressure 압력
presumptive consent
　예상적 동의
primacy effect 초두효과
primal therapy 원시치료
primary object 일차대상
primary process 일차과정
primary reinforcement
　일차강화
printing effect 인쇄효과

prior 사전
private concept 사적 개념
proactive factors
　발생학적 요인
proactivity 발생성
problem-focused coping
　문제-중심의 대처
problem description 문제묘사
problem solving stage
　문제해결단계
problem 문제
procedural memory 진행기억
proceeding 발생적 욕구
proceeding 진행
process awareness 과정지각
process leader 과정 지도자
process verbs 과정 동사들
process 과정
prodigious apetites 과잉식욕
professional skill training
　전문적 기술훈련
prognosis 예후
program clarity
　프로그램 명확성
program learning
　프로그램학습
progress of treatment
　치료 진행
prohibition 금지령

projection technique 투사기법

projection 투사

projective identification 투사적
동일시

projective technique 투사법

propositional construct
발의적 구성개념

propeiate striving
고유 자아적 추구

propeium 고유자아

protagonist 주인공

protect 보호

proto-individualism
원시 개인주의

protogonist 주연

proximity 근접성

pseudo mutuality 거절 상호성

pseudo-self 거절자기

pseudomutality 가성상호소통

psychiatric social worker
정신의료 사회사업가

psychic determinism
정신 결정론

psycho sexuality 심리성욕

psychoanalysis 정신분석

psychoanalytic counseling
정신분석학적 상담

psychoanalytic group
psychotherapy 정신분석적

집단 정신치료

psychoanalytic psychotherapy
정신분석 치료

psychoanalytic theory
정신분석 이론

psychodrama modeling
정신연극 모형

psychodrama technique
정신연극 기법

psychodrama 심리극

psychodrama 정신연극

psychodynamic group
psychotherapy 정신역동적
집단 정신치료

psychodynamic psychotherapy
정신역동적 정신치료

psychodynamic theory
정신역동 이론

psychodynamic 심리역학

psychogenic causes 심인성
원인

psychogenic need
심리발생적 욕구

psychohistory 심리역사

psycholinguistics 언어 심리학

psychological approaches
심리적인 접근 방법들

psychological aspect
심리적 측면

psychological causes
심리적 요인

psychological growth
심리적 성장

psychological maladjustment
심리학적 부적응

psychology of sim jeong
심정심리

psychology 심리학

psychometrics 정신 측정법

psychopathic personality
정신병질적 인격

psychopathology 정신병리

psychophysics 정신물리학

psychophysiologic disorder
정신생리 장애

psychosexual development
심리성욕발달

psychosis theory 정신병 이론

psychosis 정신병

psychosocial crisis
심리 사회적 위기

psychosocial moratorium
심리사회적 유예

psychosocial psychotherapy
사회 심리적 접근방법

psychosocial rehabilitation
정신 사회재활

psychosocial theory

심리사회적 이론

psychosomatic disorder
정신신체장애

psychosomatic disorder
정신신체질환

psychosthenia 신경쇠약

psychosynthesis 종합정신요법

psychotherapy theory
정신치료 이론

psychotherapy 심리치료

psychotic disorder
정신병적 장애

pysysiological need 생리적 욕구

public health model
공중건강모델

punishment 처벌

Q

quality control 품질관리

R

radiation effect 방사효과

random assignment 무선할당
random sampling 무선표집
range convenience 편의성 범위
rapport 라포 형성
rational-emotive therapy
합리적- 정서적 요법
rationality 합리성
rationalization 합리화
reaction formation 반동형성
reaction 실제반응
reactive aggression 반응적
　공격
reactive need 반응적 욕구
reactivity 반응성(반응특성)
reaction formation 반동형성
real insight 의미의 병식
real self 실질적인 자아
realistic anxiety 현실적 불안
realistic conflict 현실적 갈등
reality confrontation 현실직면
reality counseling 현실상담
reality principle 현실원리
reality testing 현실검증
reality therapist 현실 치료자
reality therapy 현실치료
reality 현실
reassurance 안심시키기
rebirth scene 재생장면
recall 회상

recency effect 신근성 효과
reciprocal determinism 호혜적
　결정론
reciprocal inhibition 상호억제
reciprocity norm 상응의 규범
reconciling 화해
reconditioning 재조건 형성
recovery incorporation
　회복동지회
recovery process 회복과정
recreation 재창조
recreational therapy 오락치료
reductionism 환원주의
reference group 준거집단
reflected appraisal 반영평가
reflection 반영
reflex action 반사행동
reflex 반사, 이완
reframing 리프레이밍
pregnancy 지배성
regression toward mean
　평균에의 회귀
regression 퇴행
rehabilitation therapy 재활치료
rehabilitation 재활
reinforced trial 강화시행
reinforcement 강화
reinforcement 보강
rejection 거부

relabeling 리레이 벌링
relabeling 재명명
relapse prevention 재발예방
relation quotient 관계지수
relational therapist encounter
  관계적 만남
relationship addiction 관계중독
relationship dimension
  관계차원
relationship factors 관계요인
relationship to the inner world
  내부 세계의 관계
relationship 관계성
relative deprivation 상대적
  박탈
relaxation therapy 이완요법
relaxation training 긴장이완
  훈련
releasing stimulus 해발자극
reorientation 재정향/재구성
reparenting 리패어런팅
repayment 상환
repeatition 반복강화
repetition compulsion 반복
  강박증
replication research 복제연구
relational conclusion 관계성립
representative-ness heuristics
  대표성 휴리스틱

repression 억압
requirement task 요구과제
rescuer 구원자
residual psychotic disorder
  잔류형 정신병적 장애
resistance 저항
resolution phase 해소단계
respondent behavior 반응행동
responsibility 책임감
resting potential 안정전위
retention process 기억과정
reticular formation 망상체
retina 망막
retrieval cue 인출단서
retrieval 인출
retrograde amnesia 역행성
  기억상실증
retrospective falisfication
  회상적 허구성
reverse correlation 역상관
reversible figure 가역성 도형
revised learned helplessness
  개정된 학습된 무력감
revision phase 수정단계
reward 보상
rhetorical question 수사적
  질문
right hemishpere 우반구
ringelman effect 링겔만 효과

risk 위험부담
risky shift 모험적 이행
rogerian model 로제리안 모델
role acting 역할연기
role complementarity 역할
　상보성
role identity 역할 정체감
role of learning 학습역할
role playing layer 역할 시연층
role playing 역할연기
role precipitation 역할투하
role rebearal 역할시연
role repersentation 역할제시
role reversal technique 역할
　전환기법
role reversal 역할전환
role theory 역할이론
rorschach test 로샤검사
route 좌표
ruling 지배형
runaway 러너웨이

S

sadism 가학성 변태성욕
sadistic behavior 가학적 행위
safety need 안전욕구

saliency effect 현저성 효과
samegender group 동성집단
sampling bias 표본편파
satiation 포화
scapegoat 희생양
schedule of reinforcement 강화
　스케줄
schema of apperception 통각의
　도식
schema 도식
schematics 도식인
schizoid personality disorder
　정신분열성 성격장애
schizoid personality 분열적
　성격
schizophrenia-ike 정신분열병
　유사형
schizophrenia 정신분열증
schizotypal personality
disorder 정신분열형 성격장애
sculping 조상화 기법
school psychology 학교 심리학
scientific research 과학적 연구
script analysis 각본분석
script therapy 각본치료
script 각본
script 스크립트
scripts 대본
sds 집단의사결정도식

secondary depression 이차적인 우울증

secondary elaboration 2차 가공

secondary process 이차과정

secondary reinforcement 이차적 강화

secondary sexual characteristics 제이차성징

self actualization 자기실현

self assertiveness training 자기주장 훈련

self awareness 자기인식

self care 자기 돌봄

self confidence 자신감

self confrontation 자기직면

self consistent 자아일치

self control modeling 자기통제 모형

self deception 자기기만

self esteem 자존심

self exposure 자기 노출

self help method 자조 방법

self identity 자아정체감

self image actualization 자기이미지 실현

self manipulation 자기통제

self realization 자기실현

self regulation 자기조절

self report scale 자기보고 척도

self understanding 자기이해

self control 자아조절

self disclosure 자기노출

self regulation 자기규제

self reliance 자조

self theory 자아이론

self 자기

self acceptance 자기수용

self actualization 자기실현

self actualizers 자아실현자

self actualizing tendency 자아실현 경향성

self analysis 자기분석

self awareness 자의식

self categorization 자기범주화

self concept 자기개념

self consciousness 자의식

self consciousness 자의식 성향

self control 자기통제

self efficacy 자기 효능감

self enhancing 자기고양

self esteem need 자존심 욕구

self esteem 자긍심, 자존심

self esteem 자아 존중감

self fulfilling prophecy 자성예언

self handicapping 구실 만들기

self image 자기상

self knowledge 자기지식
self monitoring 자기조정
self perception 자기지각
self presentation 자기제시
self referencing 자기참조
self reinforcement 자기강화
self schema 자기도식
self serving bias 자기 본위적
　편향
self verification 자기검증
semantic differential scale 어의
　미분척도
semantic memory 의미기억
semantics 의미론
sensate focus exercises
　감각초점 연습
sensate focus 감각초점
sense of emptiness 공허감
sensitivity group 감수성 집단
sensitivity training 감수성
　훈련
sensitivity 감수성
sensitization 감각화
sensitizing agents 민감한
　약제들
sensory awareness 감각적 인지
sensory memory 감각기억
sensory neuron 감각뉴런
sensory preconditioning 감각

사전조건 형성
sensual focus 감각적 초점
separation anxiety 분리불안
separation experience 분리경험
serial position effect
　계열위치효과
serial theme 계열주제
serotonin 세로토닌
seville declaration 세빌 선언
sex addiction 성 중독
sex drive 성욕
sex therapy 성치료
sexual act 성행위
sexual arousal disorder 성적
　흥분장애
sexual bladder 성방광
sexual desire disorder
　성욕장애
sexual desire phase 성욕구
　단계
sexual deviant 성 일탈
sexual deviation 성적 일탈
sexual disorders 성적 장애
sexual dysfunction 성기능
　부전, 장애
sexual instinct 성적본능
sexual masochism 성적 피학증
sexual orgasm 성적 극치감
sexual orgasmic reconditioning

성적 극치감의 재조건화
sexual pain disorder 성교통증
장애
sexual position 체위
sexual response cycle 성반응
주기
sexual satisfaction 성 만족
sexual tasks 성적과제
sexuality 성욕
shadow 그림자
shame 수치
shaping 조형
sharing 나눔
shock of birth 출생의 충격
shock therapy 충격요법
short term psychotherapy
단기역동 정신치료
short term memory 단기기억
shouldistic people 도덕지향적
사람
sibling position 형제순위
sibling rivalry 천적가설
sickness 병
signal detection theory
신호탐지 이론
signature strengths 대표강점
similarity principle 유사성
원리
simkin model 심킨 모델

simultaneous conditioning
동시적 조건형성
single subject experimental
design 단일피험자 실험설계
situation 상황
situational factor 상황요인
skinner box 스키너 상자
sleep deprivation 수면박탈
sleeper effect 잠복효과
sleepwalking, somnambulism
몽유병
social activity theory 사회적
활동설
social adjustment 사회적응
social anthropology 사회인류학
social approval 사회적 인정
social atom theory 사회적
원자 이론
social atom 사회적 원자
social change 사회변혁
social class 사회계층
social cognition 사회인지
social comparison 사회비교
social constructionism 사회적
구성주의
social control 사회적 통제
social desirability 사회적
바람직성
social detoxification 사회적인

해독

social disengagement theory
사회 유리설

social disorder 사회적 장애

social ecology laboratory
사회생태학 실험실

social equilibrum 사회적 평형

social exchange theory 사회적
교환이론

social facilitation 사회촉진

social fence 사회적 담장

social identity theory 사회
정체감

social identity 사회정체감

social inhibition 사회저해

social interest 사회적 관심

social learning theory
사회학습 이론

social loafing, social negligence
사회태만

social network therapy 사회망
개입

social pathologic personality
사회병리적 인격

social penetration 사회적 침투

social phobia 사회 공포증

social pressure 사회적 압력

social promotion 사회촉진

social psychiatry 사회

정신의학

social psychology 사회심리학

social quotient 사회지수

social reinforcement 사회적
강화

social representation 사회적
표상

social repress 사회억제

social role play 사회역할 이론

social skill training
사회기술훈련

social stage 사회적 단계

social study 사회적 조사

social trap 사회적 함정

sociality corollary 사회성 추론

socioego centrism 사회적
자아 중심성

sociobiology 사회생물학

sociocultural approaches
사회문화적 접근

sociocultural background
사회문화적 배경

sociodrama 사회극

sociology of know-ledge
지식사회학

sociology 사회학

sociometry 사회 측정학

soliloquy 독백

solo effect 홀로효과

somatic nervous system
체성신경

somatic sensory area
체감각 영역

somatization 신체화

sour grapes 신 포도

sour grapes 지기 싫어하기

source 원천

space time 시공

species specific behavior
종 특유 행동

specific problem 특정적 문제

specific technique 특수기법

speech mode 언어양식

separation anxiety 분리불안

separation 분리

spirit quotient 성령지수

spiritual direction 영적 지도

spirituality 영성

split brain 분리 뇌

split 분열

splitting 분단

spontaneity theory 자발성
이론

spontaneity 자발성

spontaneous personality
자발적인 성격

spontaneous recovery 자발적
회복

stability 안정(성)

stable coalition 안정된 결탁

staff control 직원통제

staff sensitivity 직원감수성훈련

stage 무대

stagnation 정체

standardization 표준화

step hypothesis 계단가설

stereotypes 고정관념

stimulative role 자극적 역할

stimulus control 자극통제

stimulus discrimination
자극변별

stimulus generalization 자극
일반화

strategic family therapy 전략적
가족치료

strategic intervention 전략적
개입

strategy of treatment 치료전략

strategy 전략, 방략

strength 강점

stress reaction theory 스트레스
반응이론

stress 스트레스

striving for superiority
우월에의 추구

stroke 존재인지

structural family 구조적 가족

structural intervention 구조적
　개입
structural psychology 구성주의
　심리학
structural therapist 구조적
　가족치료자
structural therapy 구조적
　가족치료
structuralism psychology
　구조심리학
structure analysis 구조분석
structured activity program
　구조화된 활동 프로그램
structure matrix 구조행렬
style of life 생활양식
subculture 하위문화
subgroubing 소집단화
subject bias 피험자 편향
subject 주제
subjective norm 주관적 규범
subjective rating 주관적 평점
subjectivity 주관성
Sublimation 승화
subliminal 식역하
subordination 종속
substance related disorder
　물질관련 장애
substitution 대치
subsystem 하위체계

success behavior 성공적 행동
success identity 성공적 정체감
successive approximation
　계속적 접근
suction 석션
suggestion 암시
suicide attempt 자살 시도
suicide of imitation 모방 자살
suicide 자살
sunk-cost effect 침몰비용효과
super ego 초자아
superego lacking 초자아 결여
superego 초자아
superficial insight 표면적 병식
superiority complex 병적
　우월감
superstitious behavior 미신적
　행동
support 지지
supportive psychotherapy
　지지적 정신치료
supportive therapy 지지치료
sustaining 지탱
sweet lemon 달콤한 레몬
sex problem 성문제
symbiosis 공생
symbolic interaction 상징적
　상호작용
symbolic racism 상징적

인종주의

symbolic technique 상상적
   기법

symbolization 상징화

symmetrical relationship
   대칭적 관계

symptom formation 증상 형성

synapse 시냅스

synchronization 협응

syndrome munchhausen
   syndrome 허언증/
   뮌히하우젠 증후군

syntactics 구조론

syntax 통사

system maintenance dimension
   체계유지 차원

systematic approaches
   체계적인 접근법

systematic desensitization
   체계적 탈감법

T

take over 인수자

target behavior 표적행동

target 수신자, 표적

task setting 과업세팅

tautology 동어반복

technique of cluster warm-up
   분위기조성기법

technique 기법

telegraphic speech 전보문

temperament 기질

temporal conditioning 일시적
   조건형성

tension reduction 긴장감소

terminal button 종말단추

termination phase 종결단계

termination 종결

terror-management 공포영위

test anxiety 시험불안

testing stage 시험단계

testosterone 테스토스테론

thanatos 다나토스

the third variable 제3변수

theme 주제

thematic apperception test
   (TAT) 주제통각검사

theoretical model 이론적 모델

theoretical technique 이론적
   기법

theory of drive reduction
   욕구감소 이론

theory of personal constructs
   개인구성 개념 이론

theory of reasoned action

이성적 행위 모형
theory-based 이론 의존적
therapeutic alliance 치료적
　동맹
therapeutic community
　치료 공동체
therapeutic soliloquy 치료적
　독백
therapeutic technique 치료적
　기법
therapeutic tool 치료적 도구
threat 위협
threshold 역치
thurstone style 써스톤 방식
time and the unconscious
　시간과 무의식
time orientation 시간정향
tit-for-tat 단순 되받기
token economy 토큰 경제
tolerance 내성
topic heading 중심적인 문제
total reinforcement 전체적
　강화
trace conditioning
　흔적조건형성
tracking 추적
tracking skill 트래킹(추적)
　기법
trait 특질

transactional analysis pattern
　의사거래분석 패턴
transactional analysis 의사거래
　분석
transfer 전이
transference neurosis 전이
　신경증
transference phenomenon
　전이현상
transference process 전이과정
transference situation 전이상황
transference 감정전이
transgenerational family
counseling theory 세대간
　가족상담 이론
transivity law 이행성 법칙
translation 번역
transvestism 의상 도착증
trap 함정
traumatic experience 외상적
　경험
treatment exercise 치료연습
treatment of chronic frigidity
　만성불감증의 치료
treatment of frigidity 불감증의
　치료
treatment program dimension
　치료프로그램 차원
treatment 치료

sex freedom movement 성
자유 운동

triadic based family therapy
삼각관계 가족치료

trial and error learning theory
시행착오학습 이론

triangulation 삼각관계

trichromatic theory 삼원색이론

trustworthiness 믿음

truth-virtue 진리-덕

turn your back 등을 뒤로
돌림

turn-taking 이어받기

turning against the self
자신에게 향함

two factor theory of emotion
정서의 2 요인설

typology 유형론

U

uncertainty avoidance
불확실성 회피

uncertainty 불확실성

unchangeability 불변성

unconditional positive regard
무조건적 긍정적 대우

unconditional positive
self-regard 무조건적 긍정적
자아 대우

unconditioned response UCR
무조건 반응

unconditioned stimulus UCS
무조건 자극

unconscious process 무의식적
과정

unconscious 무의식

underdog 약자

undifferentiated ego mass
미분화된 자아집합

undoing 취소

unfinished business 미완결
과제

unity theme 단위주제

universal grammar 보편문법

universal symbol 보편적 상징

universalization 공통성

unknowability 불가지성

unobtrusive 비간섭적

unreinforced trial 무강화 시행

unlitional aspects 의지적측면

uproar 결렬

utilizing symptom 증상 활용

V

vaginismus 질 경련증

value judgement 가치판단

variable ratio schedule 변동 비교 스케줄

variable-interval schedule 변수 간격 스케줄

ventilation 환기/감정발산

verbal behavior 언어적 행동

verbal coding 언어적 부호화

verbal shock therapy 언어적 충격치료

verbalization 언어화

verifiability 검증성

vicarious punishment 대리처벌

vicarious reinforcement 대리강화

video type playback 비디오테이프 녹화재생

viscerogenic need 장기 발생적 욕구

visual cliff 시각벼랑

vocational counseling 직업상담

vocational interest 직업적 흥미

volk psychology 볼크 심리학

voyeurism 관음증, 색정광

W

ward around 회진

warn-up stage 준비단계

waxy flexibility, flexibilitasl cerea 납굴증(蠟屈症)

weakness 약점

weapon effect 무기효과

weekend approach 주말 접근법

weekend sexual enhancement 주말 성향상 연수회

weighted averaging model 가중평균모형

weighted model 가중모형

werther effect 베르테르 효과

westernization 서구화

white lie 흰 거짓말

whitewash 회반죽

will of power 권력에의 의지

will power 의지력

wish-fulfillment 소망성취

withdrawal seizures 경련 발작

withdrawal state 금단상태

withdrawal symptom 금단증상

withdrawal 후퇴

word association test 단어 연상검사

word atmosphere scale WAS 병실환경 평가 척도

working through

작업수행(훈습)
worthlessness 무가치감

X

xenophobia 다인공포증

Y

you're not OK 타인 부정
you're OK 타인 긍정

Z

zero-sum 합영상황

The Dictionary of Counseling Psychology Korean-English

상담심리
한영사전

상담심리 한영사전

ㄱ

가계도 kinship system
가르시아 효과 garcla effect
가변성 changeability
가부장적 권위주위 paternal
  authoriarianism
가부장적 리더 paternalistic
  leader
가부장주의 paternalism
가산모형 additive model
가상적 목표 fictional goal
가상적 목표론 fictional
  finalism
가설 확인적 검증 confirmatory
  hypothesis testing
가성상호소통 pseudomutality
가스라이팅 gaslighting
가역성 도형 reversible figure
가외적 변수 extraneous
  variable
가용성 휴리스틱 availability
  heuristics
가정 assumption

가정배경 family background
가정폭력 family violence
가족면담 family interview
가족상황치료 family context
  therapy
가족시스템 이론 family
  systems theory
가족적응 family adaptation
가족항상성 family homeostasis
가족경계 family boundary
가족과정 family process
가족구도 family composition
가족규칙 family rule
가족기능 family function
가족내의 위기 crisis in the
  family
가족도 family map
가족력 family history
가족면접 family interview
가족문제 family problem
가족상호거래 유형 family
  transactional pattern
가족속박 family restraint
가족신화 family myth
가족안무기법 family
  choreography
가족역기능 family dysfunction
가족영웅 family hero
가족위기치료 family crisis

therapy
가족자아집합체 family ego
mass
가족조각 family sculpture
가족주의 familism
가족진단 family diagnosis
가족집단 치료 family group
therapy
가족체계 family system
가족체계치료 family system
therapy
가족치료 family therapy
가족치료 과정 family therapy
process
가족치료 접근 family therapy
approaches
가족치료자 family therapist
가족투사과정 family projection
process
가족평가 family assessment
가족환경 척도 family
environment scale
가중모형 weighted model
가중평균모형 weighted
averaging model
가지성 knowability
가짜 phony
가짜약 placebo
가치극 axiodrama

가치조건 conditions of worth
가치판단 value judgement
가학성
변태성욕(加虐性變態性慾)
sadism
가학적 행위sadistic behavior
가현운동 apparent movement
각본 script
각본분석 script analysis
각본치료 script therapy
각인 imprinting
간섭-갈등이론
distraction-conflict theory
간질 epilepsy
간헐적(間歇的)강화 intermittent
reinforcement
갈등 conflict
갈등상황 conflict situation
감각기억 sensory memory
감각뉴런 sensory neuron
감각사전조건형성 sensory
preconditioning
감각의 전도 alliesthesia
감각적 인지 sensory awareness
감각적 초점 sensual focus
감각초점 연습 sensate focus
exercises
감각화 sensitization
감수성 sensitivity

감수성 집단 sensitivity group
감수성 훈련 sensitivity training
감정 affect
감정발산 ventilation
감정이입 empathy
감정적 통찰 emotional insight
감정적인 성숙 emotional
  maturity
감정적 측면 emotional
감정전이 transference
강박관념 obsession
강박신경증 obsessive-
  compulsive neurosis
강박장애 obsessive-compulsive
  disorder
강박적 성격장애 compulsive
  personality disorder
강박증 compulsion
강박행위 obsessive-compulsive
  behavior
강점 strength
강제적 설득 enforced
  persuasion
강화 reinforcement
강화 스케줄 schedule of
  reinforcement
강화시행 reinforced trial
개념적 복제 conceptual
  replication

개방성 openness
개방집단 openess group
개별 기술적 견해 idiographic
  view
개별사회사업 이론 casework
  theory
개별화 individualization
개별화된 행동치료
  individualized behavior
  therapy
개성화 과정 individualization
개인정신치료 프로그램
  individual psychotherapy
  program
개인구성 개념이론 theory of
  personal constructs
개인내적 intra-individual
개인문제 지향 personal
  problem orientation
개인발달과정의 위기 crisis in
  individual development
개인적 구성개념 personal
  construct
개인적 무의식 personal
  unconscious
개인적 요소 personal factor
개인적 인지 personal
  recognition
개인적 특질 individual trait

개인정신치료 individual
  psychotherapy
개인주의 individualism
개인주의 심리학 individual
  psychology
개인차 individual difference
개인치료 individual therapy
개입 intervention
개정된 학습된 무력감 revised
  learned helpless-ness
개체 the personal
개체성 추론 individuality
  corollary
객관성 objectivity
거부 Rejection
거부압력 press rejection
거부증 negativism
거세 castration
거식증 anorexia
거울 기둥 mirroring pole
거울 기법 mirror technique
거절상호성 pseudo mutuality
거절자기 pseudo-self
거절증 negativism
거짓말 탐지기 bogus pipeline
건설적 활동 constructive
  activity
검증성 verifiability
게슈탈트 치료 gestalt therapy

게스탈트 과정 모델 gestalt
  process model
게임 game
게임분석 game analysis
게임이론 game theory
격리 isolation
결과욕구 effect need
결렬 uproar
결정 decision
결정론 determinism
결정적 시기 critical period
결정적 실험 critical experiment
결핍동기 D 동기 deficiency
  motive
결핍압력 press lack
겸양적 편향 modesty bias
경계선 boundary
경계선 만들기 boundary
경계선 상태 borderline state
경계선적 성격장애 borderline
  personality disorder
경계성 장애 borderline
  disorders
경련 발작 withdrawal seizures
경청 listening
경험에의 개방 openness to
  experience
경험이론 experiential theory
경험적 느낌감각 experiential

felt sense
경험적 방법 experiential method
경험적 자유 experiential freedom
경험적 정신치료 experiential psycho- therapy
경험적 초점 experiential focusing
경험추론 experience corollary
계단가설 step hypothesis
계속적 접근 successive approximation
계약 commitment
계약치료 contract therapy
계열위치효과 serial position effect
계열주제 serial theme
계획 plan
계획된 행위 planned action
고립 isolation
고립 효과 isolalted effect
고백 confession
고백 효과 confession effect
고슴도치 딜레마 hedgehog dilemma
고유 자아적 추구 properate striving
고유 심리 indigenous

psychology
고유자아 properium
고전적 분석의 역동적 형태 classic analytic dynamic formulation
고전적 조건형성 classical conditioning
고정관념 stereotypes
고정비율 스케줄 fixed-ratio schedule
고조단계 plateau phase
고차적 조건 형성 higher order conditioning
고착 fixation
고혈압 hypertension
공감 empathy
공감적 이해 empathy understand
공격 aggression, fight
공격불안 aggression anxiety
공격성 hostility
공격압력 aggression press
공격적 본능 aggressive instinct
공동의존 codependency
공동사회모임 community meeting
공동체 느낌 community feeling
공동체의 곤경 common's

dilemma
공상 day dreaming
공생 symbiosis
공손함 politeness
공정주의 justice oriented
공중건강모델 public health model
공통성 universalization
공통적 추론 commonality corollary
공통특질 common trait
공평(성) fairness, justice
공평한 세상 just world
공포반증 phobic reaction
공포영위 terror-management
공포장애 phobic disorders
공포증 phobia
공학 심리학 engineering psychology
공허감 a sense of emptiness
공허감 feeling of emptiness
공황장애 panic disorder
과거치료 past therapy
과시욕구 need exhibition
과신 overconfidence
과업세팅 task setting
과잉보상 over compensation
과잉식욕 prodigious appetites
과정 process

과정 동사들 process verbs
과정 지각 process awareness
과정 지도자 process leader
과정의 방식 manner of process
과제물 homework task
과제부과 assigning task
과포괄적 사고 overinclusion
관객 audience
관계 rapport
관계중독 relationship addiction
관계지수 relation quotient
관계성 relationship
관계성립 relational conclusion
관계요인 relationship factors
관계적 만남 relational therapist encounter
관계차원 relationship dimension
관리 정신의학 administrative psychiatry
관심사 attention getting
관여 involvement
관음증 voyeurism
관찰학습 observation learning
광장 공포증 agora phobia
교묘한 조절 clever control
교육 education
교육상담 educational

counseling

교육적 집단치료 educative group psychotherapy

교정적 감정 경험 corrective emotional experience

교정적 정서 체계 corrective emotional system

교집합의 오류 conjunction error

교환이론 exchange theory

구강기 oral stage, phase

구성개념적 대안주의 constructive alternativism

구성의 모순 fallacy of composition

구성주의 심리학 structural psychology

구성체 construals

구속성 commitment

구실 만들기 self-handicapping

구원자 rescuer

구조론 syntactics

구조분석 structure analysis

구조심리학 structuralism psychology

구조적 가족치료 structural therapy

구조적 가족치료자 structural therapist

구조적 개입 structural intervention

구조적 모형 structural model

구조적 가족 structural family

구조행렬 structure matrix

구조화된 활동 프로그램 structured activity program

구호욕구 need succorance

국립 알코올 심의 위원회 criteria committee national council on alcoholism

군중심리학 crowd psychology

굴욕회피욕구 need infavoidance

권력단계 power phase

권력동기 power motive

권력에의 의지 will of power

권력투쟁 power struggle

권면적 상담 encouragement counseling

권위성 power distance

권위에의 복종 obedience to authority

권위주의 성격 authoritarian personality

귀납 deduction

귀납적 추리 inductive reasoning

귀속지위 ascribed status

귀신들림 demonization
귀염둥이 mascot
귀인 attribution
귀환반응 feedback
규범부상 emergent norm
규범적 prescriptive
규범적 견해 nomothetic view
규범적 영향 normative influence
균등, 균분 equality
균형가설 equilibrium hypothesis
균형이론 balance theory
그림자 shadow
극단이행 extreme performance
극치감 orgasm
극치감(절정) 단계 orgasmic phase
극화 polarization
근대정신 modernism
근대화 modernization
근면 industry
근본귀인오류 fundamental attribution error
근육운동 muscle movement
근접성 proximity
금단상태 withdrawal state
금단증상 withdrawal symptom
금욕주의 asceticism

금지 inhibition
금지령 prohibition
급성정신병 acute psychosis
급성중독 acute intoxication
급성증상 acute symptom
긍정성 편향 positivity bias
긍정적 감정 positive feelings
긍정적 강화 positive reinforcement
긍정적 대우 positive regard
긍정적 대우의 욕구 need for positive regard
긍정적 보상 positive reinforcement
긍정적 자아 대우에 대한 욕구 need for positive self-regard
긍정적 전이 positive transference
긍정적 존중 positive respect
긍정적인 정서 상태 positive emotion state
기관열등 organ inferiority
기능적 분석 functional analysis
기능적 자율성 functional autonomy
기능적 중요성 functional significance
기능주의 심리학 functional psychology

기대가치이론 expectancy value
  theory
기법 technique
기본가정 basic assumption
기본개념 basic concepts
기본가정 basic assumption
기본귀인 오류 basis attribution
  error
기본신뢰 basic trust
기본적 오류 fundamental error
기술(奇術) description
기억상실 증후군 amnestic
  syndrome
기억과정 retention process
기억상실증, 건망증 amnesia
기억술 mnemonic device
기억폭 memory span
기억 혼란증 fugue
기저율 base rate
기제 mechanism
기질 temperament
기질적 요인 dispositional
  factor
기질적 원인 organic causes
기질특성 temperament
기타 남성 성기능 부전 other
  male sexual dysfunction
기타 여성 성기능 부전 other
  female sexual dysfunction

긴장감소 tension reduction
긴장이완 훈련 relaxation
  training
깊이단서 depth cue
꿈 dream
꿈 작업 dream work
꿈 해석 dream interpretation
꿈꾸는 수면 dream sleep
꿈의 분석 analysis of dreams

ㄴ

나눔 sharing
나쁜 내용 bad content
나와 너 I and Thou
낙관주의 optimism
낙인이론 labelling theory
낙하산 parachute
난체기 germinal period
남근 상징물 phallic symbolic
남근 선망 penis envy
남근기 phallic phase
남성 발기 장애 male erectile
  disorder
남성 성욕 감퇴 장애 male
  sexual decline disorder
남성 오르가즘의 억제 inhibited

male orgasm
남성 절정감 장애 male
  orgasmic disorders
남성성 masculinity
남용 abuse
납굴증 waxy flexibility
  flexiblitas cerea 蠟屈症)
내귀인 internal attribution
내담자중심 치료 client-centered
  therapy
내면화 internalization
내발적 동기 intrinsic motive
내부 세계의 관계 relationship
  to the inner world
내사(內射) introjection
내성 tolerance
내성, 내관 introspection
내성법 introspection
내용 contents
내용분석 content analysis
내재된 그림 embedded figure
내재적 정의 immanent justice
내적각성 internal arousal
내적 준거 체계 internal frame
  of reference
내적 지향 inner-directed
내적 진행 internal proceeding
내적 타당도 internal validity
내적 합리화 internal

justification
내적 합치도 internal
  consistency
내집단 선호(편애) ingroup
  favoritism
내집단 중심주의 ethnocentrism
내향성 introversion
내향적 태도 introverted
  attitude
내현성격 이론 implicit
  personality theory
내현욕구 covert need
네트웍치료 이론 network
  therapy
노둔(魯鈍) moron
노력의 정당화 effort
  justification
노어에피네프린 norepinephrine
노출증(露出症) exhibitionism
노출효과 exposure effect
논점관여 issue involvement
놀이치료 play therapy
뇌량 corpus callosum
뇌성마비 cerebral palsy
뇌전도 electroencephalogram
  (EEG)
뇌하수체 pituitary gland
눈치 noonchi
뉴런 neuron

느낌감각 feel sense
능동적인 측면 active aspect
능력 ability

ㄷ

다른 사람들과의 상호작용
  interaction with other
  person
다면인성 검사(多面人性檢査)
  multiphasic personality
  inventory
다면적 충격치료 multiple
  impact therapy
다세대 전수과정 multiple
  generation
다양성 multiplicity
다원적 무지 pluralistic
  ignorance
다중성격 multiple personality
다중영향치료 multiple impact
  therapy
다차원척도분석
multi-dimensional scaling
  단계적 상호양보에 의한
긴장감소이론(GRIT)
단계적 확대 escalation

단기 정신치료 brief
  psychotherapy
단기기억 short term memory
단기역동 정신치료 short term
  psychotherapy
단기역동정신치료 brief
  dynamic term psychotherapy
단기정신치료 brief term
  psychotherapy
단기치료 brief therapy
단서촉발이론 cue-arousal
  theory
단순 되받기 tit-for-tat
단어연상검사 word
association test
단위주제 unity theme
단일문장 holophrase
단일피험자 실험설계
  single-subject experimental
  design
달콤한 레몬 sweet lemon
담론 discourse
닻내리기 효과 anchoring
  effect
대가 cost
대뇌반구 cerebral hemisphere
대뇌피질 cerebral cortex
대리강화 vicarious
  reinforcement

대리적 학습 vicarious lean
대리처벌 vicarious punishment
대립 polarities
대립과정이론 opponent process theory
대면 confrontation
대면집단 encounter group, face to face unit
대본 scripts
대상 aim
대상 연속성 object permanence
대상 카섹시스 object cathexis
대상관계 object relations
대상리비도 object libido
대상상실 object loss
대안적 비교수준 comparison level for alternatives
대안적인 활동 alternative activity
대응추리 correspondent inference
대 이론 grand theory
대인/대집단 interpersonal intergroup
대인관계 interpersonal relationships
대인관계 요인 interpersonal factor
대인관계기술 interpersonal

relationships skill
대인 관계적 차원 interpersonal dimension
대인정향 interpersonal orientation
대조효과 contrast effect
대집단치료 large group psychotherapy
대처기술 coping skills
대처기술 훈련 coping skill training
대처기제 coping mechanism
대치 displacement, substitution
대칭적 관계 symmetrical relationship
대표강점 signature strengths
대표성 휴리스틱 representative-ness heuristics
대화 dialogue
대화분석 discourse analysis
댄스치료 dance therapy
도구적 공격 instrumental aggression
도구적 조건형성 instrumental conditioning
도덕 지수 moral quotient
도덕적 불안 moral anxiety
도덕적 불안 moralistic anxiety
도덕지향적 사람 shouldistic

people
도망 escape
도식 schema
도식인 schematics
도파민 dopamine
도피학습 escape learning
도형-배경원리 figure-ground
  principle
독립변수 independent variable
독백 soliloquy
독서요법 bibliotherapy
독점자 monopolist
독특성, 특이성 distinctiveness
돌봄 caring
동기 motive
동기유발 과정 motivational
  processes
동기의 위계 hierarchy of
  motives
동기적 변수 motivational
  variable
동기적 차원 motivational
  dimension
동기적 추진력 motivating force
동등 종결성 equal finality
동물심리학 animal psychology
동물행동학자 ethyologist
동반의존 codependence
동반적 사랑 companion love

동성애 homosexuality
동성집단 samegender group
동시적 조건형성 simultaneous
  conditioning
동어반복 tautology
동일시 identification
동조 conformity
동질성 homogeneity
동화 assimilation
두정엽 parietal lobe
둔화 desensitization
등을 뒤로 돌림 turn your back
디지털 콤 digital
  communication

ㄹ

라포 rapport
러네웨이 runaway
로르샤하 검사 Rorschach test
로제리안 모델 Rogerian model
리더십 leadership
리레이 벌링 relabeling
리비도 libido
리커트 방식 Likert style
리패어런팅 reparenting
리프레이밍 reframing

링겔만 효과 Ringelman effect

ㅁ

마술 상점 magic shop
마찰 도착증 frotteurism
마취요법 anesthesia therapy
마키아벨리아니즘
  machiavellianism
만성불감증의 치료 treatment
  of chronic frigidity
만족의 지정(遲庭) delay of
  gratification
말초신경계 peripheral nervous
  system
망막 retina
망상 delusion
망상체 reticular formation
맞 받아치기 전략(TFT)
매체효과 medium effect
맥락적 치료 contextual therapy
맥락효과 context effect
맹목절차 blind procedure
메타가치 meta value
메타병리학 metapathology
메타콤, 부언어 meta
  communication

멜로드라마 melodrama
면역효과 inoculation effect
명료화 clarification
명백한 과제물 할당 explicit
  homework assignment
명확화 clarification
모델링 modeling
모방 mimesis
모방 자살 suicide of imitation
모방하기 modeling
모험적 이행 risky shift
목록 catalog
목적 goal
목회상담 pastoral counseling
목회돌봄 pastoral care
몰 개성화 deindividuation
몽유병 sleepwalking,
  somnambulism
묘묘한 대조 nest contradiction
무가치감 worthlessness
무감각 apathy
무감동 층 impasse layer
무강화 시행 unreinforced trial
무기효과 weapon effect
무능력 inability
무대 stage
무도식인 aschematics
무력감 helplessness
무방어 defenseless

무선 표집 random sampling
무선할당 random assignment
무의식 unconscious
무의식 unconsciousness
무의식적 과정 unconscious
  process
무조건 반응 unconditioned
  response (UCR)
무조건 자극 unconditioned
  stimulus (UCS)
무조건적 긍정적 대우
  unconditional positive
  regard
무조건적 긍정적 배려(無條件的
  肯定的 配慮) unconditional
  positive regard
무조건적 긍정적 자아대우
  unoonditional positive
  self-regard
문제 problem
문제묘사 problem description
문제-중심의 대처
  problem-focused coping
문제해결단계 problem solving
  stage
문화 culture
문화적 원인 cultural causes
문화지체 culture lag
물리적 환경 physical

environment
물질관련 장애 substance
  related disorder
물품 음란증 fetishism
미래지향적 사람 aboutistic
  people
미분화된 자아집합
  undifferentiated ego mass
미소 대뇌 기능장애 minimal
  brain dysfunction
미술치료 art therapy
미신적 행동 superstitious
  behavior
미신행위 superstitious
  behavior
미완결 과제 unfinished
  business
민감한 약제들 sensitizing
  agents
민속학 ethnography
민주화 democratization
믿음 trustworthiness
밀착, 유대 commitment

ㅂ

바보학자 idiot savant

바빈스키 반사 babinski reflex
바이오 피드백 biofeedback
반대과정이론 opponent process
  theory
반대기법 distance technique
반대전담 악역 devil's advocate
반동형성 reaction formation
반복강박증 repetition
  compulsion
반복강화 repeatition
반사 reflex
반사행동 reflex action
반사회적 성격(인격)장애
  antisocial personality
  disorder
반영 reflection
반영평가 reflected appraisal
반유태주의 anti-semitism
반응성 reactivity
반응적 공격 reactive
  aggression
반응적 욕구 reactive need
반응특성 reactivity
반응행동 respondent behavior
발견적 방식 heuristic
발기 arousal
발기장애 erectile disorder
발달 development
발달상의 요인 developmental

factor
발달심리학 development
  psychology
발목잡기 entrapment
  psychology
발바닥 반사 divergent reflex
발생성 proactivity
발생적 욕구 proceeding
발생학적 요인 proactive
  factors
발의적 구성개념 propositional
  construct
발현몽 manifest dream
방략, 전략 strategy
방사효과 radiation effect
방어 defense
방어기제 defense mechanism
방어적 귀인 defensive
  attribution
방어적 특징 defensive strivings
방해압력 press counteraction
방해자 interrupter
방향감각 상실 disorientation
배려심 caring
배심원 jury
배아기 embryonic period
백일몽, 공상 daydreaming
백치 idiot
번역 translation

범불안 장애 generalized
anxiety disorder
범주화 categorization
베르테르효과 Werther effect
베타압력 beta press
변동 비교 스케줄 variable
  ratio schedule
변명 excuse
변별 discrimination
변별강화 discriminative
  reinforcement
변별조건 discriminative
  stimulus
변수 간격 스케줄
  variable-interval schedule
변연계 limbic system
변태성욕 paraphilias
병 sickness
병리 pathology
병리학적 내용 pathological
  content
병식 insight
병식획득 insight gaining
병실환경 평가 척도 word
  atmosphere scale (WAS)
병 원인물 pathogenic figures
병원적 관계 etiologicat
  relationship
병적 동일시 pathological

identification
병적 열등감 inferiority
  complex
병행면접치료 concurrent
  therapy
보강 reinforcement
보상 compensation
보상 payoff, reward
보상욕구 compensation needs
보조의자 auxiliary
보존개념 conservation
보편문법 universal grammar
보편적 상징 universal symbol
보호 care, protect
복잡성 complexity
복장 도착증 transvestism
복제연구 replication research
복종 obedience
복합 complex
복합 가족치료 multiple family
  therapy
본능 Id(본능)
본능 instinct
본능 libido
본래의 성격 genuine
  personality
본래의 자신 genuine self
볼크 심리학 Volk Psychology
부모역할 대행 parentification

부부갈등 marital conflict
부부상담전 검사 목록표
  marital precounseling
  inventory
부부상보성 complementarity
부분강화 partial reinforcement
부분강화효과 partial
  reinforcement effect (PRE)
부분대상 part-object
부신피질 자극 호르몬
  adrenocoticotrophic hormone
  (ACTH)
부유불안 floating anxiety
부유정서 floating affect
부인 denial
부적 피드백 기제 negative
  feedback mechanism
부적응 maladjustment
부적절감 inadequacy
부적절한 정서 inappropriate
  affect
부정 denial
부정적 감정 negative feelings
부정적 강화 negative
  reinforcement
부정적 동일시 negative
  identification
부정적 전이 negative transfer
부정적 정서 상태 negative

  emotion state
부조화 inconsequence
부착 cathexis
부합성 correspondence
부호 code
분노 anger
분단 splitting
분리 dissociation
분리 isolation
분리 separation
분리경험 separation experience
분리가설 dissociation
  hypothesis
분리뇌 split brain
분리불안 separation anxiety
분배, 분포 distribution
분배정의 distributive justice
분석적 심리치료 analytically
  psychotherapy
분석 중심적 치료
  analytically-oriented therapy
분열 split
분열적 성격 schizoid
  personality
분위기조성 기법 technique of
  cluster warmup
분위기 조작 manipulation
  mood
분화 differentiation

불가지성 unknowability
불감증의 치료 treatment of frigidity
불면증 insomnia
불변성 unchangeability
불수의적 반사 involuntary reflex
불신 mistrust
불안 anxiety
불안감소 기법 anxiety reduction techniques
불안반응 anxiety reaction
불안위계(不安位階) anxiety hierarchy
불안을 일으키는 상황 anxiety-provoking situation
불안장애 anxiety disorder
불안정 insecurity
불충분한 정당화 insufficient justification
불평형성 heterostasis
불확실성 회피 uncertainty avoidance
블랙스완 효과 black swam effect
비간섭적 unobtrusive
비공유 효과 noncommon effect
비교문화심리학 cross-cultural psychology

비교성 comparability
비교수준 comparison level
비교적 괜찮은 부모 good enough parents
비교평가 comparative appraisal
비디오테이프 녹화재생 video type playback
비양립성 오류 incompatibility fallacy
비언어적 기법 nonverbal technique
비언어적 의사소통 초점 focussing noverbal communication
비인간화 depersonalization
비정형성 정신성적 기능 이상 atypical psycho sexual dysfunction
비지시적 상담 non-directive counseling
비지시적 치료 non-directive therapy
비특이성 알코올 관련장애 alcohol related disorders not otherwise specified
비판적 어버이 critical parent
비합리성 irrationality
비합산성 nonsummativity

비합영상황 non zero-sum
비환영 nonwelcoming
빈 둥지 증후군 empty nest
  syndrome

ㅅ

사건 event
사건의 조각 bit of event
사랑 love
사랑(거울)의 기둥 mirroring
  pole
사례연구 case study
사적 개념 private concept
사전 prior
사전 동의 informed consent
사회 공포증 social phobia
사회 동조성 social conformity
사회심리학 social psychology
사회정신의학 social
  psychiatry
사회지수 social quotient
사회학습 이론 social lean
  theory
사회계층 social class
사회극 sociodrama
사회기술훈련 social skill

training
사회망 개입 social network
  therapy
사회문화적 배경 social culture
  background
사회문화적인 접근
  sociocultural approaches
사회변혁 social change
사회병리적 인격 social
  pathologic personality
사회비교 social comparison
사회생물학 sociobiology
사회생태학 실험실 social
  ecology laboratory
사회성 추론 sociality corollary
사회 심리적 접근방법
  psychosocial psychotherapy
사회심리학 social psychology
사회억제 social repress
사회역할 이론 social role play
사회 유리설 social
  discengagement theory
사회의 크기 societal size
사회인류학 social anthropology
사회인지 social cognition
사회저해 social inhibition
사회적 강화 social
  reinforcement
사회적 관심 social interest

사회적 교환 이론 social exchange theory

사회적 구성주의 social constructionism

사회적 단계 social stage

사회적 담장 social fence

사회적 바람직성 social desirability

사회적 압력 social pressure

사회적 억제 social inhibition

사회적 원자 social atom

사회적 원자 이론 social atom theory

사회적 인정 Social approval

사회적 자아 중심성 social-egocentrism

사회적 장애 social disorder

사회적 조사 social study

사회적 촉진 social promotion

사회적 침투 social penetration

사회적 태만 social negligence

사회적 통제 social control

사회적 평형 social equilibrum

사회적 표상 social representation

사회적 함정 social trap

사회적 활동설 social activity theory

사회적응 social adjustment

사회적인 해독 social detoxification

사회정신의학 social psychiatry

사회정체감 social identity

사회정체감 social identity theory

사회측정학 sociometry

사회책임규범 social responsibility standard

사회체계 내의 위기 crisis in social system

사회촉진 social promotion

사회측정학 sociometry

사회침투 social permeation

사회태만 social negligence

사회학 sociology

사회학습 social learning

사회학습 이론 social learning theory

사후모임 after meeting

사후설명 debriefing

산업심리학 industrial psychology

산업화 industrialization

삶의 본능 eros

삼각관계 triangulation

삼각관계 가족치료 triadic based family therapy

삼원색이론 trichromatic theory

상관의 착각, 착각적 상관
correlational research
illusory correlation
상담 counseling
상담사례 개념화 counseling
case conceptualization
상담심리학 counseling
psychology
상대적 박탈 relative
deprivation
상보성 complementarity
상보성 원리 complementarity
principle
상상 imagination
상상적 기법들 imaginary
techniques
상식 common sense
상응의 규범 reciprocity norm
상징적 기법 symbolic
technique
상징적 상호작용 symbolic
interaction
상징적 아버지 father figure
상징적 인종주의 symbolic
racism
상징화 symbolization
상투적인 층 cliche layer
상호 활동적 과정 interactive
process

상호성 mutuality
상호억제 reciprocal inhibition
상호의존도 interdependence
상호 의존적 행동
interdependent behavior
상호작용 interaction
상호작용 가족치료 interactional
family therapy
상환 repayment
상황 situation
상황요인 situational factor
상황부합 이론 contingency
theory
새로운 성 치료 new sex
therapy
색다른 능력의 개발
development of peculiar
ability
색정광 voyeurism
생리심리사회적 가족치료
bio-psycho-social family
therapy
생리심리사회적 치료
bio-psycho-social therapy
생리심리학 physiological
psychology
생리적 동기 physiological
motive
생리적 욕구 physiological need

생리적 증상 physiological symptom

생리적 충동 physiological drives

생리정신 사회분야 bio-psycho-social field

생리학 physiology

생리학적 변수 physiological variable

생리학적 원인 physiological causes

생물심리학 biopsychology

생물학적 기초 biological base

생물학적 차원 biological dimension

생물학적 측면 biological aspect

생성 generativity

생식기 genital stage

생식선 genital line

생애발달심리 life-span developmental psychology

생애주기 life cycle

생의 본능 life instinct

생태계 ecology

생태시스템 이론 ecosystem therapy

생태학적 오류 ecological fallacy

생태학적 타당도 ecological validity

생활 변화치 life changed unit

생활양식 style of life

생활양식 조사 life style investigation

생활양식태도 life style attitude

서구화 westernization

서술적 descriptive

석션 suction

선분 맞추기 line matching

선입견 preconception

선취적 구성개념 preemptive construct

선택추론 choice corollary

설득 persuasion

섬망 delirium

성 만족 sexual satisfaction

성 일탈 sexual deviant

성 자유 운동 freedom movement

성 중독 sex addiction

성감대 erogenous zones

성격 personality

성격방어 character defense

성격발달 personality development

성격심리학 personality psychology

성격외장 character armour

성격이론 personality theory
성격장애 personality disorder
성격파탄 personality
  disorganization
성격학자 personologist
성공적 정체감 success identity
성공적 행동 success behavior
성공회피 동기 motive to avoid
  success
성교 intercourse
성교 동통증 dyspareunia
성교통증 장애 sexual pain
  disorder
성기절단 genital mutilation
성기능 부전 sexual
  dysfunction
성기능 장애 sexual
dysfunction
성도착증 paraphilias
성령지수 spirit quotient
성문제 sex problem
성반응 주기 sexual response
  cycle
성방광 sexual bladder
성서적 상담 biblical counseling
성숙단계 maturation
성실 fidelity
성욕 sex drive, sexuality
성욕감퇴 장애 hypoactive

sexual desire disorder
성 욕구 단계 sexual desire
  phase
성 욕구 need sex:
성욕장애 sexual desire
  disorder
성의 즐거움 more joy of sex
성인아이 adult children
성장 growth
성장 동기 growth motive
성적과제 sexual tasks
성적 극치감 sexual orgasm
성적 극치감의 재조건화 sexual
  orgasmic reconditioning
성적본능 sexual instinct
성적 욕구의 억제 inhibited
  sexual desire
성적일탈 sexual deviation
성적장애 sexual disorders
성적 피학증 sexual masochism
성적 흥분 장애 sexual arousal
  disorder
성적 흥분의 억제 inhibited
  sexual excitement
성적불감증 frigidity
성정체감 장애 gender identity
  disorders
성정체감 gender identity
  disorder

성취검사 achievement test
성취동기 achievement motive
성취욕구 need achievement
성치료 sex therapy
성행위 sexual act
세대간 가족상담 이론
  transgenerational family
  counseling theory
세력싸움 power struggle
세력 power
세력전술 power tactics
세로토닌 serotonin
세분화 shaping
세빌선언 Seville declaration
소개기법 introduction
  technique
소거, 소멸 extinction
소거절차 extinction procedure
소망 hope
소망성취 wish-fulfillment
소속욕구 belongingness need
소아 정신의학 child psychiatry
소아 애호증 pedophilia
소외 alienation
소집단화 subgrouping
속죄양 scapegoat
솔선성 initiative
쇠퇴 decay
수동적 공격적 성격장애

passive-aggressive
  personality disorder
수동적-공격적 성격
  passive-aggressive
  personality
수동적인 역할 passive role
수렴가설 convergence
  hypothesis
수면박탈 sleep deprivation
수사적 질문 rhetorical question
수신자, 표적 target
수용 acceptance
수정기법 modification
  technique
수정단계 revision phase
수치 shame
수학적 필요성 mathematical
  necessity
순응 adaptation
순응하는 어린이 adapted child
순행성 기억상실증 anterograde
  amnesia
스크립트 script
스키너 상자 Skinner box
스트레스 반응 이론 stress
  reaction theory
습관화 habituation
승화 sublimation
시각벼랑 visual cliff

시간과 무의식 time and the
  unconscious
시간정향 time orientation time
  perspective
시공 space time
시냅스 synapse
시체 애호증 necrophilia
시초단계 origin phase
시행착오학습이론 trial and
  error learning theory
시험단계 testing stage
시험불안 test anxiety
식역하 subliminal
신포도 sour grapes
신경 nerve
신경쇠약 psychosthenia
신경심리학 neuropsychology
신경전달물질 neurotransmitter
신경증 행동 neurotic behavior
신경증 neurosis
신경증적 불안 neurotic anxiety
신경충동 nerve impulse
신근성 효과 recently effect
신념의 집요성 belief
  persistence
신념치료 faith healing
신뢰성 credibility
신인동현설 anthropmorphism
신조어증 neologism

신중-선취-통제순환
  circumspection-preemption
  -control cycle
신진대사 metabolism
신체상 body image
신체적 요인 physical factors
신체적 자아 bodily self
신체화 somatization
신프로이드학파 neo freudian
신호탐지이론 signal detection
  theory
실무율의 법칙 all or none
  principle
실어증 aphasia
실용론 pragmatics
실제반응 reaction
실제지향 practical
실존적 신경증 existential
  neurosis
실존적 심리치료 existential
  psychotherapy
실존적인 불안 existential
  anxiety
실존적인 삶 existential living
실존적인 신경증 existential
  neurosis
실존주의 상담 existential
  counseling
실존주의 철학 existential

philosophy

실존주의적 삶 existential living

실존지향적 사람 exisistic people

실존철학 existential philosophy

실존치료 existential therapy

실존치료 existential psychotherapy

실질적인 자아 real self

실험 experimentation

실험 심리학 experimental psychology

실험신경증 experimental neurosis

실험자 편향 experimenter bias

실험적 방법 experimental method

실험적 소거 experimental extinction

실험조건 experimental condition

실험집단 experimental group

실현 경향성 actualizing tendency

심리발생적 욕구 psychogenic need

심리사회적 위기 psychosocial crisis

생리 에너지 역할 bio energetic role

심리극 psychodrama

심리사회적 유예 psychosocial moratorium

심리사회적 이론 psychosocial theory

심리성욕 psycho sexuality

심리성욕발달 psychosexual development

심리역사 psychohistory

심리역학 psychodynamic

심리적 성장 psychological growth

심리적 요인 psychological causes

심리적 원인 psychological causes

심리적 측면 psychological aspect

심리적인 접근 방법들 psychological approaches

심리진화론 evolutionary psychology

심리치료 psychotherapy

심리학 psychology

심리학적 부적응 psychological maladjustment

심상적 표상 imaginal representation

심인성 원인 psychogenic
causes
심적 준비 predisposition
심정심리 psychology of sim
jeong
심층 심리학 depth psychology
심층탐구적 정신치료
exploratory psychotherapy
심킨모델 Simkin model
써스톤 방식 Thurstone style

ㅇ

아날로그 콤 analog
communication
아니마 anima
아니무스 animus
아동상담 children counseling
아동지도 child guidance
아들러 Alfred Adler
아들러의 이론 scheme of
Adler
아세틸콜린 acetycholine
아홉 유형도 enneagram
악성효과 negativity effect
안내 guidance
안면, 얼굴 face

안심시키기 reassurance
안전욕구 safety need
안정(성) stability
안정된 결탁 stable coalition
안정성 stability
안정전위 resting potential
알츠하이머병 alzheimer'
disease
알코올 사용 장애 alcohol use
disorders
알코올 유도성 장애
alcohol-induced disorders
알코올 유도성 정신병적 장애
alcohol-induced psychotic
disorder
알코올 유도성 정신병적장애
망상형 alcohol-induced
psychotic disorder
알코올 의존 증후군 alcohol
dependence syndrome
알코올건망증 alcohol amnestic
disorder
알코올 금단 섬망 alcohol with
drawl delirium
알코올 금단 alcohol
withdrawal
알코올기대 질문 alcohol
expectancy questionnaire
알코올 남용 전국연구소

National Institute on Alcohol Abuse and Alcoholism

알코올 남용 alcohol abuse

알코올 유도성 지속성치매 alcohol-induced persisting dementia

알코올 유도성 기분장애 alcohol-induced mood disorder

알코올 유도성 불안장애 alcohol-induced anxiety disorder

알코올 유도성 성기능장애 alcohol-induced sexual dysfunction

알코올 유도성 수면장애 alcohol-induced sleep disorder

알코올 유도성 정신병적 장애 환각형 alcohol-induced psychotic disorder

알코올 유도성 정신장애 alcohol-induced mental disorder

알코올 유도성 지속성 건망장애 alcohol-induced persisting amnestic

알코올 중독 섬망 alcohol intoxication delirium

알코올 중독 alcohol intoxication

알코올 중독 alcoholism

알코올 중독방지 alcohol intoxication prevention

알코올 중독 방지회 alcohol anonymous

알코올 지속성 치매 alcohol-induced persisting dementia

알코올 지향성 결혼 alcohol marriage

알코올 특이성 중독 alcohol idiosyncratic intoxication, pathological

알파압력 alpha press

암시 suggestion

암전 black out

압력 press

압축 condensation

애니미즘 animism

애착 attachment

애통과정 grief process

야간성 극치감(몽정) nocturnal orgasm

야뇨증 bed-wetting, enuresis

약물상태 drug states

약물치료 pharmacotherapy

약자 underdog
약자보호정책 offivmative action
약점 weakness
양가감정 ambivalence
양극성 polarity
양심 conscience
양안부등 binocular disparity
양육적 어버이 nurturing parent
양호욕구 need nurturance
어려움 difficult
어른자아 adult self
어린이 자아 child self
어머니 콤플렉스 mother complex
어머니와의 고착 mother-fixation
어버이 자아상태 parent self
어의 미분척도 semantic differential scale
억압 repression
억제 inhibition
억제성 시냅스후전위 inhibitory postsynaptic potential
언어심리학 psycholinguistics
언어양식 speech mode
언어적 부호화 verbal coding
언어적 충격치료 verbal shock therapy
언어적 행동 verbal behavior
언어화 verbalization
에너지 개념 energy concepts
에디프스 감정 oedipus feelings
에로틱한 자극 erotic stimulus
에믹(고유적) emic
에스트로겐 estrogen
에틱(보편적) etic
엔트로피 entropy
엘렉트라 콤플렉스 electra complex
여기-지금 here and now
여성 물건애 fetishes
여성 성적흥분 장애 female sexual arousal disorder
여성 오르가즘의 억제 inhibited female orgasm
여성 절정감 장애 female orgasmic disorders
여성과 남성 animus and anima
여성성 femininity
여성성교 통증 장애 female dypareunia
여성성욕 감퇴 장애 female hypoactive sexual disorder
역기능적 가정 dysfunctional family

역동 심리학 dynamic psychology
역동적 사건 dynamic event
역동적 접근법 dynamic approaches
역반응 counter response
역사가 historian
역상관 reverse correlation
역설 paradox
역전이 counter transference
역조건 형성 counter-conditioning
역치 threshold
역할교체 role replacement
역할 상보성 role complementarity
역할 시연층 role playing layer
역할연기 role acting
역할전환 role reversal
역할 전환기법 role reversal technique
역할 정체감 role identity
역할수행연습 role playing
역할 시연 role rehearsal
역할연기 role playing
역할이론 role theory
역할제시 role representation
역할투하 role precipitation
역행성 기억상실증 retrograde amnesia
연동병리 interlocking pathology
연민 empathy
연산적 방식 algorithm
연상의 해이 loosening of association
연역 induction
연역적 추리 deductive reasoning
연출자 director
연합 association, coalition
연합분위기 조성 association warm up
연합영역 association area
연합주의 associationism
열등감 inferiority
열등감 inferiority feelings
열등복합 inferiority complex
영상기억 iconic memory
영성 spirituality
영적 지도 spiritual direction
예견적 애통 anticipatory grief
예기불안 anticipatory anxiety
예기된 결과 anticipated consequence
예상적 동의 presumptive consent
예의 etiquette

예측의 비율성 predictive
efficiency
예후 prognosis
오락치료 recreational therapy
오류 five cardinal norms
오염변수 nuisance variable
완전주의 perfectionism
완전히 기능 하는 사람 fully
functioning person
왜곡 distortion
외귀인 external attribution
외디프스 갈등 oedipus
disorder
외디프스 콤플렉스 oedipus
complex
외부강화 external
reinforcement
외부적 종교 오리엔테이션
extrinsic religious orientation
외부조절 external regulation
외상적 경험 traumatic
experience
외연 denotation
외적지향 outer-directed
외적진행 external proceeding
외적 타당도 external validity
외집단 동일시 outgroup
homogeneity
외측열 lateral fissure

외향성 extroversion
외향적 태도 extroverted
attitude
요구 need
요구과제 requirement task
요구특성 demand
characteristics
요소주의 elementalism
요인분석 factor analysis
욕구 drive
욕구 need
욕구감소 이론 theory of drive
reduction
욕구불만 frustration
욕구의 단계 hierarchy of
needs theory
욕구 이론 need theory
용해 fusion
우반구 right hemishpere
우울장애 depressive disorder
우울증 depression
우월에의 대한 추구 striving
for superiority
우위성 prepotency
우회적 결탁 detouring
coalition
운동뉴런 motor neruon
운동시차 movement parallax
운동재생 과정 motor

reproduction processes
운동적 차원 motor dimension
운동피질 motor cortex
원시 개인주의 primal
  individualism
원시치료 primal therapy
원욕 libido
원천 source
원초아 Id
원형 archetype
위계 hierarchy
위기 crisis
위기개입 crisis intervention
위기상담 crisis counseling
위약효과 placebo effect
위인 이론 great-man theory
위험부담 risk
위협 threat
유관계약 contigency
  contracting
유교적 가치
  confucian-dynamism
유기체적 신뢰 organic trusting
유기체적 자기조절 organismic
  self-regulation
유기체적 평가과정organic
  valuing process
유리 disergagement
유사성 원리 similarity

principle
유아 기억 상실증 infantile
  amnesia
유인가 이론 incentive theory
유전 heredity
유전 가능비 heretability
유전자형 genotype
유추적 변화 analogous change
유친욕구 need for affiliation)
유형론 typology
유희요법 play therapy
유희욕구 need play
융통성 flexibility
융합, 융해 fusion
음성학적 규칙 phonlogical rule
음소 phoneme
음악치료 music therapy
음주거절 기술훈련 drinking
  refusal skill training
음주광 dipsomania
음핵성 clitorial
응급조치 crisis intervention
응용 심리학 appled
  psychology
응종 compliance
응집력 cohesion
응집성 cohesiveness
의료적 개인력 medical history
  taking

의무 obligation
의미 meaning
의미기억 semantic memory
의미론 semantics
의미의 병식 real insight
의미치료 logotherapy
의사거래 분석 transactional analysis
의사거래분석 패턴 transactional analysis pattern
의사결정 decision making
의사소통 모형 communication model
의사소통 실용성 pragmatics of human communication
의사소통 communication
의사소통유형 communication pattern
의사소통의 효능성 communication competency
의사소통이론 communication theory
의상 도착증 transvestism
의식 conscious
의존 중후군 dependence syndrome
의존 dependence
의존성 성격장애 dependent personality disorder

의존자 dependent
의지 conscious
의지력 will power
의지적측면 volitional aspects
의학적인 접근 medical approaches
이고그램 egogram
이고그램 체크리스트 egogram check list
이드 id
이론 의존적 theory-based
이론적 기법 theoretical technique
이론적 모델 theoretical model
이마고 Imago
이별불안 separation anxiety
이상적 자아 ideal self
이상화 기둥 idealizing pole
이성사이의 애무 heterosexual patting
이성애 hetrosexuality
이성적 행위 모형 theory of reason-ed action
이식 implant
이어받기 turn-taking
이완 reflex
이완요법 relaxation therapy
이완훈련 relaxation training
이인체계 dyad system

이중 구속이론 double bind theory

이중 성치료 dual sex therapy

이중구속 메시지 double bind message

이중구속 double bind

이중맹목절차 double blind procedure

이중속박 double bind

이중인격 ambivalence

이중자아 메시지 double bind message

이질성 heterogeneity

이차가공 secondary elaboration

이차과정 secondary process

이차적 강화 secondary reinforcement

이차적인 우울증 secondary depression

이타주의 altruism

이행성 법칙 transivity law

이혼치료 divorce therapy

익명의 알코올 중독자 모임 Alcoholics Anonymous

인간 성욕 human sexuality

인간관계의 모형 modeling of human relationships

인간관계 훈련 집단 human relationship training group

인간성적 부적응 human sexual inadequacy

인간성적 반응 human sexual response

인간중심 치료 person-centered psychotherapy

인간학적 심리학 humanistic psychology

인격 personality, character

인격장애 personality disorders

인공지능 artificial intelligence

인도 guiding

인본주의 심리학 humanistic psychology

인산형성 impression formation

인상관리 impression management

인생게임놀이 games people play

인쇄효과 printing effect

인수자 take over

인식 awareness

인정압력 press recognition

인지 cognition

인지과정 cognitive process

인지과학 cognitive science

인지구조 cognitive structure

인지도 cognitive map

인지반응 이론 cognitive

response theory

인지부조화 cognitive dissonance

인지부하 cognitive loading

인지욕구 need for cognition

인지 심리학 cognitive psychology

인지적 과정 cognitive processes

인지적 구두쇠 cognitive miser

인지적 변수 cognitive variable

인지적 보수성 cognitive conservation

인지적 부조화 cognitive dissonance

인지적 재구조 cognitive restructure

인지적 증상 cognitive symptom

인지적 차원 cognitive dimension

인지적 치료 cognitive therapy

인지적 평가 cognitive appraisal

인지적 행동수정 기법 cognitive behavior modification technique

인지적 혐오치료 cognitive aversion therapy

인지적 측면 cognitive aspects

인지정서 일관성이론 cognitive-affective consistency theory

인지치료 cognitive therapy

인지행동치료 cognitive behavior therapy

인지학습 이론 cognitive learning theory

인체 human body

인출 retrieval

인출단서 retrieval cue

일관성 consistency

일렉트라 갈등 electra complex

일반의사소통 이론 communication theory

일반적 문제 general problem

일반적 적응 증후군 general adaptation syn-drome

일반체계 이론 general system theory

일반화 generalization

일시적 조건형성 temporal conditioning

일차강화 primary reinforcement

일차과정 primary process

일차대상 primary object

일차적 과정 primary process

일치감 congruence feeling
일치성 congruence
일탈적 성행위 deviant sexual
  behavior
일화기억 episodic memory
임상목회교육 clinical pastoral
  education
임상적 심리학 clinical
  psychology
임상적 행동치료 clinical
  behavior therapy
임신 pregnancy
입방체 이론 cube theory
입지 commitment
잊혀진 아이 lost child

ㅈ

자각 연속체 awareness
continuum
자극 변별 stimulus
discrimination
자극 일반화 stimulus
  generalization
자극적 역할 stimulative role
자극통제 stimulus control
자긍심, 자존심 self-esteem

자기 ego
자기 self
자기강화 self reinforcement
자기규제 self regulation
자기개념 self-concept
자기개별화 differentiation of
  self
자기검증 self-verification
자기고양 self-enhancing
자기긍정 I'm OK
자기기만 self-deception
자기노출 self disclosure,
  self-exposure
자기도식 self-schema
자기도취 narcissism
자기돌봄 self-care
자기 발견적 heuristic value
자기분화 differentiation of self
자기범주화 self-categorization
자기보고 척도 self-report scale
자기 본위적 편향 self-serving
  bias
자기부정 I'm not OK
자기분석 self-analysis
자기분화 differentiation of self
자기상 self-image
자기수용 self-acceptance
자기실현 self actualization, self
  realization

자기실현 경향 actualizing tendency
자기애적 성격장애 narcissistic personality disorder
자기이미지 실현 self-image actualization
자기이해 self understanding
자기인식 self-awareness
자기중심성 egocentrism
자기제시 self-presentation
자기조절 self-regulation
자기조정 self-monitoring
자기주장 훈련 self-assertiveness training
자기주장 assertiveness
자기중심적 egocentricity
자기지각 self-perception
자기지식 self-knowledge
자기지향 효과 self-personalism
자기직면 self-confrontation
자기참조 self-referencing
자기통제 모형 self-control modeling
자기통제 self-control, self-manipulation
자기파악 catching oneself
자기표현 훈련 assertive training
자기 효능감 self-efficacy

자동명현 현상 autokinetic phenomeno
자료의존적 data-based
자발 spontaneity
자발성 순응 spontaneity
자발성 이론 spontaneity theory
자발적 회복 spontaneous recovery
자발적인 성격 spontaneous personality
자비심 benevolence oriented
자살 suicide
자살시도 suicide attempt
자상한 considerate
자성예언 self-fulfilling prophecy
자신 self
자신감 competency
자신감 self-confidence
자신에게 향함 turning against the self
자아개념 ego-concept
자아개념 self-concept
자아 경계선 ego boundary
자아 구축기법 ego building
자아기능 ego-function
자아 방어기제 ego defense mechanism

자아분리 ego-separation
자아상태 go state
자아상태 반항 ego-state
 opposition
자아 심리학 ego-psychology
자아실현 경향 actualizing
 tendency
자아실현 경향성
self-actualizing tendency
자아실현자 self-actualizers
자아심리학 ego psychology
자아이론 self theory
자아이상 ego-ideal
자아일치 self-consistent
자아정체 ego identity
자아정체감 self-identity
자아정체성 ego identity
자아조절 self control
자아 존중감 self-esteem
자아통합 ego integrity
자연실험 natural experiment
자위 masturbation
자유로운 어린이 free child
자유론 freedom
자유연상 free association
자유 연상법 free association
 method
자율 autonomy
자율신경계 autonomic nervous

system
자의식 self-awareness
자의식 성향 self-consciousness
자의식 self-consciousness
자제 self-control
자조 self reliance
자조 방법 self-help method
자존심 욕구 self-esteem need
자존심 self-esteem
자주성 autonomy
자치성 communalism
자폐증 autism
작업수행 working through
작업치료 occupational therapy
작은 수의 법칙 law of small
 number
작화증 confabulution
잔류형 정신병적 장애 residual
 psychotic disorder
잔상 after-image
잔상효과 after-effect
잔향기억 echoic memory
잠복기 latency period
잠복효과 sleeper effect
잠재 폭발적 층
 implosive-explosive layer
잠재기 latency period
잠재몽 내용 latent dream
 content

잠재몽 latent dream
잠재학습 latent learning
잡담 pastime
장 이론 field theory
장기 발생적 욕구 viscerogenic need
장기기억 longterm memory
장기정신치료 longterm psychotherapy
장기치료 longterm therapy
장독립적 field-independent
장의존적 field-dependent
재교육 집단의 모형 modeling of reeducation group
재교육 reorientation
재구성/재정향 reorientation
재명명 relabeling
재반응 abreaction
재발예방 relapse prevention
재생장면 rebirth scene
재조건형성 reconditioning
재창조 recreation
재활 rehabilitation
재활치료 rehabilitation therapy
저항 resistance
적개심 aggression
적극성 positivity
적대적 동일시 hostile identification

적성 aptitude
적응 adjustment
적응기제 adjustment mechanism
적응증 indication
전경-배경 figure-background
전달자 communicator
전두엽 frontal lobe
전략적 가족치료 strategic family therapy
전략적 개입 strategic intervention
전문적 기술훈련 professional skill training
전보문 telegraphic speech
전위 displacement
전의식 preconsciousness
전이 transfer
전이과정 transference process
전이상황 transference situation
전이 신경증 transference neurosis
전이현상 transference phenomenon
전쟁 피로 증후근 battle fatigue
전체 분위기 조성 cluster warm up
전체론적 관점 holistic view
전체적 강화 total

reinforcement
전체주의 holism
전환 conversion
전환 신경증 conversion
hysteria
절감원리 discounting principle
절대식역 absolute threshold
절망 despair
절약성 parsimony
절정감 장애 orgasmic
disorders
절정경험 peak experience
점성원리 epigenetic principle
점진가설 incline hypothrsis
접근, 접근갈등
approach-approach conflict
접응 accommodation
접촉 contact
접촉가설 contact hypothesis
정교화 가능성 이론 elaboration
likelihood theory
정당(성) legitimacy
정보적 영향 informational
influence
정상 normality
정서 emotion
정서 재교육 emotional
reeducation
정서 지수 emotion quotient

정서(적) affective
정서-중심의 대처
emotion-focused coping
정서의 2 요인설 two factor
theory of emotion
정서장애 affective disorder
정서적 격리 emotional
detachment
정서적 긴장 emotional tension
정서적 미성숙 emotional
immaturity
정서적 이혼 emotional divorce
정서적 차원 affective
dimension
정서적 체계 emotional system
정서적 치료 affective therapy
정서적 태도 emotionalized
attitudes
정서적 단절 motional cut-off
정서적 지지 motional support
정서적 차단 emotional cutoff
정신 결정론 psychic
determinism
정신 측정법 psychometrics
정신기체 mental mechanism
정신물리학 psychophysics
정신박약 mentally defective
정신병 이론 psychosis theory
정신병 psychosis

정신병 mental illness
정신병리 psychopathology
정신병리 psychoputhology
정신병적 장애 psychotic
  disorder
정신병질적 인격 psychopathic
  personality
정신분석 psychoanalysis
정신분석 이론 psychoanalytic
  theory
정신분석적 정신치료
  psychoanalytic
  psychotherapy
정신분석적 집단 정신치료
  psychoanalytic group
  psychotherapy
정신분석적 집단치료
  psychoanalytic group
  psychotherapy
정신분석 치료 psychoanalytic
  psychotherapy
정신분석학적 상담
  psychoanalytic
정신분열병 유사형
  schizophrenia-like
정신분열성 성격장애 schizoid
  personality disorder
정신분열증 schizophrenia
정신분열형 schizotypal

personality disorder
정신사회 재활 psychosocial
  rehabilitation
정신상태 검사 mental status
  examination
정신생리 장애
  psychophysiologic disorder
정신신체 장애 psychosomatic
  disorder
정신신체질환 psychosomatic
  disorder
정신역동이론 psychodynamic
  theory
정신역동적 정신치료
  psychodynamic
  psychotherapy
정신역동적 집단 정신치료
  psychodynamic group
  psychotherapy
정신연극 기법 psychodrama
  technique
정신연극 모형 psychodrama
  modeling
정신연극 psychodrama
정신연령 mental age
정신요법 psychotherapy
정신위생 mental hygiene
정신의 전염 mental contagion
정신의료 사회사업가

psychiatric social worker
정신장애 mental disorder
정신적 결정론 psychic determinism
정신적 자질 mental trait
정신치료 psychotherapy
정신치료 이론 psychotherapy theory
정실주의 nepotism
정열적 사랑 passionate love
정의심 justice oriented
정의적 관계 communal relation
정체 stagnation
정체감 identity
정체감의 핵 core gender identity
정체위기 identity crisis
정향반사 orienting reflex
정화 catharsis, abreaction
정화효과 catharsis effect
제3변수 third variable
제이차성징 secondary sexual characteristics
제휴 alignment
제휴 전단계 preaffiation phase
조건 conditioning
조건강화 conditioned reinforcement

조건반사 conditioned response
조건반응 conditioned response: CR
조건자극 conditioned stimulus: CS
조건형성 condition formation
조건화 conditioning
조건 확률 conditional probability
조건적 긍정적 대우 conditional positive regard
조루 premature ejaculation
조루증 premature ejaculation
조울증 manic depressive psychosis
조작 행동 operant behavior
조작적 기법 operant technique
조작적 대인치료 operant interpersonal therapy
조작적 정의 operational definition
조작적 조건형성 혹은 조건화 operant conditioning
조절 accommodation
조절의 장소 locus of control
조정 추론 modulation corollary
조정자 controller
조증 mania

조직 organization
조직추론 organization
  corollary
조형 shaping
조화 congruence
조화로운 consonant
존재인지 stroke
종결 termination
종결단계 termination phase
종단적 연구방법 longitudial
  method
종말단추 terminal button
종속 subsidiation
종속변수 dependent variable
종특유행동 species-specific
  behavior
종합정신요법 psychosynthesis
좌반구 left hemisphere
좌절 frustration
좌절-공격이론 frustration
  -aggression theory
좌표 route
죄악감 guilt
죄책감 guilty feeling
주 특질 cardinal trait
주관성 subjectivity
주관적 규범 subjective norm
주관적 평점 subjective rating
주된 문제 chief problem

주로 망상적 predominantly
  delusional
주로 복합적 predominantly
  polymorphic
주로 우울증 predominantly
  depressive symptom
주로 조증 predominantly
  manic
주로 환각적 predominantly
  hallucinatory
주말 성향상 연수회 weekend
  sexual enhancement
주말 접근법 weekend
  approach
주연 protagonist
주의집중 과정 attentional
  processes
주장성 훈련 assertiveness
  training
주제 subject
주제 theme
주제통각검사 thematic
  apperception test: TAT
주지화 intellectualization
준거집단 reference group
준비단계 warn-up stage
준비된 조건화 prepared
  conditioning
중간단계 intermediate phase

중개변인 mediating variable
중독행동 intoxication behavior
중심경로처리 central route processing
중심열 central fissure
중심의자 hot seat
중심적인 문제 topic heading
중심특질 central trait
중 이론 mid-range theory
중추신경계 central nervous system
즉시성 immediacy
즉흥극장 impromptu amusement theater
증가원리 augmentation principle
증상형성 symptom formation
증상활용 utilizing symptom
지각 심리학 perception
지각적 왜곡 perceptual distortion
지금-여기 here and now
지능 intelligence
지도자 director
지배성 pregnancy
지배압력 press dominance
지배욕구 need dominance
지배형 ruling
지성화 intellectualization

지시된 분위기 조성 directed warm up
지시적 상담 directive counseling
지시적 역할 directive role
지시적 집단치료 directive group psychotherapy
지시적 치료 directive therapy
지식사회학 sociology of knowledge
지식화 intellectualization
지역공동체 community
지역사회 정신보건센터 community mental health center
지역사회 정신의학 community psychiatry
지연조건형성 delayed conditioning
지엽경로처리 peripheral route processing
지엽적 특질 peripheral trait
지적지수 intelligence quotient
지적된 환자 identified patient
지적인 통찰 intellectual insight
지적화 intellectualization
지지 support
지지 집단의 모형 modeling of support group

지지정신치료 supportive psychotherapy
지지치료 supportive therapy
지탱 sustaining
직면 confrontation
직업감수성 훈련 job sensitivity training
직업상담 vocational counseling
직업적 흥미 vocational interest
직원감수성훈련 staff sensitivity
직원통제 staff control
직접적 정신치료 directive psychotherapy
직접적인 자위 directical masturbation
진단검사 diagnostic test
진단 diagnosis
진리-덕 truth-virtue
진실성 genius
진전섬망 delirium tremens
진행 proceeding
진행기억 procedural memory
진행화 carrying
질 경련증 vaginismus
질병모형 disease modeling
질서 order
질서욕구 need order
집단구성 group composition
집단 무의식 collective

unconsciousness
집단세션 group session
집단절차 group procedure
집단 정신치료 group psychotherapy
집단 활동 프로그램 group activity program
집단가족치료 multiple family therapy
집단과정 group process
집단극화 group polarization
집단기제 group mechanism
집단본위 group serving
집단사고 group think
집단사고 레밍 효과:극화 현상 extremity shigt/palarizaton
집단상담, 집단치료 group counseling, therapy
집단상호작용 group interaction
집단압력 group pressure
집단역동성 group dynamic
집단역학 group dynamics
집단의존심 group dependency
집단이탈 exit from group
집단정신치료의 모형 modeling of group psychotherapy
집단정체감 group identity
집단주의 collectivism
집단치료 group therapy

집단침묵 group silence
집단통일성 group unification
집단활동 group activity
집중적 소집단치료 intensive
　small group therapy
집착 attachment
집합적 구성개념 constellatory
　construct
짜 맞추기 jigsaw puzzle
짝 지음 pairing

ㅊ

차단 blocking
차별강화 differential
　reinforcement
차별금지법 affirmative action
차별화 differentiation
차이식역 ditterential threshold
착시 illusion
참 만남 encounter
참 만남 집단 encounter
　group
참조 관념 idea of reference
창조성 creativity
창조적 생명력 elan vital
창조성 이론 creativity theory

창조적 이미지 creative image
창조적 자아 creative self
책임 responsibility
책임감 분산 diffusion of
　responsibility
처벌 punishment
천적가설 sibling rivalry
청킹 chunking
체감각영역 somatic sensory
　area
체계유지 차원 system
maintenance dimension
체계적 탈감법 systematic
　desensitization
체계적인 접근법 systematic
　approaches
체면 face, face saving
체성신경 somatic nervous
　system
체위 sexual position
체제화법칙 organization law
체질론 constitutionalism
체질적 원인 constitutional
　causes
초감각지각 extrasensory
　perception
초기면접 intake interview
초두효과 primacy effect
초심미적 기억 hyperesthetic

memory
초자아 superego
초자아 결여 superego lacking
초자아 superego
초점 과정의 방식 manner of
 the focusing process
초점갈등 모형 focal conflict
 model
초점화 focusing
총화고정오류 fixed sum fallacy
최면 hypnosis
최면가족치료 hypnosis and f
 family therapy
최면요법 hypnotherapy
최소효과 반응 minimal
 effective response
최초 면담 initial interview
추동 drive
추적 tracking
추후관리 follow-up
축색 axon
출생순위 birth order
출생의 충격 shock of birth
충격요법 shock therapy
충동 impulse
취소 undoing
취소제 bromide
치료 treatment
치료 공동체 therapeutic

community
치료연습 treatment exercise
치료의 기제 mechanism of
 therapy
치료전략 strategy of treatment
치료진행 progress of treatment
치료적 공동사회 therapeutic
 community
치료적 기법 therapeutic
 technique
치료적 도구 therapeutic tool
치료적 독백 therapeutic
 soliloquy
치료적 동맹 therapeutic
 alliance
치료적 작업의 계획 plan of
 therapeutic work
치료프로그램 차원 treatment
 program dimension
치매 dementia
치아 공격성 dental aggression
치환 displacement
친교intimacy
친밀 intimacy
친밀단계 intimacy phase
친숙성원리 familiarity
 principle
친애감 intimacy
친애동기 intimacy motive

친애압력 press affiliation
친애욕구 need affiliation
친화, 유친 affiliation
친화동기 affiliation motive
침몰비용효과 sunk-cost effect

ㅋ

카섹시스 cathexis
캐논 바드 cannon bard
콤플렉스 complex
쾌락원리 pleasure principle
쾌락적 관여 hedonic relevance
큰수의 법칙 law of large
 number
내담자-중심치료
 client-centered
 psychotherapy
내담자 client

ㅌ

타나토스 thanatos
타인 긍정 You're OK

타인 공포증 xenophobia
타인 부정 You're not OK
타임아웃 TO
탈감법 desensitization
탈분극 depolarization
탈삼각관계 detriangulation
탈억제 deinhibition
탈인격화 depersonalization
탈주 flight
탐색단계 exploring stage
탐지 detection
태도 attitude
태도극화 attitude polarization
태아 알코올 증후군 fetal
 alcohol syndrome
태아기 fetal period
테스토스테론 testosterone
토큰 경제 token economy
통각 apperception
통각의 도식 schema of
 apperception
통념적 성격이론 conventional
 wisdom character theory
통사 syntax
통제 control
통제감의 욕구 need for control
통제감의 착각 illusory control
통제단계 control phase
통제소재(성향) locus of control

통제조건 control condition
통제집단 control group
통찰 정신치료 insight psychotherapy
통찰 insight
통찰중심 치료 insight-oriented therapy
통찰학습 insight learning
통합 integration
통합단계 integration stage
통합된 부분 integral part
통합력 상실 coordination loss
통합분석 meta-analysis
통합성 integrity
통합적 합의 integrative agreement
통합 체계 integrateiy system
퇴행 regression
퇴행기 정신병 involutionary psychosis
트래킹(추적)기법 tracking skill
투과성 permeability
투사 projection
투사기법 projection technique
투사법 projective technique
투사적 동일시 projective identification
특속적 강화 continuous reinforcement

특수기법 specific technique
특수한 단계 differentiation phase
특이성 distinctiveness
특정적 문제 specific problem
특질 trait

ㅍ

파괴병 hebephrenia
파괴적 행동 destructive behavior
파이 현상 phi phenomenon
판단적 장면 judgemental scene
팔자귀인 palja attribution
패가르기 let's you and him fight
팽창 explosion
팽창감 expansion
페르조나 personae
편견 prejudice
편의성 범위 range convenience
편의성의 초점 focus of convenience
편집성 성격장애 paranoid personality disorder
편집성 정신병 paranoid

psychosis
편집증 paranoia
편집증적 성격 paranoid
  personality
편향, 편파 bias
평가 evaluation
평가불안 evaluation
  apprehension
평균모형 averaging model
평균에의 회귀 regression
  toward mean
평행 parallelism
평형론 homeostasis
폐쇄 closeness
폐쇄집단 closeness group
포괄성 comprehensiveness
포화 satiation
폴리그래프 polygraph
폴리아나의 원리 pollyana
  principle
표면적 병식 superficial insight
표본편파 sampling bias
표적행동 target behavior
표준화 standardization
표현적 집단치료 evocative
  group psychotherapy
표현형 phenotype
품질관리 quality control
프로그램 명확성 program

clarity
프로그램학습 program learning
프로이드 Sigmund Freud
프롬라이히만 Reichmaann
피드백 feedback
피부전기반응 galvanic skin
  response
피학대 음란증 masochism
피학적 행위 masochistic
  behavior
피학증 masochism
피해망상 delusions of
  persecution
피험자 편향 subject bias
필요원리 need principle
필터버블 Filter Bubble

ㅎ

하위문화 subculture
하위체계 subsystem
학교 심리학 school psychology
학습과정 learning process
학습된 무기력 learned
  helplessness
학습 심리학 learning
  psychology

학습역할 role of learning
학습이론 learning theory
학제간 연구 interdisciplinary
  research
한 Hahn
함께 존재 being-with
함의 connotation
함입 introjection
함정 trap
함축적 implicit
합동가족 치료 conjoint family
  therapy
합류 joining
합리성 rationality
합리적-정서적 요법
  rational-emotive therapy
합리화 rationalization
합영상황 zero-sum
합의성, 합치성 consensus
합의적 타당화 consensual
  validation
항등성 constancy
항문기 anal phase
항상성 hameostasis
항상성 모델 homeostatic
  model
항이뇨호르몬 antidiuretic
  hormone
항정신약물 antipsychotic drugs

해결중심단기상담기법
  counseling toward solution
해독 detoxification
해로운 사용 harmful use
해리 dissociation
해리반응 dissociation reaction
해발자극 releasing stimulus
해석 interpretation
해석적 역할 interpretative role
해소 단계 resolution phase
핵가족 nuclear family
핵심 의존 증후군 core
  dependence syndrome
핵심특질 central trait
행동계획 behavior
  programming
행동기법 action technique
행동모델 behavioral model
행동발산 acting out
행동변화 behavior change
행동분석 behavior analysis
행동수정 behavior modification
행동수정 behavior modification
행동시연 behavior rehearsal
행동연습 behavioral practice
행동이론 behavior theory
행동 잠재력 behavioral
  potentiality
행동장애 behavior disorder

행동적 불면증 behavioral insomnia
행동적 실행 behavioral practice
행동적 연습 behavioral exercise
행동적 증상 behavioral symptom
행동적인 접근법 behavioral approaches
행동적인 환경 behavioral environment
행동접근법 behavior approaches
행동조건 behavior shaping
행동조성 behavior shaping
행동주의 behaviorism
행동주의 상담 behavior counseling
행동주의 심리학 behavioral psychology
행동치료 behavior psychotherapy
행동화 acting out
행동화 단계 acting-out stage
허언증/뮌히하우젠 증후군 syndrome munchhausen syndrome
행위자-관찰자 편향

actor-observer bias
허용성 permissiveness
허위개성 false uniqueness
허위합의 false consensus
현상적 장 phenomenal field
현상주의 phenomenology
현상학 phenomenology:
현실 reality
현실 검증력 reality testing
현실대면 reality confrontation
현실도피 escape from reality
현실불안 realistic anxiety
현실요법 reality counseling
현실원리 reality principle
현실원칙 reality principle
현실적 갈등 realistic conflict
현실적 불안 realistic anxiety
현실직면 reality confrontation
현실치료 reality therapy
현실 치료자 reality therapist
현장실험 field experiment
현재에 대한 초점 focus on the present
현재행동 present behavior
현저성 효과 saliency effect
혐오기법 aversion technique
혐오치료 aversion therapy
협응 synchronization
협조자 enabler

형성 becoming
형성단계 formative phase
형제순위 sibling position
형태 configuration
형태소 morpheme
형태 심리학 gestalt psychology
형태욕구 modal need
형태유전 morphogenesis
형태의 배경형성
  figure-background formation
형태주의 상담 gestalt
  counseling
형평원리 equity principle
호감 likability
호르몬 hormone
호전기제 mechanism of
  improvement
호혜적 결절론 reciprocal
  determinism
혼합 환경 mixed milieu
홀로효과 solo effect
화학요법 chemotherapy
화해 reconciling
확대화 amplifying
확장 가족 extensed family
확장적 역할 extensional role
확증적 confirmatory
환각 hallucination
환각을 일으키는 투명한 결정체

lysergicacid diethylamide
환경 milieu
환경가치 milieu values
환경론 environmentalism
환경원리 milieu axiom
환경의 이론적 근거 milieu
  rationale
환경적 측면 environment
  aspect
환경전략 milieu strategy
환경전술 milieu tactics
환경치료 milieu therapy
환경형성 environment
  formation
환기 ventilation
환상 fantasy
환원주의 reductionism
환자권익체계 patient privilege
  system
환자로 간주된 사람 identified
  patient: IP.
활동과정 activity process
활동전위 action potential
활동 집단 치료기법 activity
  group therapy technique
회반죽 whitewash
회복과정 recovery process
회복동지회 recovery
  incorporation

회상 recall
회상적 허구성 retrospective
  fiction
회진 ward around
회피학습 avoidance learning
회피-회피 갈등
  avoidance-avoidance conflict
회피형 avoiding
회피형 성격장애 avoidant
  personality disorder
획득형the getting
횡단적 연구방법 cross-sectional
  method
효과의 법칙 law of effect
효과자극 effective stimulus
효과행렬 effective matrix
후광효과 halo effect
후기인습적 도덕성
  postcontional morality
후진조건형성 backward
  conditioning
후퇴 withdrawal
훈습 working through
훌륭한 삶 good life
흔적조건형성 trace
  conditioning
흥분성 시냅스후전위 excitatory
  postsynaptic potential
흥분전이 excitation transfer

휘태커 Carl Whitaker
희생양 scapegoat
흰 거짓말 white lie
히스테리 hysteria
히스테리 성격장애 histrionic
  personality disorder